निबंधों की दुनिया

बालकृष्ण भट्ट

निबंधों की दुनिया

बालकृष्ण भट्ट

प्रधान संपादक

निर्मला जैन

संपादक

दिविक रमेश

वाणी प्रकाशन

वाणी प्रकाशन
ज्ञान के विविध आयामों के प्रकाशक

वाणी प्रकाशन का 'लोगो' विख्यात चित्रकार मक़बूल फ़िदा हुसेन की कूची से

वाणी प्रकाशन, 4695, 21-ए, दरियागंज, नयी दिल्ली-110002
वाणी प्रकाशन, अशोक राजपथ (पटना कॉलेज के सामने), पटना (बिहार)

NIBANDHON KI DUNIYA : BALKRISHNA BHATT
Category : Literary Essays
Chief Editor : Nirmala Jain, Editor : Divik Ramesh

ISBN : 978-81-8143-916-1

प्रथम संस्करण

मूल्य : 300/-

वाणी प्रकाशन
फोन : 0091#11#23273167, 23275710
फैक्स : 0091#11#23275710
वेबसाइट : www.vaniprakashan.in
ई-मेल : vaniprakashan@gmail.com
vani_prakashan@yahoo.com

आर.टेक ऑफसेट प्रिंटर्स द्वारा दिल्ली-110095 में मुद्रित

भूमिका

कुछ रचनाकार ऐसे होते हैं जिनकी अवधारणाओं और विचार-दर्शन आदि को ठीक और गहराई से पहचानने और जाँचने के लिए उनके जीवन और व्यक्तित्व की जानकारी जरूरी है। आधुनिक हिंदी निबंध, राष्ट्रीय पत्रकारिता और आलोचना के जनक माने गए संपादक, कथाकार, नाटककार, कवि, अनुवादक और समाजसेवी, बालकृष्ण भट्ट ऐसे ही रचनाकार हैं। वे विचारों में प्रगतिशील और स्वभाव से निर्भीक तथा स्पष्टवादी थे। संस्कृत, अंग्रेजी, अरबी, फारसी आदि अनेक भाषाओं पर उनका अधिकार था। परोपकार और समाजसेवा में उनकी आस्था थी। 32 वर्षों (सन् 1877 से सन् 1910) तक उन्होंने 'हिंदी प्रदीप' का संपादन किया और वह भी घोर संकट सहते हुए। लगभग हजार निबंधों का सृजन किया। गुण और मात्रा दोनों ही दृष्टियों से उनके निबंध हिंदी साहित्य को सार्थक एवं सफल योगदान सिद्ध हुए। सच तो यह है कि आधुनिक काल के प्रारंभ में ही उन्होंने इस विधा की नींव डाली। राजनीतिक, पौराणिक, सामाजिक एवं ऐतिहासिक कोई भी क्षेत्र उनसे अछूता न था। उन्होंने साहित्य की अन्य विधाओं मसलन उपन्यास, कहानी और नाटक-प्रहसन के क्षेत्र में भी अनेक उल्लेखनीय रचनाएँ कीं। नूतन ब्रह्मचारी जैसे उपन्यास, 'कौन जीता' और 'सिगरेट वाली' जैसी कहानियों का विशेष रूप से नाम लिया जा सकता है। इनकी सर्वतोन्मुखी प्रतिभा के कारण ही इन्हें भारतेंदु हरिश्चंद्र के बाद का सर्वाधिक दीप्तिमान नक्षत्र माना गया है। ऐसे ही रचाकार अपने समय के लेखकों और लेखन के लिए प्रेरक सिद्ध होते हैं। बालकृष्ण भट्ट ने भी शताधिक रचनाकारों को लिखने की ओर प्रेरित किया। हिंदी की उन्नति के लिए की गई उनकी अखंड तपस्या अपने समकालीनों में अपवाद कही जाती है। 'पं. बालकृष्ण भट्ट व्यक्तित्व और कृतित्व' नामक शोधग्रंथ में प्रकाशित अपनी भूमिका में बनारसी दास चतुर्वेदी ने लिखा है, 'श्री सुरेंद्रनाथ देव का कथन है कि यद्यपि लल्लू जी लाल हिंदी गद्य के जन्मदाता थे और भारतेंदु हरिश्चंद्र ने अपनी रचनाओं से उसकी श्रीवृद्धि की थी तथापि उसे सर्वसाधारण के समझने योग्य बनाने में सबसे अधिक उल्लेख योग्य कार्य बालकृष्ण भट्ट ने ही किया था।'

जीवन एवं साहित्यिक परिचय

डॉ. सत्यप्रकाश मिश्र ने बालकृष्ण भट्ट का जन्म 3 जून, सन् 1843 और देहावसान 20 अगस्त, 1914 माना है। लेकिन अन्यत्र (डॉ. मधुकर भट्ट के मतानुसार) शोधपरक पुष्टि के आधार पर उनका जन्म 23 जून, 1844 ई. और देहावसान 20 जुलाई 1914 ई. को माना गया है। स्थान अहियापुर मुहल्ला, प्रयाग, इलाहाबाद। वंश गुरु सांदीपनि का। पूर्वजों के यहाँ धन-धान्य का प्राचुर्य था। पिता बेनीप्रसाद भट्ट और माता पार्वती देवी थी। वैद्य और पौरोहित्य के काम के लिए विख्यात नाना अनंतराम मिश्र दुलार से 'फुशुन' पुकारते थे। पिता व्यापारिक रुचि के व्यक्ति थे। बालकृष्ण को भी वे व्यापार में ही लगाना चाहते थे। लेकिन उनमें नाना के संस्कार अधिक थे। माता पार्वती देवी एक पढ़ी-लिखी समझदार महिला थीं। वे बालकृष्ण को संस्कृत पढ़ाती थीं। कुशाग्र बुद्धि बालक ने 12 वर्ष की उम्र में ही अमरकोष तथा लघु सिद्धांत कौमुदी कंठस्थ कर ली थी। पिता ने बालक को दुकान की ओर खींचने का प्रयत्न जारी रखा। लेकिन दुकान के नाम से ही बालक का दम घुटता था। आखिर दुकान से बालक भाग आया और फिर कभी न गया। पिता की रुचि के विपरीत माता ने बालक को पाठशाला भेजा। बचपन से ही कथा सुनने, कबूतर पालने और बागवानी के शौक थे। प्रकृति विनोदी थी। माँ स्वर्ग सिधार गई तो लालन-पालन का भार मौसी पर आ पड़ा जिनके घर की अवस्था अच्छी न थी। इतना तेल तक सुलभ न था कि बालकृष्ण पढ़ पाता। फिर भी अध्ययन चलता रहा। संस्कृत के साथ अंग्रेजी पढ़ने के लिए तो माँ ने ही प्रेरित किया। मिशन स्कूल में इन्ट्रेन्स तक अध्ययन किया। लेकिन माँ की मृत्यु के बाद जैसे आर्थिक कष्ट से घिरे रहना इनकी नियति बन गई। कम रुपयों पर नौकरी भी की।

इनके छोटे भाई बालमुकुंद थे। उनकी रुचि व्यापार में थी। अतः पिता के प्रिय बने। इधर इनकी तथाकथित 'आवारागर्दी' पर रोक लगाने के लिए इनका विवाह 12 वर्ष की आयु में ही कर दिया गया। पत्नी रमादेवी (रमदेई) एक सीधी-सादी, सुशील, गंभीर और पतिपरायण महिला निकलीं। घरवाले पति बालकृष्ण भट्ट को निखट्टू समझते ही थे सो साँझे में रहते हुए सारा क्रोध बेचारी पत्नी चुपचाप सह लेती। डॉ. मधुकर भट्ट के अनुसार, 'भट्ट जी के निबंधों आदि में नारी के प्रति जो सम्मान-भावना और जर्जर रूढ़ियों की चक्की के बीच पिसने वाली नारी के प्रति सहज सहानुभूति तथा स्त्री जाति को अपने स्वार्थ-सिद्धि के लिए परवश और दासी बनाने वाले पुरुष समाज के प्रति तीक्ष्ण आक्रोश मिलता है। उसकी प्रेरणा आपको बहुत कुछ अपने पारिवारिक वातावरण से ही मिली थी। अनेक अभावों के बीच अपने कर्तव्य-मार्ग में भट्ट जी को लगाये रखने का बहुत कुछ श्रेय इनकी मनस्विनी अर्द्धांगिनी को भी था।' संयुक्त परिवार में बालकृष्ण के छोटे भाई का

कहीं अधिक आदर था। उनका विवाह भी धूमधाम से हुआ था। छोटी बहू घर में रमा देवी और पति बालकृष्ण के लिए और भी कष्टों और व्यंग्य बाणों का उपहार लेकर आई। नित्य झगड़े होते, रमादेवी पर अकारण अत्याचार होता। बालकृष्ण मात्र 25 रुपये मासिक की अध्यापकी करते जिसका पिता के सामने उतना ही महत्त्व था जितना सूर्य के आगे दीपक का। एक तो कमाने-धमाने में 'निखट्टू' और दूसरे आग में घी की तरह इनके बढ़ते हुए क्रांतिकारी विचार, जैसे बाल्य-विवाह का विरोध, विधवा विवाह का समर्थन, स्त्री-शिक्षा को बढ़ावा और रूढ़ियों का विरोध। कटु और विषाक्त वातावरण में वैवाहिक जीवन के 15 वर्ष बीत गए। बच्चे हुए लेकिन उनकी भी दुर्गति ही हुई। आखिर हृदय पर, भावज के गहरे आघात ने काम किया और भाई तथा पिता के सहानुभूतिविहीन नेत्रों के सामने अपनी पत्नी और बच्चों के साथ घर त्याग दिया। फिर क्या क्या पापड़ नहीं बेले। तो भी पिता के लिए मन में सदैव आदर रहा। पिता और भाई ने लाखों रुपए कमाए लेकिन बालकृष्ण भट्ट ने जो तीन वर माँगे थे उनमें से एक था—'पैतृक संपत्ति में से एक पैसा भी हमें न मिले।' मित्र वर्ग से इन्हें सहारा और ढाढस अवश्य मिलता रहा। जीवन के इस संदर्भ में भट्ट जी के संयुक्त कुटुंब विरोधी विचारों को देखना उपयुक्त होगा। वे संयुक्त कुटुंब को आत्मनिर्भरता का शत्रु मानते थे। उन्होंने 'हिंदी प्रदीप' के जुलाई-अगस्त 1889 के अंक में लिखा है, 'यदि हम स्वतंत्र हुआ चाहें तो पहले समाज बंधन के बोझ को हल्का करें जो सर्वथा बेबुनियाद है और जिसके रहते हमारे में कर्मण्यता और साहस कभी आवेगा ही नहीं। पारिवारिक एकन्नवर्धिता (ज्वाइंट फेमिली) आत्मनिर्भर और स्वतंत्रता अपहरण का प्रधान कारण है। कुटुंब भर का एक ही मकान में गँजे रहने की बुरी रस्म को जब तक हम पालते रहेंगे तब तक आत्मनिर्भरता हमारे में कभी आवेगी ही नहीं। हमारे लोगों के अंधे माँ-बाप (अगर) जान-बूझकर अपने लड़के को पर भाग्योपजीवी बना देते हैं। माँ-बाप यदि अपनी संतान को पूरी उमर भर आ जाने से उन्हें अलग कर दें और तभी उनका विवाह किया करें...उसके बोझ से अपने को हल्का कर डालें तो दोनों सुखी रहें।' बहरहाल, जैसे-तैसे जीवन-यापन के लिए कार्य चलते रहे लेकिन अध्ययन की अपनी राह उन्होंने कभी न छोड़ी। भाषाएँ भी सीखीं, ज्योतिष आदि का भी ज्ञान प्राप्त किया। 1908 में देश प्रेम और राष्ट्रीयता के कारण नौकरी को भी त्यागना पड़ा। 'हिंदी प्रदीप' का संपादन तो सन् 1877 ई. में ही आरंभ कर चुके थे। इनके निबंधों का वास्तविक स्रोत 'हिंदी-प्रदीप' के अंक ही हैं।

भारतेंदु हरिश्चंद्र के द्वारा राष्ट्रीय चेतना को जाग्रत करने के लिए सन् 1867 ई. में संपादित-प्रकाशित 'कविवचन सुधा' की अगली कड़ी के रूप में ही भट्ट जी ने 'हिंदी प्रदीप' का अलख जगाया था ताकि देश में सोई पड़ी राष्ट्रीय एवं सांस्कृतिक चेतना और राजनीतिक उदासीनता को जगाने का महत्त्वपूर्ण कार्य संपन्न हो सके।

इसका प्रकाशन प्रयाग की हिंदी-प्रवर्धिनी सभा के माध्यम से हुआ था। पत्रिका का उद्‌घाटन स्वयं भारतेंदु हरिश्चंद्र ने किया था। निःसंदेह इस पत्रिका के माध्यम से जहाँ विशेष रूप से हिंदी में निबंध साहित्य का सच्चा सूत्रपात हुआ वहाँ हिंदी-पत्रकारिता को भी नई एवं सही दिशा मिली। भारतेंदु के अनुसार–

शुभ सरस देश सनेह पूरित, प्रकट हवै आनंद भरै।
बचि दुसह दुर्जन वायु सों 'मणिदीप' सम थिर नहिं टरै।
सूझे विवेक विचार उन्नति, कुमति सब यामें जरै।
'हिंदी प्रदीप' प्रकाशि मूरखतादि भारत तम हरै।

निःसंदेह हिंदी प्रदीप एक ऐसा मासिक पत्र था जिसमें विविध विषयों पर सार्थक और भरपूर सामग्री विद्यमान रहती थी। भट्ट जी ने हिंदी गद्य साहित्य के निर्माण में अपूर्व कार्य किया था। 'हिंदी प्रदीप' से पूर्व 'सुदर्शन समाचार' में भी उनके अनेक निबंध प्रकाशित हुए थे। 'हिंदी प्रदीप' के बंद हो जाने के बाद भी भट्ट जी निबंध लिखते रहे थे जो बाद में दुर्लभ हो गए। ऐसे निबंधों में से एक निबंध 'निःसहाय हिंदू' है।

भट्ट जी परम धर्मनिष्ठ वैष्णव थे। शास्त्रार्थ में उनकी गहरी रुचि और विचारों में दृढ़ता थी। वर्ण-व्यवस्था, जाति-पाँति को ढकोसला मानते थे। विदेश यात्रा के समर्थक थे। बहु-संतान विरोधी थे। उलटे-सीधे कर्मकांड में फँसाने वाले ब्राह्मणों के भी वे विरोधी थे। पाखंड और अंधविश्वासों पर उन्होंने कुठाराघात किया है। तीर्थयात्रा के भी वे विरोधी थे। इसी प्रकार दहेज-प्रथा, पर्दा-प्रथा और बेमेल विवाह आदि का उन्होंने विरोध किया। सच तो यह है कि उनमें कबीर की सी बेपरवाही और निर्भीकता थी। उनके स्वर में आवश्यक फटकार भी थी। वे गरमदल के क्रांतिकारी विचारक थे।

लेखन-यात्रा

बालकृष्ण भट्ट का प्रमुख रूप एक निबंधकार का है। वे 'हिंदी के सर्वप्रथम निबंध लेखक हैं। फिर भी निबंध लिखने में अब तक के सभी लेखकों में वे श्रेष्ठ माने जाते हैं। इनके निबंध बहुत ही उच्च कोटि के, सुंदर, गंभीर और साहित्यिक सौरभ से युक्त हैं। इनका प्रत्येक निबंध भाषा की सजीवता, रोचकता और स्थान-स्थान पर सुंदर मुहावरों की लड़ी से गुँथा हुआ एक सुंदर गुलदस्ता मालूम होता है।' (हिंदी की दशा और पत्रकारिता, भूमिका, पृ.14)। लेकिन यह भी सच है कि भट्ट जी का निबंधेतर लेखन (उपन्यास, नाटक आदि) भी आज हमारे समक्ष है और उसका भी कम से कम ऐतिहासिक महत्त्व तो है ही।

लेखन की चर्चा करने से पहले यहाँ, इस बात को रेखांकित करना उपयुक्त

होगा कि भट्ट जी ने हिंदी की अविकसित दशा में अपना लेखन प्रारंभ किया था। अतः उनकी चिंता और चिंतन का एक प्रमुख सरोकार हिंदी की दशा और गद्य में उत्कृष्ट रचना का अभाव भी था। भट्ट जी ने भारतेंदु के सहयोगी के रूप में, हिंदी भाषा को साहित्यिक रूप देने में भरपूर योगदान किया। वस्तुतः भट्ट जी को भाषा में पंडिताऊपन पसंद नहीं था। वे तो उसे जन जन की भाषा के रूप में देखना चाहते थे। इसीलिए उन्होंने अपनी भाषा में उर्दू, फारसी, अंग्रेजी, संस्कृत आदि अन्य भाषाओं के शब्दों के सहज उपयोग से परहेज नहीं किया। साथ ही लोक मानस के लिए सहज संप्रेषणीय एवं ग्राह्य कहावतों और मुहावरों के अद्वितीय प्रयोग से भी उन्होंने हिंदी को समृद्ध किया। इस प्रकार उन्होंने अपनी लेखनी के माध्यम से एक ऐसी भाषा-शैली का स्वरूप निर्मित करना चाहा जो देशव्यापी हो और राष्ट्रीय भाषा कहला सकने में समर्थ हो। इस संदर्भ में भट्ट जी के साथ रह चुके सुंदरलाल का यह कथन विचारणीय है कि 'हिंदी के दो खास लेखक अपने-अपने ढंग से प्रसिद्ध थे—एक पं. महावीरप्रसाद द्विवेदी और दूसरे पं. बालकृष्ण भट्ट। मेरी और मेरे जैसे बहुतों की निगाह में पं. महावीरप्रसाद द्विवेदी की भाषा व्याकरण की दृष्टि से निर्दोष होती थी किंतु भाषा में रस लगभग नदारद। दूसरी ओर पं. बालकृष्ण भट्ट अपनी भाषा में व्याकरण की बहुत अधिक परवाह नहीं करते थे, किंतु अपनी भाषा बढ़िया-से-बढ़िया रसगुल्लों की तरह रस से भरी होती थी। भट्ट जी अपनी भाषा में फारसी, अंग्रेजी और अरबी तक के चालू और आमफहम शब्द और मुहावरे नगीनों की तरह जड़ देते थे। (हिंदी की दशा और पत्रकारिता, दो शब्द, पृ.14)। भट्ट जी की भाषा की एक अन्य विशेषता उसका व्यंग्यमयी छटा से संपन्न होना भी है। किसी लेखक की भाषा में सार्थक व्यंग्यमयी छटा तभी आती है जब उसके व्यक्तित्व में निर्भीकता और सदाशयता कूट-कूट कर भरी हो। यहाँ यह संकेत करना भी उचित होगा कि भट्ट जी ने अपने निबंधों में, विशेष रूप से साहित्य, धर्म और संस्कृति प्रधान निबंधों में न केवल संस्कृत के शब्दों का बल्कि संस्कृत-श्लोकों का भी काफी उपयोग किया है। वह भी बिना उनके अर्थ दिए हुए। अतः आज के पाठकों के लिए जिनके पास संस्कृत के ज्ञान की पृष्ठभूमि नहीं है, निबंधों के ऐसे अंश बोझिल और उपेक्षणीय सिद्ध हो सकते हैं। हाँ, ज्ञानियों के लिए ऐसे अंश निबंधों की विषय और भाषागत समृद्धि का ही कारण रहेंगे। साधारण से साधारण विषय को असाधारण बनाने की अद्भुत कला बालकृष्ण भट्ट की विशिष्ट पूँजी है।

कुल मिलाकर कहा जाए तो बालकृष्ण भट्ट की निगाह में लेखन का पहला और अंतिम लक्ष्य सदा देश की भलाई रहा। 'समाचार पत्र की आवश्यकता' (सितंबर, 1877) नामक अपने लेख में उनका यही लक्ष्य इन शब्दों में उभरा है—' 'हिंदी वर्द्धनी' सभा के सदस्य जो मेरे जन्मदाता हैं उन्हें पत्र को प्रकाशित करने से कदापि

यह प्रयोजन नहीं है कि मुझे चलाकर रुपये एकत्र करें बल्कि देश की बुराइयों का शोधन, भलाई का संचार और उन्नति उन महापुरुषों का मुख्य तात्पर्य है।' यही कारण था कि वे राजकाज संबंधी बातों से लेकर विज्ञान, खगोल, भूगोल आदि सभी विधाओं संबंधी विषयों पर राय देने एवं लेख लिखने की पैरवी करते थे।

भट्ट निबंधावली नामक पुस्तक में भट्ट जी के पौत्र धनंजय भट्ट 'सरल' ने परिचय (16 सितंबर, 1941) के अंतर्गत लिखा है–भट्ट जी हिंदी में बचपन से ही लिखने लगे थे। स्कूल में वाद-विवाद और निबंध-रचना में सदैव भाग लेते और प्रथम रहते। कदाचित् सन् 1872 ई. के लगभग 'कलिराजा की सभा' शीर्षक इनका पहला लेख भारतेंदु जी की 'कवि-वचन-सुधा' में छपा था। इसके उपरांत 'रेल का विकट खेल', 'स्वर्ग में सब्जेक्ट कमेटी' इत्यादि उनके कई लेख 'कवि-वचन-सुधा' में निकले। उन सभी लेखों की प्रशंसा हुई। इसके बाद उनके लेख 'काशी-पत्रिका', 'बिहार-बंधु' आदि में भी निकलने लगे। जैसा कि पहले संकेत दिया जा चुका है, उनके बताए गए लेखों के संबंध में विवाद भी है। लेकिन यह सब को स्वीकार है कि उन्होंने संभवतः 1872 से 'बिहार-बंधु', 'कवि-वचन-सुधा', 'सुदर्शन समाचार' आदि पत्रों में लिखना प्रारंभ किया। लेकिन जैसा पहले ही कहा जा चुका है उनके निबंधों का अधिकांश 'हिंदी प्रदीप' में ही प्रकाशित हुआ है। यह भी सच है कि उनके तमाम निबंधों तक पहुँचना बहुत कठिन रहा है।

माना गया है कि बालकृष्ण भट्ट का पहला निबंध संग्रह 'साहित्य सरोज' 1920 में प्रकाशित हुआ था जिसका संपादन पंडित लक्ष्मीकांत भट्ट ने कलकत्ता से किया था। इसके अतिरिक्त इनके निबंध 'साहित्य सुमन' (लक्ष्मीकांत भट्ट), कलकत्ता भट्ट निबंधावली, 1-2 (धनंजय भट्ट, 'सरल', हि.सा. सम्मेलन, प्रपत्र), भट्ट निबंध माला, भाग 1-2, ना.प्र. सभा, काशी, भट्ट निबंधावली भाग-3, 'हिंदी की दशा और पत्रकारिता' (धनंजय भट्ट, हिंदी साहित्य सम्मेलन, प्रपत्र 1983), बालकृष्ण भट्ट के निबंधों का संग्रह (लक्ष्मीशंकर व्यास, उत्तर प्रदेश हिंदी संस्थान, 1983), बालकृष्ण भट्ट प्रतिनिधि संकलन (सत्यप्रकाश मिश्र, नेशनल बुक ट्रस्ट, 1996) और बालकृष्ण भट्ट के श्रेष्ठ निबंध (सत्यप्रकाश मिश्र, लोकभारती प्रकाशन, 1998) हैं। निस्संदेह, इन पुस्तकों में बहुत से लेख अभिन्न हैं।

बालकृष्ण भट्ट ने विशेष रूप से राजनीतिक, सामाजिक, नारी विषयक, धर्म विषयक, साहित्य, (रचनात्मक या राष्ट्रीय) साहित्यकार और भाषा विषयक, मनोवैज्ञानिक, जीवनी संबद्ध, दार्शनिक और नैतिक विषयों पर तो निबंध लिखे ही हैं, ललित निबंध भी पर्याप्त लिखे हैं जिनमें भरपूर रोचकता है।

भट्ट जी का ललित-निबंधकार रूप भी बहुत ही सशक्त है। ललित निबंधों में हल्कापन आने का खतरा बना रहता है लेकिन बालकृष्ण भट्ट उससे बचे हैं। सच कहें तो ऐसे निबंधों में किसी भी समर्थ लेखक का भाषा और शैलीगत अधिकार

भी देखने को मिलता है। भट्ट जी एक सजग चिंतक थे अतः उनके ललित निबंध भी बौद्धिकता की सूक्ष्म परतों से संपन्न हैं। उनकी बेतकल्लुफी, व्यंग्य और चुटकी मुक्त हास और परिहास सब पाठक पर गहरा प्रभाव छोड़ते हैं। विविधता और रोचकता से संपन्न उनके निबंध अनेक शैलियों में गुँथे हैं। उनका एक लेख है 'रस में फीकापन कब आता है'। कसी हुई भाषा, रोचकता और हास्य-व्यंग्य की आत्मीय फुहारें देखते ही बनती हैं, 'रोज खिजाब करते हैं, दिन में चार दफा दवा चाटते हैं, सेरों मोती घोंटकर खा गए, पहले का सा रस नहीं आता। जिसके पाने को हजार तदबीर और यत्न करते हैं, कुछ कारगर नहीं होती। तेल और पानी से नित्य देह चुपड़ते हैं कि पुराने ठिकरे पर नई कलई की भाँति फिर जवान मालूम हों, पर असली बात नहीं आती, वरन् फीकापन बढ़ता ही जाता है।' (भट्ट निबंधावली, धनंजय भट्ट 'सरल', सस्करण-1942, पृ.111)

रूपवानों के रूप का रहस्य (हिंदी प्रदीप, मई, 1898), हिंदुस्तान के रईस (फरवरी, 1901), खटका (हिंदी प्रदीप, मई, 1896), जबान (जुलाई, 1845), आँसू आदि अनेक ऐसे ही और निबंध हैं।

छोटे से सीमित अर्थ से युक्त दिखने वाले शब्द भी भट्ट जी के यहाँ कैसे नवीन चिंतन मोतियों की दिलचस्प लड़ी बन जाते हैं, इसके सफल उदाहरण अनेक निबंध हैं। 'खटका' की ही कुछ पंक्तियाँ देखी जा सकती हैं–'ब्रह्मा की सृष्टि में कोई मनुष्य एक पल के लिए भी इस खटके-झटके से खाली नहीं रहता। ××× धरती पर आये तो एक न एक बीमारी का खटका...बड़े हुए तो अपने साथियों में खेलते हुए हारने-जीतने का खटका...स्कूल में मास्टर साहब–घर में माँ-बाप की घुड़की और झिड़की का खटका...। साल साल परीक्षा और दर्जा चढ़ाये जाने का खटका...हिस्टरी याद है तो मैथेमेटिक्स का खटका...। प्रतिष्ठा और पद्धति बनाए रहने का खटका...हाकिम से दुष्टों की शिकायत का खटका।'(हिंदी प्रदीप, मई, 1896)। ऐसे निबंधों में लेखकीय व्यक्तित्व काफी उन्मुक्त भाव से व्यक्त होता है। 'बातचीत', 'परिचित्तानुरंजन', 'मेला-ठेला', 'ढोल के भीतर पोल', 'द' आदि निबंध इसी श्रेणी के हैं।

अपने ललित निबंधों में भट्ट जी कभी-कभी अच्छे सलाहकार भी प्रतीत होते हैं। उनका एक लेख 'आशा' पर केंद्रित है। आशा और निराशा के संबंध में उनका विचार किसी भी निराश व्यक्ति को नैराश्य से निकालने के लिए रामबाण सिद्ध हो सकता है :

'क्या झूठी आशा से भी किसी को दुःख हो सकता है? क्या झूठी आशा से नैराश्य अच्छा है? नहीं, नहीं, सच पूछिये तो कोई वस्तु संसार में हई नहीं जिसमें नैराश्य अच्छा हो बल्कि नैराश्य से बढ़कर बुरी दशा मन के वास्ते कोई हई नहीं।'

भारतेंदु युग में ललित निबंधों के लिए एक बहुत ही प्रचलित शैली थी–स्तोत्र शैली, ऐसे निबंधों में व्यंग्य और चुटकी की छटा और हास्य देखते ही बनता है।

यूँ, भट्ट जी के अधिकांश निबंधों में व्यंग्य मिलता है और शुद्ध हास्य उनके यहाँ अपेक्षाकृत कम है तब भी उक्त शैली में लिखे गए बालकृष्ण भट्ट के लेख अनूठे हैं। उनका सामाजिक व्यंग्य तो मार्मिकता की दृष्टि से बहुत ही समृद्ध है। वस्तुतः व्यक्ति, समाज, व्यवस्था, सत्ता, जनता, स्त्री आदि सब को उन्होंने विषय बनाया है। भारतेंदु ने जहाँ कंकड़ स्तोत्र, अंग्रेज स्तोत्र, आदि निबंध लिखे, भट्ट जी ने इस शैली में हाकिम और उनकी हिकमत, म्युनिसिपैलिटी स्तोत्रम, पत्नीस्तव, हुक्कास्तवम्, ग्राहक स्तुति (सितंबर, 1884) आदि कितने ही निबंधों की रचना की। 'पत्नीस्तव' (हिंदी प्रदीप, जन.से मार्च, 1903, पृ. 13-15) की कुछ पंक्तियाँ इस संदर्भ में पढ़ी जा सकती हैं जिनमें बाल-विवाह पर व्यंग्य और अच्छी-बुरी पत्नी की समझ सहज ही मिल जाती है–'हे महारानी पत्नी तुम्हें नमस्कार है।...एक बार विवाह कर तुम्हारे जाल में फँस जाना चाहिए फिर क्या सामर्थ कि इस बंधन को तोड़े कोई कहीं भाग सके...अति अल्पवय दस ही बारह वर्ष की उम्र में तुम्हारे जाल में फँस जाने से हिंदू जाति की कमजोरी, हीन-बल क्षीण, वीर्य-हीन सत्व हो जाने की तुम्हीं मुख्य कारण हो...। जहाँ तुम्हारा प्रचंड, विकट, भयंकर और उद्दंड रूप घर के एक-एक प्राणी को विकल किए है, वहाँ दरिद्र का रुदन और क्रंदन का सहकारी हो हाहाकार मचाए हुए है। सेवा करने में दासी, एकांत में सलाह देने वाली मित्र, घर-गृहस्थी की बातों में उपदेश देने वाली गुरु, पतिभक्ता, पति प्राण पत्नी उन्हीं को मिलती है जिन्होंने किसी पुण्य तीर्थ में अच्छी तपस्या कर रक्खा है।' वस्तुतः भट्ट जी का ध्यान सामाजिक प्राणी के रूप में नारी और परिवार में पत्नी के रूप में नारी के स्थान पर केंद्रित रहा है। पत्नी को वे परिवार का मेरुदंड मानते थे। वे पत्नी के दोनों ही रूपों का परिचय देते हैं। पत्नी ही परिवार की शांति, समृद्धि आदि का कारण होती है और वही अशांति, फूट का कारण भी बन सकती है। इसी प्रकार परिहास शैली के लिए 'हुक्कास्तवम्' की ये पंक्तियाँ द्रष्टव्य हैं जिनमें भट्ट जी की भाषा-सक्षमता भी देखते ही बनती है–'हे कुंडलाकृत घूमराशि समुत्पादिनी, हे अलस जन प्रतिपालिनी भार्या भत्सित जन चित्त विकार विनाशिनी प्रभु, भीतजन साहस प्रदायिनी, हे मूढ़े।... हम सरीखे आलसी, निष्पुरुषार्थी बेरोजगार मनुष्यों को तो दिल लगाने के लिए केवल तुम्हारा ही आसरा है, आप न होतीं तो हमारे अमीरों की महफिलों को कौन शोभित करता...।' (हिंदी प्रदीप, मार्च, 1880)

सरकारी अफसरों की चटपटी भर्त्सना 'हाकिम और उनकी हिकमत' (हिंदी प्रदीप, अगस्त, 1880) में उपलब्ध है। बहुत ही रोचक निबंध हैं।

व्यंग्य का सौंदर्य तो भट्ट के अन्य निबंधों में भी उपलब्ध है लेकिन जो बात स्तोत्र शैली के निबंधों में बनी है, वह अद्वितीय है।

भट्ट जी के बहुत से ललित निबंध चरित्रात्मक अथवा चरित्र व्याख्यात्मक

तथा स्वप्नकथा या कथाशैली (जैसे देवताओं से हमारी बातचीत (हिंदी प्र., 8 अक्टूबर, 1893), एक अनोखा स्वप्न (हि. प्र., जन., 1897), धूमकेतु (हि. प्र., अगस्त, 1880) आदि) में भी रचित हैं। कुछ संवाद-प्रधान भी हैं। लेखक की एक चरित्रसृष्टि 'पंच महाराज' है जिसके माध्यम से या सहारे भट्ट जी ने हिंदू समाज पर छाए पाखंड, अंधविश्वास, रूढ़िवादिता आदि सामाजिक दोषों पर करारे व्यंग्य किए हैं। 'मेला-ठेला' में भी 'पंच महाराज' हैं जो मेला देखने जाते हैं। सजीव व्यंग्यात्मक चित्रण से भरपूर है यह निबंध। शुरुआत ही दिलचस्प है : 'जमाने भर की फिकिर अपने ऊपर ओढ़े कुढंगों के कुढंग से कुढ़ते हुए मनोमन चुरंचूर नहूसत का बोझ सिर पर लादे पंच महाराज उदासीन घर बैठे रहा करते थे। आज न जानिए क्यों मेला देखने का शौक चर्राया तो घड़ी रात रहते भोर ही को खूब सज-धज पुराने ठिकरे पर नई कलई के भाँति तेल और पानी से बदन चुपड़ घर से निकल चल खड़े हुए। ×××। जानता नहीं मेला है झमेला है, तमाशबीनों की भीड़ का रेला है। ये दूसरे कौन हैं, राय दुर्लभचंद के पोते राय सुलभचंद, "नाम लखनचंद मुख कुकरै कारा।" मानो मास का लौंदा थूहा-सा रखा हुआ विधाता की अद्भुत सृष्टि का एक नमूना। किस मतलब से गढ़ा गया, कौन बता सकता है?' (भट्ट निबंधावली, धनंजय भट्ट 'सरल', 1942, पृ. 103)

इसी शैली के अन्य निबंधों में 'पंचों की सोहबत' (हि. प्र., जुलाई, 1878), 'पंचों की एक उमंग' (हि.प्र., अप्रैल, 1878), 'पंचों का प्रपंच' (हि. प्र., अगस्त, 1888) आदि कितने ही निबंधों को सम्मिलित किया जा सकता है।

भट्ट जी के ललित निबंधों में कुछ ऐसे भी हैं जिनमें नाटकीय शैली का उपयोग हुआ है। जैसे—एकांत ज्ञान (हि. प्र., फरवरी, 1892), हिंदुस्तान और अफगानिस्तान (हि. प्र., जनवरी, 1876), मधुप (हि. प्र., मई, 1901) अपने को ज्ञानी और पंडित घोषित करने वाले पंडित जी के स्वार्थों और दुर्भावों का बहुत ही रोचक पर्दाफाश एकांत ज्ञान में है जिसमें स्व-कथन मिलता है।

पुनः उल्लेखनीय है कि भट्ट जी के निबंधों का क्षेत्र गुण और मात्रा दोनों दृष्टियों से अत्यंत व्यापक है। लोक मंगल की भावना से उनके निबंध ओतप्रोत हैं। उनकी वैज्ञानिक दृष्टि उनकी अद्भुत विश्लेषण शक्ति को उजागर करती है। विचार में सुचिंतित होने के कारण उनके निबंध न तो बोझिल हुए हैं और न ही धुँधले। सच तो यह है कि स्वतंत्रता के पहले नवजागरण और उससे जुड़े जितने भी मुद्दे हो सकते हैं, वे निबंधकार भट्ट की नजर से बच नहीं सके हैं। अपने मंतव्य को सुस्पष्ट करने के लिए कहना चाहिए कि कहना न होगा की तर्ज पर 'सारांश यह कि' अथवा 'कहने का तात्पर्य यह' की शैली भी अपनाई है।

बालकृष्ण भट्ट के विषय प्रधान निबंधों का विशेष महत्त्व है। उन्होंने राजनीतिक विषयों पर तो साहित्यिक विषयों से भी अधिक लेखनी चलायी है। सामाजिक निबंधों में जहाँ उनका समाज सुधारक रूप व्यक्त होता है वहीं बाल-विवाह, बाह्य आडंबर,

जात-पात, छुआछूत, अंग्रेजी शिक्षा प्रदत्त फैशन-परस्ती आदि कितनी ही कुरीतियों पर उन्होंने तीखे प्रहार किए हैं। नारी केंद्रित निबंधों की दृष्टि से तो उन्हें नारी-विमर्श का सशक्त दावेदार कहा जा सकता है। विशेष रूप से स्त्रियों और उनकी शिक्षा पर उन्होंने बहुत बल दिया। 'पर्दा-प्रथा' के वे घोर आलोचक थे। लिखा भी है, 'बाबू साहब दंदान तोड़ विलायत की राह...के लिए कदम उठाये हैं, बबुआइन घर गोबर ही पाथती रहीं। बाबू साहब, लाला साहब, मिस्टर सो एंड सो कहे जाने की उमंग में फूले नहीं समाते—ललाइन कौआ हकनी ही रह गई।...' इस सबका एकमात्र कारण पिशाचिनी पर्दा-प्रथा है। भट्ट जी की एक विशेषता यह भी थी कि वे कोरे सिद्धांत या कथन में विश्वास नहीं करते थे। वे समस्या के व्यावहारिक समाधान में विश्वास करते थे तथा हमेशा आशावादी रहते थे। समस्या के समाधान के लिए वे किसी का भी सहयोग लेने के समर्थक थे। बाल-विवाह की बुराई दूर हो इसके लिए उन्हें इस दिशा में विदेशी सरकार के प्रस्तावित सहयोग से भी गुरेज न था—'यदि यह कहा जाए कि विदेशीय गवर्नमेंट से हम अपने घर की बुराइयों को दूर करने की प्रार्थना करें इससे बढ़कर लज्जा की बात और क्या होगी। तो इसके उत्तर में हम यह कहेंगे कि इस बाल-विवाह की बुराई के कारण अपनी हर तरह की हानि सहते जाने से लज्जा का बोझ उठाना उत्तम है।' (बाल-विवाह, बालकृष्ण भट्ट के निबंधों का संग्रह, संपादक श्री लक्ष्मी शंकर व्यास, पृ. 115)। उन्होंने धर्म विषयक निबंध भी लिखे लेकिन इस क्षेत्र में भी वे किसी भी धर्म के अंध समर्थक प्रतीत नहीं होते। इस संबंध में उनका विचार था—'धर्म से हमारा प्रयोजन यह नहीं कि हम किसी एक खास धर्म की प्रशंसा करें और न यही हमारा तात्पर्य है कि हम यह दिखलावें कि अमुक धर्म की बातें बड़ी उत्तम हैं, इससे उसी खास धर्म पर चलना चाहिए। हमको भिन्न-भिन्न संप्रदाय और मत-मतांतरों के झगड़ों से कुछ सरोकार नहीं...धर्म जितने हैं उनकी नेंव विश्वास पर है तर्क पर नहीं।' (पं. बालकृष्ण भट्ट : व्यक्तित्व और कृतित्व, डॉ. मधुकर भट्ट, पृ. 169)। स्पष्ट है कि अपने विचारों में क्रांतिकारी भट्ट अंततः एक संतुलित विचारक थे। इनके अतिरिक्त उनके निबंधों को मनोवैज्ञानिक, जीवनीपरक, नैतिक और दार्शनिक निबंधों की श्रेणियों में भी बाँटा जा सकता है। उनके शोधकर्ता डॉ. मधुकर भट्ट को तो लगभग संस्कृत के 60 कवियों की हस्तलिखित जीवनी प्राप्त हो सकी जिनके संबंध में उनका मत है कि 'भट्ट जी ने संस्कृत के प्रायः सभी कवियों के जीवन-संबंधित तथ्यों पर बड़ी गंभीरता से विचार किया है। भट्ट जी का यह जीवनी साहित्य दुर्भाग्यवश अभी तक अप्रकाशित है। दंडी, भामह, रुद्रट, रुटयक, आनंदवर्धन, बाणभट्ट, भवभूति, कालिदास, जयदेव, माघ ××× भट्टो जी दीक्षित, श्रीकृष्ण आदि अनेक संस्कृत कवियों के जन्म-स्थान, जन्मतिथि, ग्रंथ रचनाकाल और मृत्यु-तिथि के संबंध में भिन्न-भिन्न तथ्य निरूपण के बाद भट्ट जी ने अपना मत बड़े आधिकारिक रूप में (इस हस्तलिखित

जीवनी साहित्य में) स्थापित किया है।' (पृ. 183)। उनके यहाँ 'शंकराचार्य और गुरु नान्हिक' जैसे तुलनात्मक दृष्टि से लिखे गए निबंध भी उपलब्ध हैं।

जहाँ तक साहित्य पर केंद्रित निबंधों का प्रश्न है, भट्ट जी ने साहित्य और भाषा संबंधी निबंध ही नहीं लिखे बल्कि छंद, रस, अलंकार, व्याकरण आदि शास्त्रीय पक्ष से संबद्ध विषयों पर भी निबंध रचना की है। कल्पना प्रधान काव्यात्मक निबंधों में चंद्रोदय, भालपट्ट, कल्पना आदि को लिया जा सकता है। उनके अनेक निबंध समाचार-पत्र की आवश्यकता और पत्रकारिता पर भी उपलब्ध हैं। चंद्रोदय से कुछ पंक्तियाँ : 'अँधेरा पाख बीता उजेला पाख आया। पश्चिम की ओर सूर्य डूबा और वक्राकार हँसिया की तरह चंद्रमा उसी दिशा में दिखलाई पड़ा।' (चंद्रोदय, बालकृष्ण भट्ट (प्रतिनिधि संकलन), सत्यप्रकाश मिश्र, पृ. 59)। इसे हम गद्य काव्य भी कह सकते हैं।

साहित्य को भट्ट जी जनसमूह के हृदय का विकास मानते हैं। उनका एक निबंध है–'साहित्य जनसमूह के हृदय का विकास है' (बालकृष्ण भट्ट (प्रतिनिधि संकलन), सत्यप्रकाश मिश्र, पृ. 15)। उनके अनुसार, 'प्रत्येक देश का साहित्य उस देश के मनुष्यों के हृदय का आदर्श रूप है। जो जाति जिस समय जिस भाव से परिपूर्ण या परिलुप्त रहती है, वे सब उसके भाव उस समय के साहित्य की समालोचना से अच्छी तरह प्रकट हो सकते हैं।...इसलिए यदि साहित्य जन-समूह के चित्त का चित्रपट कहा जाय तो संगत है। ××× साहित्य के अनुशीलन से कौम के सब समय के आभ्यांतरिक भाव हमें परिस्फुट हो सकते हैं। वस्तुतः उनके साहित्यिक निबंधों में उनकी विद्वत्ता एवं स्पष्ट दृष्टि बराबर दिखती है। बहुज्ञता से वे संपन्न हैं। उनके उल्लेखनीय साहित्यिक निबंधों में भाषा कैसी होनी चाहिए, भारतवर्ष की जातीय भाषा, देशी भाषा और देशी अक्षर, हिंदी की बेल बढ़ती जाती है, साहित्य-जनसमूह के हृदय का विकास है, फारसी थियेटर प्रतिभा, वेद क्या है, शब्दों की आकर्षक शक्ति, सच्ची समालोचना आदि कितने ही निबंधों को सम्मिलित किया जा सकता है।

'सच्ची समालोचना' को ही लें। इसमें विशेषण के रूप में 'सच्ची' शब्द गौरतलब है। भट्ट जी के मन में या आँखों के सामने कदाचित् ऐसी समालोचनाएँ भी रही होंगी जो मुँह देखी हों अथवा लाग लपेट वाली हों या फिर राग-द्वेष से परिपूर्ण हों। यहाँ समालोचना तो लाला श्रीनिवासदास रचित एक ऐतिहासिक नाटक [रणधीर प्रेम मोहिनी जिसे 'एक दृष्टि से किसी हिंदी पुस्तक की हिंदी में लिखी पहली समीक्षा' माना गया है। (पृ. xvi, प्रस्तावना, बालकृष्ण भट्ट के श्रेष्ठ निबंध, सं. सत्यप्रकाश मिश्र)] संयोगिता स्वयंवर पर केंद्रित है लेकिन परोक्षरूप में समालोचना के रूप और समालोचक की दृष्टि की ओर भी संकेत चला गया है। कुछ अंश उद्धृत हैं जिनसे पता चलता है कि आत्मीयता, विनम्रता और वस्तुपरक दृष्टि के बीच सहज निर्भीकता के छौंक के साथ स्वाद के लिए कैसा संतुलन होना चाहिए।

''लाला जी यदि बुरा न मानिये तो एक बात आप से धीरे से पूछैं वह यह कि आप ऐतिहासिक नाटक किसको कहेंगे?'' (शैली पर गौर कीजिए–बुरा न मानिये, धीरे से पूछैं)

''नाटक के चौथे ही पृष्ठ पर आप लिखते हैं 'अभिनय कर्त्ता अपने चिह्न पर पूरा अधिकार रख सकता है' यदि ऐसा है तो ग्रंथकर्ता को चाहिए कि पूर्ण रीति पर अधिकतर अधिकार अपने हृदय पर रखे। किंतु इसके विपरीत हम देखते हैं आपके नाटक में राजा, मंत्री, कवि यहाँ तक कि संयोगिता बेचारी भी अपना पांडित्य प्रकाश करने के यत्न में हैरान हो रहे हैं। भला बताइये यह कौन-सा ढंग भावों के दरसाने का है?''

(यह बात को बिना अगर मगर के दो टूक ढंग से कहने का साहस है और वह भी तैयारी एवं प्रतिबद्धता के साथ इससे कौन प्रभावित न होगा भले ही 'बात' से असहमति भी क्यों न रहे)

भट्ट जी के समय में उर्दू बनाम हिंदी का भी झगड़ा था। हालाँकि उर्दू के शब्दों के उपयोग से उन्हें गुरेज हो ऐसा प्रतीत नहीं होता। उस झगड़े को जरा परे हटाकर उनके लेख 'ग्रामीण भाषा' को पढ़ा जाए तो सहज ही पता चलेगा कि सच में किसे ग्रामीण भाषा कहा जाना चाहिए और इस भ्रांति का भी निवारण होगा कि ग्रामीण भाषा से 'अभिप्राय निरे अपढ़ और नीच लोगों की बोलचाल से है।'

'वेद क्या है' लेख में भट्ट जी की व्यापक और उदार तथा भारतीय समाज के लिए क्रांतिकारी प्रासंगिक दृष्टि का सहज दर्शन हो जाता है :

''यह आर्यों का धर्मग्रंथ है और धर्मग्रंथ जितने हैं उन्हें अवश्यमेव किसी ने बनाया ही होगा। हाँ, यह ठीक है किंतु वेद हिंदुओं ही का धर्मग्रंथ नहीं है किंतु यह तो तब का है जब आर्य, अनार्य, हिंदू तथा म्लेच्छ आदि संज्ञा रही ही नहीं और यह सार्वजनिक अर्थात् संसार भर के लिए है।''

साहित्य हो या धर्म या फिर राजनीति अथवा कोई और पक्ष भट्ट जी के यहाँ सब प्रत्यक्ष-परोक्ष रूप में गुँथ कर आते हैं। अर्थात् उनकी दृष्टि एकांगी नहीं थी। चीजों को वे ऐतिहासिक एवं तात्कालिक दोनों ही परिप्रेक्ष्यों में रखकर उनका आकलन-विश्लेषण करते थे। उनका एक लेख है श्री शंकराचार्य और गुरु नानकदेव। बानगी के लिए एक अंश :

''गुरुनानक से बुद्धिमान् ने इन सब बातों को सोच विचार कबीर के सिद्धांतों को विशेष आदर दिया, किसी एक खास मजहब या धर्म में जकड़े रहना राजनैतिक तरक्की का बड़ा बाधक है। जब तक किसी खास धर्म की पाबंदी हम में लगी रहेगी तब तक मनुष्य जाति में प्रेम, जाति-वात्सल्य, मुल्की तरक्की के उद्योग में सबों के साथ सहमति कभी हो ही नहीं सकती।''

भट्ट जी का एक लेख सच्ची समालोचना की तर्ज पर 'सच्ची कविता' भी

मिलता है। यह लेख काफी दिलचस्प है जिसमें लेखक ने सुसंस्कृत (Classical) कविता, ग्राम कविता, नागरिक कविता आदि को ध्यान में रखकर कविता पर विचार किया है और कविता के सच्चे रूप को उजागर करने का प्रयास भी। भट्ट जी कविता में नएपन के हिमायती नजर आते हैं। अपने समय के हिंदी कवियों और हिंदी कविता में वे पुरानेपन की राह को उचित नहीं समझते थे। अतः उन्होंने लिखा :

''हिंदी के कवि भी उन्हीं पुराने कवियों की शैली का अनुकरण कर आज तक चले आये हैं और उस ढंग को छोड़ कोई दूसरे प्रकार की भी कविता हो सकती है यह बात उनके मन में धँसती ही नहीं जिसकी उपमा हम एक छोटे से तालाब की देंगे। जिसमें न कहीं से पानी का निकास है और न नया ताजा पानी उसमें आने की आशा है तब इसके अतिरिक्त और क्या हो सकता है कि उसका पानी दिन दिन सड़ता ही जाय और गंदगी बढ़ती जाय ताकि नियमबद्ध हो जाने से गिनी गिनी बातें उनके लिए बच रहीं उन्हीं का बार बार पिष्ट पेषण किया करें।''

जैसा पहले संकेत दिया जा चुका है, भट्ट जी के कुछ लेख (या टिप्पणियाँ) ऐसे भी हैं जिन्हें शास्त्रीय कहा जा सकता है। ऐसे लेखों में कल्पना शक्ति, प्रतिभा, माधुर्य, शब्दों की आकर्षण शक्ति, उपमा आदि को गिनाया जा सकता है। ऐसे लेखों में भी सहजता और रोचकता की विशेषताएँ मौजूद हैं। बावजूद इसके कि उनका गहन अध्ययन भी उजागर होता रहता है। 'माधुर्य' में लिखते हैं :

'हास्य अद्‌भुत तथा भयानक रस में माधुर्य तभी आता है जब ग, ज, द, व आदि अक्षर बहुत हों और समास भी 'न बहुत कम और न बहुत अधिक हो।'

' 'शब्दों की आकर्षण शक्ति' से भी कुछ पंक्तियाँ :

'शब्द की आकर्षण शक्ति' न्यूटन की आकर्षण शक्ति से लवमात्र भी कम नहीं कही जा सकती। ××× केवल शब्द की मधुर ध्वनि में जब इतना प्रलोभन हो तब यदि उन शब्दों में अर्थचातुरी भी भरी हो वह कितना मन को खींचने वाला न होगा।'

इस प्रकार हम देखते हैं कि भट्ट जी के साहित्यिक एवं शास्त्रीय विषयों पर केंद्रित लेखों में उनके गहरे अध्ययन, उनकी गहरी सोच और विषय पर उनकी दृष्टि संपन्न गहरी पकड़ तो हमारी पकड़ में आती ही है साथ ही उनकी बात बात में गहरी बात कह देने वाली रोचक एवं सहज शैली और प्रभावशाली भाषा भी पाठक को प्रभावित करने में कम सक्षम नहीं है।

थोड़ा जायजा भट्ट जी की अन्य विधाओं में रचे साहित्य का भी लिया जा सकता है। हिंदी गद्य के विशिष्ट उदय के साथ जिन विधाओं का शुभारंभ हुआ उनमें एक उपन्यास है। आचार्य रामचंद्र शुक्ल ने पं. श्रद्धाराम फुल्लोरी रचित 'भाग्यवती' (1877 ई.) को सामाजिक उपन्यास और सन् 1882 में लाला श्रीनिवास द्वारा रचित 'परीक्षा गुरु' को अंग्रेजी ढंग का पहला हिंदी उपन्यास कहा था। सदादर्श

प्रेस, दिल्ली से प्रकाशित इस उपन्यास 'परीक्षा गुरु' को ही बाद के लेखकों ने प्रथम उपन्यास माना है। लेकिन एक शोध के अनुसार कालक्रमानुसार बालकृष्ण भट्ट के 'रहस्य कथा' उपन्यास को पहला उपन्यास माना जाना चाहिए क्योंकि वह 'हिंदी प्रदीप' के नवंबर 1879 के पृ. 6 पर, शेष दो उपन्यासों—भाग्यवती (1887) और 'परीक्षा गुरु' (1882), से पहले छपा था। लेकिन यहाँ यह उल्लेखनीय है कि भाग्यवती वि.सं. 1934 अर्थात् 1877 ई. में लिखा गया था जैसा कि रामचंद्र शुक्ल ने माना है। भट्ट जी के द्वारा रचित 8 मौलिक उपन्यासों और एक अनूदित उपन्यास का जिक्र मिलता है लेकिन प्रसिद्ध उनके दो ही उपन्यास हुए—'नूतन ब्रह्मचारी' और 'सौ अजान एक सुजान'। 'नूतन ब्रह्मचारी', 'हिंदी प्रदीप' के फरवरी 1886 अंक में प्रारंभ हुआ जबकि 'सौ अजान एक सुजान'—हिंदी प्रदीप के जुलाई-अगस्त 1890 अंक में प्रारंभ हुआ। दोनों ही उपन्यास स्वयं भट्ट जी ने पुस्तकाकार भी प्रकाशित किए थे जिनका काफी स्वागत हुआ। 'नूतन ब्रह्मचारी' बालकोपयोगी शिक्षाप्रद उपन्यास है और लेखक की इच्छा थी कि युवाओं के चरित्र निर्माण के लिए यह उपन्यास पाठ्यक्रम में लगे। दूसरा उपन्यास भी शिक्षाप्रद है। उपन्यास के प्रारंभ में एक सोरठा है जो विषय-वस्तु की ओर संकेत करता है :

खोटे को संग साथ, हे मन तज्यौ अंगार ज्यों।
तातो जारै हाथ, सीतल हू कारो करै।

कुसंगत किस प्रकार अच्छों को भी बिगाड़ देती है, यही उपन्यास का संदेश है। अपने समय में यह उपन्यास न केवल चर्चित और प्रशंसित रहा बल्कि इसकी माँग भी अभूतपूर्व रही। इसे साल में दो-तीन बार तक छपवाना पड़ा।

वस्तुतः भारतेंदु युग के उपन्यासकारों में, कला की दृष्टि से अनेक कमजोरियों के बावजूद, बालकृष्ण भट्ट का योगदान महत्त्वपूर्ण माना गया है।

भट्ट जी की आज दो कहानियाँ और लगभग 55 कविताएँ उपलब्ध हैं, लेकिन उनका महत्त्व साहित्यिक योगदान की दृष्टि से उतना नहीं माना जा सकता जितना लेखक की निजी योगदान की दृष्टि से। दृष्टि उनकी ऐसी रचनाओं में भी कबीर की सी मिलती है। सामाजिक कुरीतियों के प्रति आक्रोश वाली।

नाटक के क्षेत्र में अवश्य उनका योगदान रेखांकित हुआ है। उन्हें अपने समय का कुशल नाटककार भी कहा गया है। भारतेंदु के बाद सर्वाधिक नाटक लिखने वालों में उनका ही नाम आना चाहिए। भट्ट जी के नाटक 'हिंदी प्रदीप' के साथ तत्कालीन अन्य पत्रिकाओं में भी प्रकाशित हुए थे। दुर्भाग्य से सब की ओर सब का ध्यान ठीक से नहीं जा सका। स्वयं रामचंद्र शुक्ल ने उनके 'कलिराज की सभा', 'रेल का विकट खेल', 'बाल विवाह' और 'चन्द्रसेन' चार नाटकों को मौलिक नाटक माना है। बाद के शोधकर्ताओं ने कुछ और नाम भी गिनाए हैं।

उन्होंने उनके मौलिक और अनूदित नाटकों और प्रहसनों की संख्या उन्हें राजनीतिक, पौराणिक, सामाजिक एवं ऐतिहासिक वर्गों में विभाजित करते हुए 18 मानी है जिनमें भारतवर्ष और कलि, चंद्रसेन, इंग्लैंडेश्वरी और भारत जननी, दो दूर देशी, हिंदुस्तान और अफगानिस्तान, पद्मावती (अनूदित), सीता वनवास, पतित पंचम, किरातार्जुनीय, शिशुपाल वध आदि सम्मिलित हैं। (देखें पं. बालकृष्ण भट्ट व्यक्तित्व और कृतित्व : डॉ. मधुकर भट्ट, पृ. 298-99)। इनमें पौराणिक नाटकों की संख्या सबसे ज्यादा है। निश्चित रूप से नाटकों के माध्यम से भी उनका लक्ष्य भारतवासियों को जागरूक बनाना ही था। प्राचीन भारतीय संस्कृति में उनकी गहरी आस्था थी लेकिन अपने पौराणिक नाटकों में भी वे प्राचीन गौरव दिखलाने तक सीमित न रहे बल्कि देशवासियों को उस गौरवजन्य जागरूकता तक ले जाना उनका लक्ष्य था। राजनीतिक नाटकों और प्रहसनों में तो उनका राष्ट्र प्रेम देखते ही बनता है। तीखे व्यंग्य और चुटीले हास्य से वे भरपूर हैं। 'चंद्रसेन' भट्ट जी का एकमात्र मौलिक ऐतिहासिक नाटक है जिसकी कथा अलाउद्दीन खिलजी के समय की है। यह संस्कृत नाट्य शैली पर लिखा गया नाटक है।

कुल मिलाकर कहा जा सकता है कि भारतीय नवजागरण के संदर्भ में हिंद नवजागरण के अग्रदूत भारतेंदु हरिश्चंद्र के साथ, सशक्त कदम बढ़ाते हुए प्रगतिशील विचारक बालकृष्ण भट्ट ने भी अपनी भाषा को अपनी पहचान की पहली शर्त माना और अपने निबंधों के विशाल भंडार से उसे समृद्ध किया। आग्रह था : निज भाषा उन्नति अहै सब उन्नति को मूल। नामवर सिंह के शब्दों में, 'इस आग्रह का कारण शायद यह था कि अन्य प्रदेशों में जहाँ फारसी के स्थान पर प्रादेशिक भाषाओं को कचहरी जैसे सरकारी दफ्तरों में मान्यता मिल गई थी, हिंदी—केवल हिंदी ही इस अधिकार से शताब्दी के अंतिम दशक तक वंचित रही। इस स्थिति में हिंदी नवजागरण के लेखकों को अंग्रेजी के साथ-साथ अपनी सगी बहन उर्दू के वर्चस्व के विरुद्ध भी संघर्ष करना पड़ा।' (संपादकीय वक्तव्य, नामवर सिंह, बालकृष्ण भट्ट, प्रतिनिधि संकलन)। भट्ट जी के उर्दू-विरोध का भी यही संदर्भ है। उन्होंने निस्संदेह अपने समय के सभी ज्वलंत सामाजिक प्रश्नों को जम कर मथा है। आर्थिक अभावों को सहते हुए भी 'प्रदीप' की 'जोत' जलाए रखी। उनकी निगाह गाँव से शहर तक पसरी थी। अपनी परंपरा की जड़ों की उन्हें गहरी पहचान थी। समकालीन आधुनिक परिवेश की उन्हें गहरी समझ थी। पाखंडों, अंधविश्वासों, विभाजक घटकों आदि पतनोन्मुख प्रवृत्तियों के विरुद्ध वे कबीराना अंदाज में क्रांतिकारी थे। एक विवेकशील, स्वतंत्र, अपनी अस्मिता को प्राप्त किये सर्वहित साधक, सजग भारत के वे स्वप्नद्रष्टा थे।

—दिविक रमेश

अनुक्रम

सभ्यता और साहित्य

साहित्य सभ्यता का प्रधान अंग है। यह कभी संभव नहीं कि कोई देश सभ्यता में बढ़ जाय और साहित्य उस देश की भाषा का पीछे हटा रहे। कोई देश जो एक बार सभ्यता की सीमा को पहुँच पीछे घटती की दशा में आ गया है वहाँ का साहित्य ही इस बात का साक्षी और नपाना है कि वहाँ सभ्यता किस दरजे तक पहुँच चुकी थी। सभ्यता का असर जितना अधिक देश के साहित्य पर पहुँचा है उतना उस देश या जाति की और किसी बातों पर नहीं। जैसे पुष्प को अपने विकास के लिए सूर्य के प्रकाश की आवश्यकता है वैसा ही साहित्य के विकास के लिए सभ्यता की आवश्यकता है और सभ्यता भी बिना साहित्य के ऐसी फीकी और बेजायके होगी जैसा बिना नोन का भोजन बिरस और फीका मालूम होता है। यहाँ तक सभ्यता और साहित्य का घनिष्ठ संबंध दिखलाया गया है। अब सोचना चाहिए कि पहले पहल साहित्य की वृद्धि का क्या सहारा है। कर्मण्येवाधिकारस्ते मा फलेषु कदाचन–से साहित्य की वृद्धि में काम न निकलेगा। इसके लिए किसी तरह के प्रतिफल का सहारा अवश्य होना चाहिए–श्रीमान सर विलियम म्यूर ने हमारी भाषा को जरा-सा प्रोत्साहन दिया था, दो तीन ही वर्ष में कितनी पुस्तकें बन गईं। बिलायत के बहुतेरे उच्च श्रेणी के लेखकों को जीते जी द्रव्य संबंधी कोई प्रतिफल कभी नहीं मिला। जब कोई नई किताब छपवाते थे तो उपरांत उन्हें झीखना ही हाथ लगता था। सर्व साधारण में उनकी रचना या लेख का बड़ा मान्य या चाह होना एक ओर रहा कोई पूछता तक नहीं था। पर यह सहारा उन्हें भरपूर था कि उनके जी को ढाढस देने के लिए उन्हें के समकोटि और समानधर्मा दो चार मनुष्य थे जिनसे उनके लेख का मान्य और प्रतिष्ठा के द्वारा उनका आँसू पुछ जाता था हमारी हिंदी में सो भी नहीं है कि कोई उन विषयों को देखने और कदर करने वाला भी तो हो।

Full many Flower is born to blush unseen
And waste its sweetness on the desert air

Ful many a gen of purest ray serene
The dark unfalhomed caves of Ocean bear

–Gray

इस दशा में भी जब सब ओर से नैराश्य और अनुत्साह का तिमिर छाया हुआ है, जो लोग अपने तन का लहू सुखा सुखा कर प्राण प्रण की बाजी लगाये हुए भाग्यहीना हिंदी के साहित्य की वृद्धि में लगे हुए हैं ऐसे सफल जन्मा क्या कम धन्यवाद के योग्य हैं। अस्तु जिन लोगों का यह मत है कि अंग्रेजी राज्य के प्रताप से हमारे देश में नये ढंग की सभ्यता का प्रभात हो रहा है और यह बड़ा शुभसूचक चिह्न है। किंतु सभ्यता और साहित्य का घनिष्ठ संबंध ऊपर हम दिखा चुके हैं उस सूत्र के अनुसार जब तक हमारी भाषा के साहित्य की उन्नति न होगी तब तक इस सभ्यता को भी बिजली के समान क्षणिक मानना चाहिए। चाही हमारे नवशिक्षित नाक फुलाय फुलाय सभ्यता सभ्यता पुकार कितना ही गाल बजाया करें पर पूर्ण सभ्यता बिना देश भाषा की उन्नति के सर्वथा असंभव है।

[मई, 1887 ई.]

साहित्य जनसमूह के हृदय का विकास है

प्रत्येक देश का साहित्य उस देश के मनुष्यों के हृदय का आदर्श रूप है। जो जाति जिस समय जिस भाव से परिपूर्ण या परिलुप्त रहती है वे सब उसके भाव उस समय के साहित्य की समालोचना से अच्छी तरह प्रगट हो सकते हैं। मनुष्य का मन जब शोक-संकुल, क्रोध से उद्दीप्त, या किसी प्रकार की चिंता से दोचित्ता रहता है तब उसकी मुखच्छवि तमसाच्छन्न, उदासीन और मलिन रहती है; उस समय उसके कंठ से जो ध्वनि निकलती है वह भी या तो फुटही ढोल समान बेसुरी, बेताल, बेलय या करुणापूर्ण, गद्‌गद तथा विकृत-स्वर-संयुक्त होती है। वही जब चित्त आनंद की लहरी से उद्वेलित हो नृत्य करता है और सुख की परंपरा में मग्न रहता है उस समय मुख विकसित कमल-सा प्रफुल्लित, नेत्र मानो हँसता-सा, और अंग-अंग चुस्ती और चालाकी से फिरहरी की तरह फरका करते हैं; कंठध्वनि भी तब वसंत-मदमत्त कोकिला के कंठरव से भी अधिक मीठी और सोहावनी मन को भाती है। मनुष्य के संबंध में इस अनुलंघनीय प्राकृतिक नियम का अनुसरण प्रत्येक देश का साहित्य भी करता है, जिसमें कभी को क्रोधपूर्ण अयंगरगर्जन, कभी को प्रेम का उच्छ्‌वास, कभी को शोक और परितापजनित हृदय-विदारी करुणानिस्वन, कभी को वीरता गर्व से बाहुबल के दर्प में भरा हुआ सिंहनाद, कभी को भक्ति के उन्मेष से चित्त की द्रवता का परिणाम अश्रुपात आदि अनेक प्रकार के प्राकृतिक भावों का उद्‌गार देखा जाता है। इसलिए साहित्य यदि जनसमूह (Nation) के चित्त का चित्रपट कहा जाय तो संगत है। किसी देश का इतिहास पढ़ने से केवल बाहरी हाल हम उस देश का जान सकते हैं पर साहित्य के अनुशीलन से कौम के सब समय-समय के आभ्यंतरिक भाव हमें परिस्फुट हो सकते हैं।

हमारे पुराने आर्यो का साहित्य वेद है। उस समय आर्यो की शैशवावस्था थी, बालकों के समान जिनका भाव भोलापन, उदार भाव, निष्कपट व्यवहार, वेद के साहित्य को एक विलक्षण तथा पवित्र माधुर्य प्रदान करते हैं। वेद जिन महापुरुषों के हृदय का विकास था वे लोग मनु और याज्ञवल्क्य के समान समाज के आभ्यंतरिक

भेद, वर्ण-विवेक आदि के झगड़ों में पड़ समाज की उन्नति या अवनति की तरह-तरह की चिंता में नहीं पड़े थे; कणाद या कपिल के समान अपने-अपने शास्त्र के मूलभूत बीजसूत्रों को आगे कर प्राकृतिक पदार्थों के तत्त्व की छान में दिन रात नहीं डूबे रहते थे; न कालिदास, भवभूति, श्रीहर्ष आदि कवियों के संप्रदाय के अनुसार वे लोग कामिनी के विभ्रम-विलास और लावण्य लीला-लहरी में गोते मार मार प्रमत्त हुए थे। प्रातःकाल उदयोन्मुख सूर्य की प्रतिभा देख उनके सीधे सादे चित्त ने बिना कुछ विशेष छानबीन किये इसे अज्ञात और अजेय शक्ति समझ लिया। इसके द्वारा वे अनेक प्रकार का लाभ देख कानन-स्थित विहंग-कूजन समान कलकल रव से प्रकृति की प्रभात वंदना का साम गाने लगे; जल-भार-नत श्यामला मेघमाला का नवीन सौंदर्य देख पुलकित गात्र हो कृतज्ञता-सूचक उपहार की भाँति स्तोत्र का पाठ करने लगे; वायु जब प्रबल वेग से बहने लगी तो उसे भी एक ईश्वरीय शक्ति समझ उसके शांत करने को वायु की स्तुति करने लगे इत्यादि। वे ही सब ऋक् और साम की पावन ऋचाएँ हो गईं। उस समय अब के समान राजनैतिक अत्याचार कुछ न था इसी से उनका साहित्य राजनीति की कुटिल उक्ति युक्ति से मलिन नहीं हुआ था। नए आए हुए आर्यों की नूतन ग्रथित समाज के संस्थापन में सब तरह की अपूर्णता थी सही पर सब का निर्वाह अच्छी तरह होता जाता था; किसी को किसी कारण से किसी प्रकार का अस्वास्थ्य न था; आपस में एक-दूसरे के साथ अब का सा बनावट का कुटिल बर्ताव न था। इसलिए उस समय के उनके साहित्य वेद में भी कृत्रिम भक्ति, कृत्रिम सौहार्द, कपट वृत्ति, बनावट और चुनाचुनी ने स्थान नहीं पाया। उन आर्यों का धर्म अबके समान गला घोंटनेवाला न था। सबके साथ सब की खान पान द्वारा सहानुभूति रहती थी। उनके बीच धार्मिक मनुष्य अब के धर्मध्वजियों के समान दांभिक बन महाव्याधिक सदृश लोगों के लिए गलग्रह न थे। सिधाई, भोलापन और उदारभाव उनके साहित्य के एक एक अक्षर से टपक रहा है। एक बार महात्मा ईसा एक सुकुमारमति बालक को अपने गोद में बैठाकर अपने शिष्यों की ओर इशारा करके बोले कि जो कोई छोटे बालकों के समान भोला न बने उसका स्वर्ग के राज्य में कुछ अधिकार नहीं है। हम भी कहते हैं जो सुकुमार-चित्त वेदभाषी इन आर्यों की तरह पद पद में ईश्वर का भय रख, प्राकृतिक पदार्थों के सौंदर्य पर मोहित हो, बालकों के समान सरलमति न हो उसका स्वर्ग के राज्य में प्रवेश करना अति दुष्कर है।

इन्हीं प्राकृतिक पदार्थों का अनुशीलन करते-करते इन आर्यों को ईश्वर के विषय में जो जो भाव उदय हुए वे ही सब एक नये प्रकार का साहित्य उपनिषद् के नाम से कहलाये। जब इन आर्यों का समाज अधिक बढ़ा और लोगों की रीति-नीति और बर्ताव में विभिन्नता होती गई तब सबों को एकता के सूत्र में बद्ध रखने के लिए और अपने अपने गुण कर्म से लोग चल विचल हो सामाजिक नियमों

को जिसमें किसी प्रकार की हानि न पहुँचावें इसलिए स्मृतियों के साहित्य का जन्म हुआ। मनु, अत्रि, हारीत, याज्ञवल्क्य आदि ने अपने अपने नाम की संहिता बनाय विविध प्रकार के राजनैतिक, सामाजिक और धर्म-संबंधी विषयों का सूत्रपात किया। इन्हीं के समकालीन गौतम, कणाद, कपिल, जैमिनि, पतंजलि आदि हुए जिन्होंने अपने अपने सोचने का परिणाम रूप दर्शन शास्त्रों की बुनियाद डाली। यहाँ तक जो साहित्य हुए यद्यपि वेद की भाषा का अनुकरण उनमें होता गया परंतु नित्य नित्य उनकी भाषा अधिक अधिक सरल, कोमल और परिष्कृत होती गई। तथापि इनकी गणना वैदिक भाषा में ही की जाती है। इन स्मृतियों और आर्ष ग्रंथों की भाषा को हम वैदिक और आधुनिक संस्कृत के बीच की भाषा कह सकते हैं। अब से संस्कृत के दो खंड होते चले जो वेद तथा लोक के नाम से कहे जाते हैं। पाणिनि के सूत्रों में, जो संस्कृत पाठियों के लिए कामधेनु का काम दे रहे हैं और जिनसे वैदिक और लौकिक सब प्रयोग सिद्ध होते हैं, लोक और वेद की निरख अच्छी तरह की गई है। और इसी वेद और लोक के अलग अलग भेद से साबित होता है कि संस्कृत किसी समय प्रचलित भाषा थी जो लोगों के बोलचाल के बर्ताव में लाई जाती थी।

वेद के उपरान्त रामायण और महाभारत साहित्य के बड़े-बड़े अंग समझे गए। रामायण के समय भारतीय सभ्यता का प्रेमोच्छ्वास-परिप्लावित नूतन यौवन था; किंतु महाभारत के समय भारतीय सभ्यता क्षतिग्रस्त हो वार्द्धक्य भाव को पहुँच गई थी। रामायण के प्रधान पुरुष रघुकुलावतंस श्री रामचंद्र थे और भारत के प्रधान पुरुष बुद्धि को तीक्ष्णता के रूप, कूट-युद्ध विशारद, भगवान् वासुदेव श्रीकृष्ण या उनके हाथ की कठपुतली युधिष्ठिर थे। रामायण के समय से भारत के समय में लोगों के हृद्गत भाव में कितना अंतर हो गया था कि रामायण में दो प्रतिद्वंद्वी भाई इस बात के लिए विवाद कर रहे थे कि यह समस्त राज्य और राज्य-सिंहासन हमारा नहीं है यह सब तुम्हारे ही हाथ में रहे, अंत में रामचंद्र ने भरत को विवाद में पराभूत कर समस्त साम्राज्य उनके हस्तगत कर आप आनंद-निर्भर-चित्त हो सपत्नीक वनवासी हुए। वही महाभारत में दो दायाद भाई इस बात के लिए कलह करने पर सन्नद्ध हुए कि जितने में सुई का अग्रभाग ढँक जाय इतनी पृथ्वी भी बिना युद्ध के हम न देंगे "सूच्यग्रं नैव दास्यामि विना युद्धेन केशव"। परिणाम में एक भाई दूसरे पर जय लाभ कर तथा जंघा में गदाघात और मस्तक पर पदाघात से उसका वध कर भाई के राज्यसिंहासन पर आरूढ़ हो सुख में फूल अनेक तरह के यज्ञ और दान में प्रवृत्त हुआ। रामायण और महाभारत के आचार्य क्रम से कविकुलगुरु वाल्मीकि और व्यास थे। पृथ्वी के और और देशों में इनके समान या इनसे बढ़कर कवि नहीं हुए ऐसा नहीं है। यूनान देश में होमर, रूम देश में वरजिल, इटली में डेण्टी, इंग्लैंड में चासर और मिल्टन अपनी अपनी असाधारण प्रतिभा से मनुष्य जाति

का गौरव बढ़ाने में कुछ कम न थे। परंतु विचित्र कल्पना और प्रकृति के यथार्थ अनुकरण में चिरंतन वृद्ध वाल्मीकि के समान होमर तथा मिल्टन किसी अंश में नहीं बढ़ने पाये, जिनकी कविता के प्रधान नायक श्री रामचंद्र आर्य जाति के प्राण, दया के अमृतसागर, गांभीर्य और पौरुष दर्प की मानो सजीव प्रतिकृति थे। वे प्रीति और समभाव से महा नीच जाति चांडाल तक को गले से लगाते थे। उन्होंने लंकेश्वर से प्रबल प्रतिद्वंद्वी शत्रु को भी कभी तृण के बराबर भी नहीं समझा। स्वर्णमंडित सिंहासन और तपोवन में पर्णकुटी उन्हें एक-सी सुखकारी हुई। उनके स्मतपूर्वाभिभाषित्व और उनकी बोलचाल की मुग्धमाधुरी पर मोहित हो दण्डकारण्य की असभ्य जाति ने भी अपने को उनका दास माना। अहा! धन्य श्री रामचंद्र का अलौकिक माहात्म्य, धन्य वाल्मीकि की कल्पना-सरसी जिसमें ऐसे ऐसे स्वर्णकमल प्रस्फुटित हुए।

काल के परिवर्तन की कैसी महिमा है जो अपने साथ ही साथ मानुषी प्रकृति के परिवर्तन पर भी बहुत कुछ असर पैदा कर देता है। वाल्मीकि ने जिन जिन बातों को अवगुण समझ अपनी कल्पना के प्रधान नायक रामचंद्र में बरकाया था वे ही सब व्यास के समय में गुण हो गईं, जिनकी कविता का मुख्य लक्ष्य यही था कि अपना मान, अपना गौरव, अपना प्रभुत्व जहाँ तक हो सके न जाने पावे। भारत के हर एक प्रसंग का तोड़ अंत में इसी बात पर है। शत्रु संहार और निज कार्य-साधननिमित्त व्यास ने महाभारत में जो जो उपदेश दिए हैं और राजनीति की काट ब्योंत जैसी जैसी दिखाई है उसे सुन विस्मार्क सरीखे इस समय के राजनीति के मर्म में कुशल राजपुरुषों की अकिल भी चरने चली जाती होगी। इससे निश्चय होता है कि प्रभुत्व और स्वार्थसाधन तथा प्रवंचना परवश भारतवर्ष उस समय कहाँ तक उदार भाव, समवेदना आदि उत्तम गुणों से विमुख हो गया था। युधिष्ठिर धर्म के अवतार और सत्यवादी प्रसिद्ध हैं पर उनकी सत्यवादिता निज कार्य साधन के समय सब खुल गई। "अश्वत्थामा हतः नरो वा कुञ्जरो वा" इत्यादि कितने उदाहरण इस बात के हैं विस्तार भय से नहीं लिखते।

महाभारत के उपरांत भारत और का और ही हो गया। इसकी दशा के परिवर्तन के साथ ही साथ इसके साहित्य में भी बड़ा परिवर्तन हो गया। उपरांत बौद्धों का जोर हुआ। ये सब वेद और ब्राह्मणों के बड़े विरोधी थे। वेद की भाषा संस्कृत थी इसलिए इन्होंने संस्कृत को बिगाड़ प्राकृत भाषा जारी की। तब से संस्कृत सर्वसाधारण के बोलचाल की भाषा न रही। फिर भी संस्कृत-भाषी उस समय बहुत से लोग थे, जिन्होंने इस नई भाषा को प्राकृत नाम दिया जिसके अर्थ ही यह हैं कि प्राकृत अर्थात् नीचों की भाषा। अतएव संस्कृत नाटकों में नीच पात्र की भाषा प्राकृत और उत्तम पात्र ब्राह्मण या राजा आदि की भाषा संस्कृत रक्खी गई है। कुछ काल उपरांत यह भाषा भी बहुत उन्नति को पहुँची। शौरसेनी, महाराष्ट्रीय, मागधी, अर्धमागधी, पैशाची आदि इसके अनेक भेद हैं। इसमें भी बहुत से साहित्य के ग्रंथ बने। गुणाढ्य

कवि का आर्यावद्ध लक्षश्लोक का ग्रंथ वृहत्कथा प्राकृत ही में है। सिवा इसके शालिवाहन-सप्तशती आदि कई एक उत्तम प्राकृत के ग्रंथ और भी मिलते हैं। नंद और चंद्रगुप्त के समय इस भाषा की बड़ी उन्नति की गई। जैनियों के सब ग्रंथ प्राकृत ही में हैं; उनके स्तोत्र पाठ आदि भी सब इसी में हैं। इससे मालूम होता है कि प्राकृत किसी समय वेद की भाषा के समान पवित्र समझी गई थी।

संस्कृत यद्यपि बोलचाल की भाषा इस समय न रह गई थी, पर हर एक विषय के ग्रंथ इसमें एक से एक बढ़ चढ़कर बनते गए और साहित्य की तो यहाँ तक तरक्की हुई कि कालिदास आदि कवियों की उक्ति युक्ति के मुकाबिले वेद का भद्दा और रूखा साहित्य अत्यंत फीका मालूम होने लगा। कालिदास की एक एक उपमा पर और भवभूति, भारवि, श्रीहर्ष बाण की एक एक छटा पर वेद के उमदा से उमदा सूक्त, जिनमें हमारे पुराने आर्यों ने मरपच साहित्य की बड़ी भारी कारीगरी दिखलाई है, न्योछावर हैं। संस्कृत के साहित्य के लिए विक्रमादित्य का समय 'अगस्टन पीरियड' कहलाता है अर्थात् उस समय संस्कृत, जहाँ तक उसके लिए परिष्कृत होना संभव था, अपनी पूर्ण सीमा तक पहुँच गई थी। यद्यपि भारवि, माघ, मयूर प्रभृति कई एक उत्तम कवि धाराधिपति भोजराज के समय तक और उनके उपरांत भी जगन्नाथ पंडितराज तक बराबर होते ही गए किंतु संस्कृत के परिष्कृत होने की सामग्री उस समय तक पूरी हो चुकी थी। भोज का समय तो यहाँ तक कविता की उन्नति का था कि एक एक श्लोक के लिए असंख्य इनाम राजा भोज कवियों को देते थे। वेद का साहित्य उस समय यहाँ तक डूब गया था कि छांदस मूर्ख की एक पदवी रक्खी गई थी। केवल पाठ-मात्रवेद जानने वाले छांदस कहलाते थे और वे अब तक भी निरे मूर्ख होते आए हैं।

बौद्धों के उच्छेद के उपरांत एक जमाना पुराण के साहित्य का भी हिंदुस्तान में हुआ। उस समय बहुत से पुराण, उपपुराण और संहितायें दो ही चार सौ वर्ष के हेर फेर में रची गईं। अब हम लोगों में जो धर्मशिक्षा, समाजशिक्षा और रीति नीति प्रचलित है वह सब शुद्ध वैदिक एक भी नहीं है। थोड़े से ऐसे लोग हैं जो अपने को स्मार्ट मानते हैं, उनमें तो अलबत्ता अधिकांश वेदोक्त कर्म का यत्किंचित प्रचार पाया जाता है। सो भी केवल नाममात्र को, पुराण उसमें भी बीच बीच आ घुसा है। हमारी विद्यमान छिन्न-भिन्न दशा, जिसके कारण हज़ार हज़ार चेष्टा करने पर भी जातीयता हमारे में आती ही नहीं, सब पुराण ही की कृपा है। जब तक शुद्ध वैदिक साहित्य हम लोगों में प्रचलित था तब तक जातीयता के दृढ़ नियमों में जरा भी अंतर नहीं होने पाया था। पुराणों के साहित्य के प्रचार से एक बड़ा लाभ भी हुआ कि वेद के समय की बहुत-सी घिनौनी रीतियों और रस्मों को, जिनके नाम लेने से भी हम घिना उठते हैं और उन सब महाघोर हिंसाओं को, जिनके सबब से अपने अहिंसा धर्म के प्रचार करने में बौद्धों को सुविधा हुई थी, पुराणकर्ताओं

ने उठाकर शुद्ध सात्विकी धर्म को विशेष स्थापित किया। अनेक मतमतांतरों का प्रचार भी पुराणों ही की करतूत है। पुराण वाले तो पंचायतन पूजन ही तक से संतोष करके रह गए। तंत्रों ने बड़ा संहार किया। उन्होंने अनेक क्षुद्र देवता भैरों, काली, डाकिनी, शाकिनी, भूत, प्रेत तक के पूजन को फैला दिया। मद्य मांस के प्रचार को, जिसे बौद्धों ने तमोगुणी और मलिन समझ उठा दिया था, तांत्रिकों ने फिर बहाल किया। पर बलवीर्य की पुष्टता से, जो मांसाहार का प्रधान लाभ था, ये लोग फिर भी वंचित ही रहे। निःसंदेह तांत्रिकों की कृपा न होती तो हिंदुस्तान ऐसा जल्द न डूबता। वेद के अधिकारी शुद्ध ब्राह्मण के लिए तांत्रिक दीक्षा या तंत्र मंत्र अति निषिद्ध हैं। ब्राह्मण तंत्र के पठन पाठन से बहुत जल्द पतित हो सकता है यह जो किसी स्मृतिकार का मत है हमें भी कुछ कुछ सयुक्तिक मालूम होता है। बहुत से पुराण तंत्रों के बाद बने उनमें भी तांत्रिकों का सिद्धांत पुष्ट किया गया है।

हम ऊपर लिख आये हैं कि हिंदू जाति में कौमियत के छिन्न भिन्न होने का सूत्रपात पुराणों के द्वारा हुआ और तंत्रों ने उसे बहुत ही बहुत पुष्ट किया। शैव शाक्त वैष्णव जैन बौद्ध इत्यादि अनेक जुदे जुदे फिरके हो गए जिनमें इतना दृढ़ विरोध कायम हुआ कि एक दूसरे के मुँह देखने के रवादार न हुए तब परस्पर का एका और सहानुभूति कहाँ रही। जब समस्त हिंदू जाति की एक वैदिक संप्रदाय न रही तो वही मसल चरितार्थ हुई कि "एक नारि जब दो से फँसी जैसे सत्तर वैसी अस्सी"। हमारी एक हिंदू जाति के असंख्य टुकड़े होते होते यहाँ तक खंड हुए कि अब तक नए नए धर्म और मत प्रवर्तक होते ही जाते हैं। ये टुकड़े जितना वैष्णवों में अधिक हैं उतना शैव शाक्तों में नहीं और आपस में एक का दूसरे के साथ मेल और खान पान जितना कम इनमें है उतना औरों में नहीं। राम के उपासक कृष्ण के उपासक से लड़ते हैं, कृष्ण के उपासक रामोपासकों से इत्तिफाक नहीं रखते। कृष्णोपासकों में भी सत्यानासिन अनन्यता ऐसी आड़े आई है कि यह इनके आपस ही में बड़ा खटपट लगाये रहती है।

प्राकृत के उपरांत हमारे देश के साहित्य के दो नमूने और मिलते हैं एक पद्मावत और दूसरा पृथ्वीराज रायसा। पद्मावत की कविता में तो किसी कदर कुछ थोड़ा-सा रस है भी पर पृथ्वीराज रायसा में तारीफ के लायक कौन-सी बात है यह हमारी समझ में बिल्कुल नहीं आती। प्राकृत से उतरते उतरते हमारी विद्यमान हिंदी इस शक्ल में कैसे आई इस बात का पता अलबत्ता रायसा से लगता है। मतमतांतर के साथ ही साथ हमारी भाषा भी गुजराती, मरहठी, बंगाली इत्यादि के भेद से प्रत्येक प्रांत की जुदी जुदी भाषा हो गई। इन एकदेशी भाषाओं में बंगाली सबसे अधिक कोमल, मधुर और सरस है। मरहठी महा कठोर और कर्णकटु तथा पंजाबी निहायत भद्दी कठोर और रूखापन में उर्दू की छोटी बहन है। अब अपनी हिंदी की ओर

आइये। इसमें संदेह नहीं विस्तार में हिंदी अपनी बहिनों में सबसे बढ़ी है। ब्रजभाषा, बुंदेलखंडी, बैसवारे की तथा भोजपुरी इत्यादि इसके कई एक अवांतर भेद हैं। ब्रजभाषा में यद्यपि कुछ मिठास है पर यह इतनी जनानी बोली है कि इसमें सिवाय शृंगार के दूसरा रस आ ही नहीं सकता। जिस बोली को कवियों ने अपने लिए चुन रक्खा है वह बुंदेलखंड की बोली है इसमें सब प्रकार के काव्य और सब रस समा सकते हैं। अपनी अपनी पसंद निराली होती है "भिन्नरुचिहिं लोकः"। हमें बैसवारे की मर्दानी बोली सबसे अधिक भली मालूम होती है। दूसरी भाषायें जैसे मरहठी, गुजराती, बंगला की अपेक्षा कविता के अंश में हिंदी का साहित्य बहुत चढ़ा हुआ है तथा संस्कृत से कुछ ही न्यून है। किंतु गद्यरचना 'प्रोज़' हिंदी का बहुत ही कम और पोच है। सिवाय एक प्रेमसागर सी दरिद्र रचना के इसमें और कुछ हई नहीं। जिसे हम इसके साहित्य के भांडार में शामिल करते। दूसरे उर्दू इसकी ऐसी रेढ़ मारे हुए है कि शुद्ध हिंदी तुलसी, सूर इत्यादि कवियों की पद्य रचना के अतिरिक्त और कहीं मिलती ही नहीं। प्रसंग प्राप्त अब हमें यहाँ उर्दू के साहित्य की समालोचना का भी अवसर प्राप्त हुआ है किंतु यह विषय अत्यंत ऊब पैदा करने वाला हो गया इससे इसे यहीं समाप्त करते हैं। उर्दू की समालोचना फिर कभी करेंगे।

[जुलाई, 1881 ई.]

सच्ची कविता

आपने कोई लेख पढ़ा और वह आपको बहुत ही रुचा तो आप अंत में कहते हैं इसने हमारे दिल पर असर किया। आपने किसी समाज में बड़े वाक्‌दूत वक्ता की वक्तृता सुना उसके कहने के ढंग ने आपके चित्त को ऐसा लपेटा कि पीछे से जो आपने यह सोचा तो बिना यह कहे आपसे न रहा गया। बेशक साहब उनकी स्पीच ने हमारे दिल पर बड़ा असर किया। किसी नाटक या उपन्यास के किसी पात्र का चरित्र आपको मनभावना लगा तो आप अवश्य ही कहेंगे "हम ज्यों ज्यों उसको सोचते हैं उसका चरित्र हमारे चित्त पर खचित होता जाता है," अथवा इन सब बड़ी बातों को जाने दीजिए अपने एकांत मित्रों के साधारण आलाप संलाप को लीजिए "साहब उन्होंने एक बात ऐसा कहा जिससे हमारे दिलपर बड़ा असर हुआ और हमारा दिल बिल्कुल फिर गया।" अब बताइये वह असर क्या वस्तु है जो बाजे लोगों के एक-एक शब्द में भरा रहता है। वह जादू कहाँ से आया? किसी के वाक्य में वह कौन सी ऐसी बात है जिसकी चोट चित्त पर ऐसी लगती है—हम कभी नहीं भूलते? और उस चोट में ऐसी क्या बात है जिसके खाने को जी सदैव चाहा करता है?

जिससे यह सब अचंभे की बातें होती हैं वही बात किसी लेख के किसी काव्य के किसी वक्तृतता के असर होने की जड़ है। अब यदि पूछिये यह असर किस बात पर निर्भर है तो हम थोड़े में ही इसका उत्तर आपको दे सकते हैं। जिसे हम पूरा असर कहेंगे वह केवल इतने से ही होता है कि जो आपके मन में है वह आपके पढ़ने वाले या सुनने वालों के मन में भी हो जाय। आपको अपने देश की भलाई के लिए बड़ा जोश है आप चाहते हैं कि अमुक अमुक बातें की जायँ तो देश का बड़ा उपकार हो फिर इतने ही से तो काम न चलेगा। यदि आपमें वक्तृत्व शक्ति है और अपने औरों के मन में भी वही बातें उतनी ही अच्छी तरह पर जमा दिया जितनी अच्छी तरह आपके मन में जमी हैं तो जो कुछ करना चाहिए वह आपने कर दिया। क्योंकि बड़े से बड़ा हौसिला हर एक बात में लोगों का

यही रहता है कि "क्या कहें जो हमारे ऐसे दो चार आदमी और होते तो हमारे मन की बन आती" और फिर जब आप के अक्षरों में वह शक्ति है कि औरों के मन में वह बात वैसी ही बैठ जाय जैसी आप के मन में है तो वह जादू जिसकी चर्चा हम ऊपर कर आये हैं उसकी जड़ बँध गई। यही बात हम काव्य में भी पाते हैं किसी प्रसंग में अपने कविता को ऐसे ढंग से बाँधा कि पढ़ने या सुनने वाले फड़क उठे। किसी चित्र को आपने ऐसा उत्तम खींचा कि देखने वाले जितना डूब कर उसको देखते हैं उतना ही अधिक असर उसका उन पर होता है।

यह जितने उदाहरण हमने लिखे वे सब मनुष्य के हृदगत भावनाओं के विविध रूप हैं। इनमें कविता को हम मनुष्य के हृदयगत भाव का सत्त–एसन्स–मानते हैं। अब आप सोच सकते हैं कि इसका भरपूर असर होने के लिए कविता कितनी सच्ची होनी चाहिए। निस्संदेह जब पहले पहल कोई बात आरंभ होती है तो बिना चोखी और सच्ची हुए क्या चल सकती है? खोटा सोना कभी कुंदन के भाव बिक सकता है। इसलिए आदि में तो वह बात अवश्य ही सच्ची होगी और झूठी तो हो ही नहीं सकती क्योंकि उसके पहले कोई बात उस प्रकार की थी ही नहीं। क्योंकि उसके पहले कोई बात इस प्रकार की थी ही नहीं जिसकी वह नकल वह कर सके। पर बहुत जल्द ऐसा समय आता है कि झूठा और नकली सोने को असिल कर दिखा देने का हुनर लोगों को मालूम हो जाता है। ठीक यही बात कविता में है निस्संदेह पहले जिन लोगों ने कुछ कहा वह तो सच्ची और खरी बात थी क्योंकि कविता का आर्ट हुनर तब तक पैदा हुआ ही नहीं था। कविता झूठी और नकली होने की संभावना ही नहीं थी। इसको हम प्राथमिक अथवा वास्तविक कविता कहेंगे हमारे वेदादि सत्य शास्त्र उस समय की कविता के बहुमूल्य रत्न हैं। जब कविता और बढ़ी और उसमें रस या स्वादु स्थापित हुआ तो जो बातें पहले रूखी और फीकी थीं उनमें अब छीलकर चमक दमक हो गई और कवियों के भी वृंद के वृंद पैदा हो गये। उन्होंने पुरानी बातों को जिलो देना आरंभ किया इस समय को हम कवित्व वासना का Classic Age सुसंस्कृत समय कहेंगे। वाल्मीकि व्यास और गुणाढय कवि से आरंभ कर कालिदास भवभूति श्री हर्ष दण्डी भारवि भट्टी प्रभृति कवि इसी समय के हुए हैं और विक्रम तथा भोज के समय कवियों को जो चमक दमक दी गई उसकी अकथ कहानी का जौहर वही पा सकता है, जिसने इन कवियों की सूक्ति का अनुभव किया है। पर प्रथम की उन लिखावटों से मिलान करने पर आप यह जान सकते हैं कि गांभीर्य इन कवियों के अक्षरों का घटता ही चला आया। यदि आप पूछें गांभीर्य आप किसे कहेंगे इसका उत्तर हम यही देंगे कि गांभीर्य हम उस लेख में मानते हैं जिसे ज्यों ज्यों मनन कीजिये त्यों त्यों उसका आशय गूढ़ होता जाय और नई बातें ऐसी निकलती आवें जिसे आपकी विचार शक्ति सिवाय अंगीकार करने के उसकी सजावट को किसी तरह इनकार न कर सके। और यही

तभी हो सकता है जब खरा और चोखा सौदा है जब से लेख संबंधी भाषा में संस्कार करने की बुद्धि लोगों में आई तब से निस्संदेह Art बनावट ने अपना काम जो है सो कर दिखाया अर्थात् पहले जो बात आपसे आप पैदा होती थी उसको इस बनावट के हुनर ने नियम बद्ध कर दिया। यह हम मानते हैं कि इस दशा में कविता की अत्यंत वृद्धि हुई और पहले की अपेक्षा सुगमता और सौंदर्य भी उसमें अधिकतर होता गया परंतु स्वाभाविक और बनावट में बड़ा अंतर होता है। हमारे मन में जो भावना जिस समय जैसी उठी कह डाला। यदि हमारे मन की उमंगें सच्ची हैं तो जो बातें हमारे चित्त से निकलेंगी सच्ची होंगी और उसका असर भी सच्चा ही होगा। इसके विरुद्ध जब हम किसी नियम से जकड़ दिए गए तब उसके बाहर तो हम पैर रक्खी नहीं सकते। इसलिए सुसंस्कृत कविता Classic Poetry अवश्यमेव कृत्रिमता दोष पूरित रहेगी क्योंकि पहली प्रणाली कविता की अब बिल्कुल बदल गई। अब जो ढर्रा बँध गया उसके अनुसार जो बातें अच्छी गिनी जायँगी बँधी हुई होंगी तब इस प्रणाली के कवि भी सब एक ही ढंग के निकलैंगे और उन्हीं बँधी बातों को आदि से अंत तक बड़ी खूबसूरती के साथ निबाह ले जायँगे पर बिल्कुल निराले ढंग पर उनके खयालात दौड़ें यह तो उनके लिए असंभव है।

हिंदी के कवि भी उन्हीं पुराने कवियों की शैली का अनुकरण कर आज तक चले आए हैं और उस ढंग को छोड़ कोई दूसरे प्रकार की भी कविता हो सकती है यह बात उनके मन में धँसती ही नहीं जिसकी उपमा हम एक छोटे से तालाब की देंगे जिसमें न कहीं से पानी का निकास है और न नया ताजा पानी उसमें आने की आशा है तब इसके अतिरिक्त और क्या हो सकता है कि उसका पानी दिन दिन सड़ता ही जाए और गंदगी बढ़ती जाय क्योंकि नियमबद्ध हो जाने से गिनी गिनी बातें उनके लिए बच रहीं उन्हीं का बार-बार पिष्ट पेषण किया करें। प्रायः तो नायिका नायक का एक एक अंग का नख सिख वर्णन उनकी संपूर्ण कवित्व शक्ति का ओर छोर आ लगा है। बहुत बढ़े पर ऋत के वर्णन के जाप से बसंत हुआ तो वह सहकार मधुकार कामदेव की सेना को अपने-अपने ढंग पर गा जाने के अतिरिक्त एक ही विषय पर नई बात और लावैं कहाँ से। पावस को कहने लगे तो मोर दादुर की टरटर वियोगिनी की सार दशा आदि इनी गिनी दस पाँच बात हैं जिनपर कविता की अधिष्ठात्री देवी को सैकड़ों वर्ष से घसीट जीर्ण कलेवर कर डाला और अनियमबद्ध कविता जो कवि के हृद्गत भावों का स्वच्छ विकास और पूर्ण स्वच्छंदता युक्त है उसकी उपमा हम यदि एक झरने से दें तो कुछ अनुचित न होगा। जिसका विमल जल पहाड़ी चट्टानों पर तीखेपन के साथ बहता, सूर्य की किरणों में झिलमिलाता हुआ बेरोक टोक चला जाता है और फिर आगे बढ़कर उसी झरने से कितनी बड़ी बड़ी नदियाँ बन जाती हैं—जो गांभीर्य में समुद्र के साथ होड़ करती हैं। प्रसाद और माधुर्य उनके स्वच्छ जल का स्वभाव सिद्ध

है। अब बतलाइये प्रसाद माधुर्य गांभीर्य उत्तम काव्य के तीनों गुण भरपूर उनमें हो जाने के अतिरिक्त कविता के लिए आपको और चाहिए क्या?

अब ग्राम कविता पर ध्यान दीजिए। मल्लाहों की गीत, कहारों का कहरवा बिरहा अथवा आल्हा आदि भद्दी और केवल गँवारों को रोचक कवितायें हैं। इनकी प्रशंसा में यदि हम कुछ कहें तो नागरिक जन जो भाषा की उत्तम कविता के रसपान के घमंड में फूले नहीं समाते अवश्य हम पर आक्षेप करेंगे और हमें निपट गँवार समझेंगे। निस्संदेह वे ग्राम्य कविता हैं और मलार ठुमरी का स्वाद लेने वालों की दृष्टि में महाभद्दी और घृणित हैं पर इससे यह तो सिद्ध नहीं होता कि कविता के बँधे कायदे पर न होने से उनमें कोई गुण ही नहीं और सर्वथा दूषित ही हैं। अब हमारे पाठक जन पूछ सकते हैं आपने उसमें ऐसा कौन सा गुण पाया जो उस पर इतना लट्टू हो रहे हैं? माना वे सर्वथा दूषित और कविता के गुणों से वंचित हैं। पर उनमें सच्ची कविता पाया जाता है अर्थात् उनमें चित्त की एक सच्ची और वास्तविक भावना की तस्वीर खिंची पाई जाती है और आपकी Classic उत्तम श्रेणी की भाषा कविता का जहर इसमें कहीं नहीं पाया जाता, जो यहाँ तक कृत्रिमतापूर्ण रहती है कि उसके जोड़ की एक निराली दुनिया केवल कविजी के मस्तिष्क ही मात्र से स्थान पाये हुए हैं। जिन लोगों की हुई ये कवितायें हैं वे अवश्य ग्रामीण हैं। तब उच्च श्रेणी की उक्ति मुक्ति की आशा ही उनमें नहीं हो सकती पर बिना कुछ बनावट के अपने चित्त की भावना निष्कपट हो स्वच्छंदता के साथ उनमें दरसाई गई हैं। काव्य के नियम और कायदों से वे कोसों दूर हैं और उनके ख्याल अभी उस दरजे को पहुँचे ही नहीं कि नियम क्या वस्तु है। इसका ध्यान स्वप्न में भी उनमें आया हो तब खरी और सच्ची होना उनकी कविता के लिए स्वयं सिद्ध है। आप की नागरिक कविता को पहले पहल जो लोग काम में लाये जैसा चाँद कवि पद्मावत सूर तुलसी और दो एक और भी उनके वास्ते या उनके समय में चाहे भले ही वे कवितायें सजीव और ओजपूर्ण रही हों और यही कारण है कि अब भी उनको पढ़िये तो उनमें वैसा ही टटका और ताजा रस मिलता है। पर उस प्रकार की कविता का एक ढर्रा चल जाने से अब वह आपकी नागरिक कविता फीकी और घिनौनी मालूम होती है और डूब कर दूर तक सोचिये तो कविता पहले ग्रामीण हुए बिना प्रचलित नहीं हो सकती और उसी ग्रामीण कविता को माँजते माँजते वही नागरिक वा उच्च श्रेणी की कविता बन जाती है।

अब यदि आप पूछें कि क्या नागरिक कविता नियम बद्ध होने से नई बात उसमें आ ही नहीं सकती। यह हमारा तात्पर्य कदापि नहीं है जहाँ बहुत से लिखने वाले हैं उनमें कोई नई बात हो ही नहीं सकती यह हम कैसें कहें। पर काव्य के नियमों का उल्लंघन हो जाने के भय से, बहुधा उसी क्रम पर चलेंगे। घुणाशर न्याय से कोई नई बात आ जाय तो लाचारी है और फिर उनमें नवापन हम इसी बात में पाते हैं कि उन पुरानी बातों को नए तरह से निबाहें। अंगरेजी में एक शब्द

स्कूल है अमुक कवि इस स्कूल या परिपाटी के हैं। क्या भाषा में उन विविध परिपाटियों का होना असंभव था केवल इस कारण से कि उच्च श्रेणी के नागरिक जनों की रसज्ञता taste दो चार दस पाँच बातों में बँध रही है उसके बाहर कवि की प्रतिभा जा ही नहीं सकती।

कविता में यह सहज नियम है कि कवि के हृदय का काव्य पर और काव्य का कवि के हृदय पर अंतःसंबंध कार्य कारण की रीति पर बराबर चला आता है। तब यह मानना ही पड़ेगा कि आदि में हृदय की ऐसी भावना हुई उससे ऐसा काव्य उत्पन्न हुआ। एक बार यह नियम कर लिया जाए कि जिस समय जो भावना मन में उठै उसी पर काव्य लिखे जायँ और नियम बद्ध होने की कैद उठा दी जाय। देखिये कितनी स्वच्छंद अनूठी और नई कविता होती है। बल्कि हमारे देश में कविता को एक नवीन जीवन मिलेगा और कृत्रिमता का कूड़ा जो सैकड़ों वर्ष से जमा है क्रम क्रम हटता जायगा। हमने ऊपर कविता की विविध परिपाटी का निदर्शन किया है अंगरेजी की कविता में ढंग को कौन कहे विषय तक एक कवि का दूसरे से नहीं मिलता परिणाम इसका यही हुआ कि आज दिन अंग्रेजी कविता के भंडार में सब तरह के बहुमूल्य रत्न तैयार हैं।

यह सब हम इस अभिप्राय से कहते हैं कि आजकल सब ओर से हिंदी की उन्नति की पुकार सुनने में आती है इसलिए हम समझते हैं कि पुरानी ही बातें फिर फिर से नकल करने में किसी की किसी तरह आज तक न उन्नति हुई है न होगी। आज दिन हिंदी की इस टूटी फूटी दशा में भी कवि लोग गली गली हैं यहाँ तक कि हिंदी लिखने और समझने के माने ही हिंदी कविता हो रही है पर उस हिंदी कविता को हम ध्यान करते हैं (जैसी इन दिनों बनाई जाती है) तो उसको बिल्कुल बेजान देख शोक होता है कि हमारे कवि लोग व्यर्थ अपना समय और कवित्व शक्ति बर्बाद कर रहे हैं। निस्संदेह इस नए ढंग की कविता करने वाले पुरानी भाषा रसिकों से हँसे जायँगे। लोग कहेंगे इस नये ढर्रे की कविता में न कोई नायिका खुलती है न कोई रस खुलता है पर इस उनके कहने का बुरा न मान इसे अपने लिए एक सर्टीफिकेट मानैं कि पुराने ढर्रे से हम कुछ तो अलग हुए। गद्य रचना हिंदी के भंडार में हई नहीं जो कुछ है भी सो इसी पद्य रचना में। अतएव भाषा की उन्नति सुगमता के साथ इस कविता ही के द्वारा हो सकती है। रहे नये नये विषय अपनी भाषा में जमा करना सो 'प्रोज' गद्य लिखने वाले करी रहे हैं—कहने का तात्पर्य यह कि भाषा की कविता यदि फिर से सच्ची और सजीव हो जाय तो उसकी उन्नति का एक नया द्वार खुल जाय। हम आशा करते हैं हमारे नये उत्साही कविगण और हिंदी के लेखक हमारे इस कहने का बुरा न मान इसके अनुष्ठान में तत्पर होंगे।

[अक्टूबर, 1886 ई.]

सच्ची समालोचना

संयोगिता स्वयंवर। दिल्ली निवासी लाला श्रीनिवासदास रचित एक ऐतिहासिक नाटक की—

लाला जी यदि बुरा न मानिये तो एक बात आप से धीरे से पूछैं वह यह कि आप ऐतिहासिक नाटक किसको कहैंगे? क्या केवल किसी पुराने समय के ऐतिहासिक पुरावृत्त की छाया लेकर नाटक लिख डालने ही से वह ऐतिहासिक हो गया? क्या किसी विख्यात राजा या रानी के आने से ही वह लेख ऐतिहासिक हो जायगा? यदि ऐसा है तो गप्प हाँकने वाले दस्तानगो और नाटक के ढंग में कुछ भी भेद न रहा। किसी समय के लोगों के हृदय की क्या दशा थी उसके आभ्यंतरित भाव किस पहलू पर ढुलके हुए थे अर्थात् उस समय मात्र के भाव Spirit of the times क्या थे? इन सब बातों का ऐतिहासिक रीति पर पहले समझ लीजिए तब उसके दरसाने का भी यत्न नाटकों के द्वारा कीजिए। केवल क्लिष्ट श्लेश बोलने ही से तो ऐतिहासिक नाटक के पात्र क्या वरन एक प्राकृतिक मनुष्य की भी पदवी हम आप के पात्रों की नहीं दे सकते। बल्कि मनुष्य के बदले आप के नाटक पात्रों को नीरस और रूखे से रूखे अर्थान्तर न्यास गढ़ने की कलंक कहें तो अनुचित न होगा। नाटक के चौथे ही पृष्ठ पर आप लिखते हैं 'अभिनय कर्त्ता अपने चिह्न पर पूरा अधिकार रख सकता है' यदि ऐसा है तो ग्रन्थकर्ता को चाहिए कि पूर्ण रीति पर अधिकतर अधिकार अपने हृदय पर रखे। किंतु इसके विपरीत हम देखते हैं आपके नाटक में राजा, मंत्री, कवि यहाँ तक कि संयोगिता बेचारी भी अपना पांडित्य ही प्रकाश करने के यत्न में हैरान हो रहे हैं। भला बताइये यह कौन-सा ढंग भावों के दरसाने का है? कविता के मीठे रस के बदले नैयायिकों की तरह कोरा तर्क-वितर्क करना भाव का गला घोंटना है कि और कुछ? पृथ्वीराज संयोगिता से क्यों अलग हुआ क्योंकि नीति शास्त्र में लिखा है (53) राजा जैचंद और पृथ्वीराज में क्यों मेल-मिलाप हो गया? केवल इसी कारण से कि अंत को पछता के किसी तरह जैचंद के मन में महाभारत के घोर युद्ध का कारण धँस गया (पृ. 92) अहा!

हा! तनिक और जल्दी धँस जाता तो काहे को आपको नाटक लिखने का कष्ट सहना पड़ता। खैर जाने दीजिए बेचारे जैचंद को क्षमा कीजिए सबके बुद्धि पर आप के समान पांडित्य की सान नहीं रखी है। हमने जहाँ तक नाटक देखे उनमें पात्रों की व्यक्ति (Characterizations) के भिन्न-भिन्न होने ही से नाटक की शोभा देखा पर आपके पात्र सब के सब एक ही रस में सने उपदेश देने की हवस में लथर पथर पाये गए और उस इसमें आप ही की विद्या के प्रकाश का जहर भरा है। हमारे ही यहाँ के बड़े प्रसिद्ध प्राचीन नाटककार (क्योंकि आप की तरह अरबी फारसी बूकने तो मुझे आता नहीं) भवभूति ने कहा है–यदाध्यानं तपोपनिषदां सांख्यस्य योगस्य च तत्कथने नकिं नाह ततः कश्चिदगुणां नाटके। यत्प्रौढ़त्वमुदारता च वचसां यच्चार्थतो गौरवं तच्चेदस्ति ततस्तदेव गमकं पांडित्य वैदग्धयोः। अर्थात् नाटक में पांडित्य नहीं, वरन मनुष्य के हृदय से आप का कितना गाढ़ा परिचय यह दरसाना चाहिए। पर इसके विपरीत आप एकता सच्ची प्रीति आदि विषयों पर अपने पात्रों के मुख से लेक्चर दिया चाहते हैं तो एक सलाह मेरी है उसको सुनिए। इस नाटक को काट-छाँट कर इसमें से आठ दस (पैंफलेट) छोटे-छोटे गुटके छपवा दीजिए और दूसरी बार जब दूसरा नाटक लिखने का हौसला कीजिए तब कृपा कर बेचारी निरपराधिनी कवित्व शक्ति के भाव का प्राण ऐसी निर्दयता के साथ न लीजियेगा नहीं तो जिन कवियों से आप बराबर कवित्व दोहे चौपाई और बैत उद्धृत करके लिखते हैं वह बेचारे भाव उन्हीं कवियों के सामने जाय आप की लेखनी के दिये हुए अपने कोमल शरीर के घाव उनको दिखलावेंगे।

अब तो हमने सामान्य रीति पर आप के लिखावट के ढंग पर कुछ कहा अब दो चार बातों का ब्यौरा अलग अलग भी बतलाना चाहिए। आरंभ में ही 5 और 6 के पृष्ठ में नटी नट से कहती है–"ईश्वर कृपा से मैं इस समय आप की कंठाभरण हूँ" लाला जी कभी आप ने इस बात पर ध्यान दिया कि स्त्रियों की कितनी मृदु प्रकृति होती है और कितनी प्रबल लज्जा उनमें होती है हम नहीं जानते। दिल्ली की स्त्रियों की मुसलमानों की राजधानी में रहने से मुसलमानी खयालात और ढंग सीख क्या दशा हुई पर इन प्रांतों की स्त्रियाँ तो मर जाएँगी कदापि अपने मति से ऐसे वचन न कहेंगी कि मैं आप की कंठाभरण हूँ। मैं आप की प्रेयसी और प्राणवल्लभा हूँ। इत्यादि, इत्यादि इस तरह के वचन तो कृत्रिम प्रीतिवालियों महाव्यभिचारिणी के मुँह से भी न निकलेंगे कदाचित आप फुटनोट देकर यह लिखना भूल गये हैं कि यह वचन नटी की निपट निर्लज्जता प्रकट करने को लिखा गया है खैर कुछ हर्ज नहीं दूसरी बार अब इस पुस्तक को फिर छपवाइयेगा तब इस भूल को दुरुस्त कर दीजिएगा।

पृ. 11 में संयोगिता पृथ्वीराज से अपने ही प्रेम के बारे में अपनी सखी करनाटकी से कहती है–फिर प्रेम क्या केवल अपने प्रयोजन को सिद्धि के लिए किया जाता

है? यह तो प्रेम का सबसे निकृष्ट भाव है—जी नहीं। संयोगिता जी आप जरा-सा चूक गईं। अभी आप की उमर ही क्या होगी और बेशक ऐसी कच्ची उमर में आप से किसी तरह के पक्के तजुरबे की आशा करना वृथा है। सबसे निकृष्ट भाव प्रेम का हमसे सुनिये। आप सौ जान से अपने प्रियतम के ऊपर न्योछावर हों पर यह तो बतलाइये कि यह लेक्चर देना आपने किससे सीखा। आप तन, मन, धन सबसे आसक्त हो कुछ हरज नहीं पर यदि आप अपने दर्शकों को निरा बालक समझ कर एक छोटा व्याख्यान देने का हौसिला करेंगी तो न केवल आप की प्रीति ही को मैं झूठी समझूँगा। वरन आपको भी निरी पाखंड और कपट की कठपुतली मानूँगा यह आपने किसी प्रेमी को देखा है कि अपने प्रेम की प्रशंसा अपने ही मुँह से गावे।

पृ. 31 पर लंगरीराय पृथ्वीराज से रणभूमि में जाने की आज्ञा मानते हुए यों बहस करते हैं। "रण सन्मुख मरना संसार में सबसे अधिक सराहनीय गिना जाता है" वाह! वाह! आप भी संयोगिता ही के भाई बन्धों में से निकले। आखिर जायेंगे कहाँ। वह तो जैसा हमने ऊपर कहा कि सब पात्र मात्र के नस-नस में एक ही जहर भरा है। संयोगिता शायद स्त्री होने के कारण अपने मुँह से नहीं कहती कि मेरे प्रीति करने का ढंग अति सराहनीय है और लंगरीराय अपने को जवां मर्द पुरुष मान यह कहता है कि जिस तरह के व्यवहर में मैं प्रवृत्त हूँ वह अति श्लाघनीय है। "इसलिए हे पृथ्वीराज मैं मरूँगा तो मेरा यश संसार में कालांत रहेगा" धन्यवीर धन्यवीरता इसको कहते हैं। यदि प्रशंसा का सहारा न होता तो काहे को रणक्षेत्र में कदम भी आप रखते। लालाजी आप यह नहीं सोचते कि किसी पुरुष का चरित्र या व्यापार कितनी ही प्रशंसा के योग्य क्यों न हो यदि वह आप खुद अपनी दशा की समालोचना करके डींग मारना आरंभ करेगा तो उससे बढ़ कर घृणित और कुत्सित और कौन दूसरा होगा। अब आपके पद्यों में से एक उदाहरण लेना आवश्यक है। पृ. 49 में संयोगिता अपने प्यारे पृथ्वीराज को इन शब्दों में मद्यपान के लिए कहती है "साजण थोड़ा अमल में फुरती घणी जणाय। सूर चढ़ै अरु श्रम मिटै वार न खाली जाय।" यह कहना कुछ अप्रस्ताविक न होगा कि किसी तरह का पद्य दोहा चौपाई गान आदि भी बोलने वाले के ख्याल का एक हिस्सा समझा जायगा और यदि पद्य में ही हुआ तो गले में उसके वाक्य का कुछ गौरव न बढ़ जायगा। हम समझते हैं कि ग्रंथकार महाशय बीबी संयोगिता को (पंडित प्रतापनारायण मिश्र के कलि कौतुक रूपक वाली) शराब खारों की महफिल में भेज देते तो शराब की तारीफ में सबसे बीस संयोगिता की ही स्पीच रहती। सच है जो पहली मुलाकात से मर्द से आगे ही सुरापान की इच्छा प्रकट करे उसके ख्यालात और लब्ज कहाँ तक पाक हो सकते हैं। हाय-हाय संयोगिता पर भरपूर शामत सवार हुई जो उसके बारे में नाटक लिखने का हौसला आपके मन में बढ़ा। छिः ऐसा ही नाटक ऐतिहासिक कटु लगने के योग्य है। लालाजी आपके नोबेल 'परीक्षागुरु' सै तो मालूम होता

है कि आपने अंगरेजी की भी कई किताबों की सैर की है तो जरा देख तो लिया होता कि ऐतिहासिक नोवेल या नाटकों का निबाह कैसे होता है अथवा इस बात को बंगला या गुजराती ही में (जिसमें आपको पूर्ण पंडित होने का दावा है) देख लिया होता।

[1 अप्रैल, 1886 ई.]

शब्दों की आकर्षण शक्ति

'शब्द की आकर्षण शक्ति' न्यूटन की आकर्षण शक्ति से लवमात्र भी कम नहीं कही जा सकती। बल्कि शब्द की इस शक्ति को न्यूटन की आकर्षण शक्ति से विशेष कहना चाहिए। इसलिए कि जिस आकर्षण शक्ति को न्यूटन ने प्रकट किया है वह केवल प्रत्यक्ष में काम दे सकती है। सूर्य पृथ्वी को अपनी ओर खींचता है, पृथ्वी चंद्रमंडल को, यों ही जितने बड़े पदार्थ हैं सब छोटे को आकर्षण कर रहे हैं किंतु एक पदार्थ दूसरे को तभी आकर्षण करते हैं जब वे दोनों एक दूसरे के मुकाबले में हों। पर शब्द की आकर्षण शक्ति में यह आवश्यक नहीं है। यह बात जरूरी नहीं है कि शब्द की आकर्षण शक्ति तभी ठहर सकती हो तब नेत्र भी वहाँ योग देता हो। इन शब्दों का जितना ही अधिक समूह बढ़ता जाएगा उतनी ही उनमें आकर्षण शक्ति भी अधिक होती जाएगी। प्रत्येक जाति के धर्म-ग्रंथ इसके प्रमाण हैं। वेदादि धर्म-ग्रंथ जो इतने माननीय हैं सो इसीलिए कि उनमें धर्म का उपदेश ऐसे शब्द-समूहों में है जो चित्त को अपनी ओर खींच लेते हैं और ऐसा चित्त में गड़ के बैठ जाते हैं कि हटाये नहीं हटते। न्यूटन ने जिस आकर्षणशक्ति को प्रकट किया वह उनके पहले किसी के दिलों को आकर्षित न कर सकती थी। वृक्ष से फल का टूट कर नीचे गिरना साधारण सी बात है पर किसी के मन में इसका कोई असर नहीं होता। न्यूटन के चित्त में अकस्मात् आया कि "यह फल ऊपर न जा नीचे को क्यों गिरा?" अवश्य इसमें कोई बात है। देर तक सोचने के उपरांत उसने निश्चय किया कि इसका कारण यही है कि "बड़ी चीज छोटी को खींचती है।" पर शब्द की आकर्षण शक्ति में इतना असर है कि वह मनुष्य की कौन कहे वन के मृगों को भी मुग्ध कर देती है। कोयल का पंचम स्वर में अलापना सबों को क्यों भाता है, इसीलिए कि मीठी आवाज Melodious Voice सबों को सुखद है। बीन इत्यादि बाजन भी लोगों को क्यों रुचते हैं, इसीलिए कि वे कान को सुखद और मन को आकर्षण करने वाले हैं।

केवल शब्द की मधुर ध्वनि में जब इतना प्रलोभन है तब यदि उन शब्दों में अर्थचातुरी भी भरी हो तो वह कितना मन को खींचने वाला न होगा। अलंकारों में अनुप्रास Alliteration कितना कर्ण-रसायन है पर उसमें अर्थचातुरी न रहने से वह आलंकारिकों में इतनी प्रतिष्ठा नहीं पाता। यदि किसी काव्य में पद-लालित्य के साथ-साथ अर्थचातुरी भी हो तो उसके समान बहुत कम काव्य निकलेंगे। जैसा दामोदर गुप्त का यह श्लोक है–

''अपसारय घनसारं
कुरु हारं दूर एव किं कमलैः।
अलमलमालि मृडालैरिति
वदति दिवानिशं बाला॥''

अर्थात् कोई विरहिणी नायिका अपने प्रियतम के वियोग में कामाग्नि से व्याकुल हो अपनी सहेली से कह रही है–''काम-जवर के दूर करने को जो तुमने यह घनसार (चंदन) हमारे शरीर में पोत रखा है इसे अपसारय (दूर करो), इसलिए कि चंदन से तो और भी कामाग्नि धधक उठेगी। मोतियों का हार उतार लो। कमलों से क्या होगा वह भी ठंडक न पहुँचा सकेंगे। अलमलमालि मृडालैः (ठंडक के लिए जो मृडाल मेरे ऊपर धरा है उसे हटाओ।)'' इस भाँति वह बाला रातों दिन कहर-कहर तुम्हारे वियोग में रोया करती है।

तुलसी और बिहारी के काव्यों में ऐसा बहुत ठौर आ गया है जहाँ अनुप्रास की मिठास और अर्थचातुरी दोनों एक साथ आई हैं। कुछ उदाहरण उसके यहाँ पर हम देते हैं–

''टटकी धोई धोवती चटकीली मुख जोति।
फिरत रसोई के घरन जगरमगर द्युति होति॥
मानहु मुख दिखरावनी दुलहिन करि अनुराग।
सास सदन मन ललन हूँ सौतिन दियो सुहाग॥
भूषण भार सम्हारिहैं किमि ये तन सुकुमार।
सूधे पाय न धरि परत महि सोभा के भार॥
लगालगी लोचन करैं नाहक मन बँध जाय।
देह दुल्हैया की बढ़ै ज्यों ज्यों यौवन ज्योति॥
त्यों त्यों लखि सौतें सबै बदन मलिन द्युति होति।''

तुलसी का जैसा–

''तुलसी सराहत सकल सादर,
सींव सहज सनेह की।''

"धिग् मोहि भयउं बेनु बन आगी।
दुसह दाह दुख दूषन भागी॥
सुनी बहोरि मातु मृदुभवानी।
सील सनेह सरल रससानी॥"

अंग्रेजी में भी कहीं-कहीं पर ऐसा है। जैसा पोप की इस पंक्ति में—

"The sound should seem an echo to the sense."

अर्थात् शब्द ऐसे होने चाहिए जिनमें अर्थों की गूँज सी निकले। जैसा कालिदास का—

"कन्याललाम कमनीयमजस्य लिप्सोः"

भवभूति का जैसा—

"कूजत्कुञ्जकुटीरकौशिकघटा" इत्यादि।

वैदर्भ रीति और प्रसाद गुण इस तरह के काव्यों के प्राण हैं। पोप की एक और भी बानगी है।

"How high His Highness holds his haughty head."

पर इसमें अर्थ चातुरी का अभाव है। शेक्सपीयर के—

"His heavy-shotted hammer shroud"

इस पद में अनुप्रास अर्थ चातुरी सहित है।

तात्पर्य यह कि जो अनुप्रास बिना प्रयास आ जाए तथा उसके द्वारा अर्थ में भी अधिक सौंदर्य बढ़ जाए तो वह सर्वथा ग्राह्य है। पर जिस अनुप्रास के पीछे अर्थ चातुरी की हत्या करनी पड़े तो वह अनुप्रास किस काम का! कालिदास के—

"इयमधिकमनोज्ञा बल्कलेनापि तन्वी
किमिव हि मधुराणां मण्डनं नाकृतीनाम्"

इस श्लोक में अनुप्राय बिना बनावट के आ गया है इससे यह बहुत उत्तम अनुप्रास का उदाहरण है। जयदेव कोकिलकण्ठ इसीलिए कहलाये कि उनके पदों में लालित्य अर्थ चातुरी से कहीं पर खाली नहीं है। जैसा—

"ललित लवंगलता परिशीलन कोमल मलय समीरे।"

प्रसाद गुण विशिष्ट अनुप्रास जैसा—

परमेश्वर परिपाल्यो भवता भवतापभीतोहम्।

वैदर्भी रीति का अनुप्रास जैसा—

कुतोऽवीचिर्वीचिस्तव यदिगता लोचनपथम्
त्वमापीता पीताम्बर-पुरनिवासं वितरसि।
त्वदुत्संगे गंगे! पतति यदि कायस्तनुभृताम्
तदा मातः! शातक्रतवपदलाभोप्यतिलघुः॥

अर्थात् हे गंगे तुम्हारी वीचि (लहर) यदि नेत्र पथ में आ जाय तो अवीचि (नरक या पाप) कहाँ! तुम जल रूप में जो पी ली जाओ तो पीतांबर पुर (बैकुंठ धाम) का वास दे देती हो। तुम्हारी गोद में जो देहधारी मात्र का शरीर आ गिरे तो शातक्रतव (इंद्र) के पद का लाभ भी बहुत थोड़ा है।

जगन्नाथ पंडितराज का जैसा–

यवनी नवनीतकोमलांगी शयनीये यदि नीयते कथंचित्।
अवनीतलमेव साधु मन्ये न वनी माधवनी विनोदहेतुः॥

इत्यादि शब्द की आकर्षण शक्ति के अनेक उदाहरण संस्कृत और भाषा दोनों में पाये जाते हैं। अधिक पल्लवित न कर केवल दिग्दर्शन मात्र यहाँ पर कराया गया है।

उपमा

उपमा एक ऐसा अलंकार है जिसकी उपयोगिता न केवल पढ़े-लिखे लोगों को होती है, वरन् हमारी नित्य की साधारण बातचीत में भी बिना उपमा के काम नहीं चलता। उच्च श्रेणी के लोग जिन्हें हम विदग्ध नागरिक या तरबियत याफ्ता कहते हैं उनके बीच तो इस उपमा की बड़ी-बड़ी बारीकियाँ निकाली गई हैं किंतु ग्रामीण और घरेलू बोलचाल में भी इसका अनुक्षण प्रयोग किया जाता है, जैसे (तोर बेटौना साँड़)—(लंबा जैसा खजूर)—(पतला जैसा बाल) इत्यादि अँगरेजी में इस प्रकार के कथन को 'सिमिली' कहते हैं और यह साहित्य की पहिली सीढ़ी है। हमारे यहाँ के साहित्य के एक मात्र आधार और साहित्यार्णव-कर्णधार विद्वानों ने इस उपमा की कहाँ तक छान की है, आज हम उसी के संबंध में कुछ लिखना चाहते हैं।

दण्डी आचार्य का मत है—

यथाकथंचित्सादृश्यं यत्रोद्भूतं प्रतीयते।

उपमा नाम सा—किसी के वर्णन में जहाँ वर्णनीय की उत्कर्षता और वर्णन में चमत्कार पैदा करने वाला किसी प्रकार का सादृश्य दिखाया जाय वह उपमा है। रस गंगाधर में जगन्नाथ पंडितराज का मत है—

सादृश्यं सुन्दरं वाक्यमर्थोपस्कारकारकं उपमा।

सौंदर्य अर्थात् चमत्कृति जिससे चित्त में एक प्रकार का आनंद विशेष पैदा हो उठे ऐसा जो उपस्कृत वाक्य या अर्थ है वह उपमा है। सादृश्य धर्म गुण और क्रिया से लिया जाता है। (हंसीव धवलाकीर्तिः)

आपकी कीर्ति हंसी के समान धवल है। यहाँ दोनों में सामान्य गुण धवलता में सादृश्य दिखाया गया है।

(अंभोरुहमिवाताम्रं मुग्धे करतलं तव)

मुग्धे, तेरा हाथ कमल के समान ताम्रवर्ण है। यहाँ कमल और नायिका के हाथ की ललाई साधारण धर्म में सादृश्य है।

(सलीलमिदमायाति वधूर्गजवधूमिव)

यह बधू गज-बधू (हथिनी) की-सी अठखेली चाल से चली आ रही है। यहाँ आना इस क्रिया में सादृश्य है।

(आकाशःकाशतेऽत्यर्थं शिववद्विधुभूषण)

चन्द्रमा से भूषित आकाश शिव के समान शोभा दे रहा है। यहाँ विधु रूप द्रव्य से सादृश्य पाया जाता है।

कभी प्रसिद्ध बात को विपर्यय उलट कर उपमा दिखाई जाती है इसे विपर्यासोपमा कहते हैं। (तवानन मिबोन्निद्रमरविन्दमभूदिदं) तेरे मुख के समान खिला हुआ अरविंद था। यहाँ खिलना धर्म पुष्प का है जो अरविंद (कमल) में होता है सो मुख में माना गया यह विपर्यय है। विश्वनाथ का मत है कि यह उपमा से अलग प्रतीप नाम का एक दूसरा ही अलंकार है, अर्थात् जो उपमान है उसे उपमेय बना देना, जैसे (त्वल्लोचनसमं पद्म त्वद्वक्र-सदृशो विधुः) तेरे लोचन के समान पद्म है और तेरे मुख के समान चंद्रमा है। नेत्र की उपमा कमल से और मुख की उपमा चंद्रमा से बहुधा दी जाती है सो यहाँ उलटा किया गया। और भी। "यत्त्वन्नेत्र समानकान्तिसलिले मगनं तदिन्दीवरं, मेघैन्तरतरितः प्रिये तव मुखच्छायानुक्यारीं शशी। येऽपि त्वद्गमनानुसारिगतयस्तेराजहंसा गता स्त्वत्सादृश्य विनोदमात्रमपि मे दैवेन न क्षम्यते।"

रामचंद्र सीता के वियोग में कहते हैं—प्रिये, तुम्हारे नेत्र की कांति के समान कांति रखनेवाले जो कमल थे सो इस वर्षाऋतु के आ जाने से पानी में डूब गए। तुम्हारे मुख की छाया का अनुहार करनेवाले चंद्रमा को बादलों ने आकर छिपा लिया। जो तुम्हारी-सी चाल का अनुकरण करनेवाले हंस थे वे भी मानसरोवर को चले गए। अस्तु, तुम्हारे वियोग में जिस वस्तु में तुम्हारा कुछ भी सादृश्य था उसी ही से हम अपना जी बहलाते थे। दैव प्रतिकूल हो उसे भी न देख सका।

एक अन्योन्य उपमा है—"तवाननमिवोन्निद्रम्मों भोजमिव ते मुखम्" तेरे मुख के समान कमल खिला है और कमल के समान तेरा मुख। अन्यच्च (गगन गगनाकारं सागरः सागरोपमम। रामरावणयोर्युद्धं रामरावणयोरिव)। आकाश की उपमा आकाश ही है। समुद्र के बराबर का समुद्र ही है। राम और रावण का युद्ध राम रावण के युद्ध ही की उपमा हो सकता है। और भी—(गिरिरिव गजराजोऽयं गजराजइवीच्चकै र्विभातिगिरिः। निर्झर इव मदधारा मदधारेवास्य निर्झर स्त्रवति)। ऊँचाई में यह हाथी पहाड़-सा है और यह पहाड़ हाथी-सा ऊँचा देख पड़ता है। झरने के समान इसके मद की धारा बह रही है। इस पहाड़ से झरने हाथी के मद-से बह रहे हैं। चंद्रालोक में इस प्रकार की उपमा को अनन्वय-अलंकार कहा है।

उत्प्रेक्षितोपमा—(मय्येवास्या मुखश्री रित्यल मिन्दोर्विकत्थनै पद्मेपि सायद-सत्येवेत्यसा वुत्प्रेक्षितोपमा) मेरे ही में उसके मुख की शोभा है, चंद्रमा यह तेरा घमंड करना व्यर्थ है क्योंकि वह कमल में भी है। इस उपमा को उत्प्रेक्षितो

उपमा कहते हैं। (किं पद्ममन्तर्भ्रान्तालि किन्ते लोलेक्षणं मुखम्) चंचल कटाक्ष-युक्त यह तेरा मुख है या भ्रमर को भीतर छिपाये हुए कमल का पुष्प है। यहाँ अंतर्भ्रान्तालि का सादृश्य काली पुतली से है।

(पद्मं बहुरजश्चन्द्रः क्षयीताभ्यां तवाननम्। समानमपि सोत्सेक मितिनिन्दोपमास्मृता) पद्म और चंद्रमा तेरे मुख के समान तो हैं पर पद्म में रज अर्थात् धूलि जो फूलों में साधारण रीति पर रहती ही है और चंद्रमा क्षयी अर्थात् घटा-बढ़ा करता है इससे निंदा के योग्य है और तेरे मुख में पूर्वोक्त कोई दोष न होने से सर्वथा तेरा मुख अनिंदनीय है। इसे निंदोपमा कहते हैं।

(ब्रह्मणोऽप्युद्भवः पद्मश्चन्द्रः शम्भुशिरोधृतः। तौ तुल्यौ त्वन्मुखे नेति सा प्रशंसोपमोच्यते) पद्म जिससे ब्रह्मा पैदा हुए हैं और चंद्रमा जिनको महादेव ने अपने सिर पर धारण किया है सो तेरे मुख के सदृश हैं तो तेरे मुख की कहाँ तक प्रशंसा की जाय। इसे प्रशंसोपमा कहते हैं।

(शतपत्रं शरच्चन्द्रस्त्वदाननमितित्रयं। परस्पर विरोधीति-सा विरोधोपमा मता) कमल, शरत् की पूनो का चाँद और तेरा मुख ये तीनों परस्पर एक दूसरे के साथ होड़ करते हुए आपस में एक दूसरे के विरोधी हैं—इसे विरोधोपमा कहते हैं।

(नजातु शक्तिरिन्दोस्ते मुखेन प्रतिगर्जितुं। कलंकिनो जड़स्येति प्रतिषेधीपमैवसा)

कलंकी और जड़ चंद्रमा की तेरे मुख के साथ होड़ करने की भला क्या सामर्थ्य है। इसे प्रतिषेधोपमा कहते हैं।

(आकर्ण्य सरोजाक्षि वचनीयमिदं भुवि। शशङ्कस्तव वक्रेण पामरैरूपमीयते)

हे कमल के समान नेत्रवाली, इस बात को सुनकर कि पामर लोग सब धान बारह पसेरी के हिसाब पर चंद्रमा को तेरे मुख के साथ बराबर करते हैं। इससे भी वही पहले कही हुई बातों का सब तात्पर्य है।

(न पद्म मुखमेवेदं न भृंगौचक्षुषोइमे) यहाँ यह पद्म नहीं किंतु मुख है। यह भृङ्ग नहीं वरन् नेत्र हैं। सत्य बात को बतला कर संदेह दूर करता है, इससे इसका नाम तत्त्वाख्यान उपमा है।

(कान्त्या चंद्रमसं धाम्ना सूर्यधैर्येण चार्णवं। राजन्ननुकरोषीति सैष हेतूपमा मता)

हे राजा, तुम शरीर की कांति के कारण चंद्रमा का, तेज और प्रताप के कारण सूर्य का और गंभीरता के कारण समुद्र का अनुकरण करते हो। इसे हेतूपमा या कारणोपमा कहते हैं।

(बालेवोद्यान मालेयं साल कानन शोभिनी) सालवृक्ष के (कानन) वन से शोभायमान दूसरे पक्ष में अलक सहित (आनन) मुख से शोभायमान यह (उद्यानमाला) बन परंपरा (बाला) स्त्री के समान सोहती है। इसे समानोपमा या सहोपमा कहते हैं।

एक ही उपमा के जहाँ बहुत से उपमान हों वह मालोपमा है, जैसा—

(वारिजेनेव सरसी शशिनेव निशीथिनी। यौवनेनेव वनिता नयेन श्री मनोहरा)

इस राजा की संपत्ति न्याय के कारण ऐसी मन को हरने वाली है जैसी कमल से तलैया, चंद्रमा से रजनी, यौवन से वनिता मन हरती है।

निधानगर्भामिव सागराम्बरां शमी मिवाभ्यन्तरलीन पावकम्। नदीमिवान्तः सलिलां सरस्वती नृपः ससत्त्वां महिषीममन्यत॥इति रघौ॥

जैसे (रसना) कर्धनी की कड़ी एक दूसरी के साथ जुटी रहती है वैसे ही एक उपमा दूसरी उपमा के साथ जुट जाने से रसनोपमा होती है। यथा–

(चन्द्रायते शुक्ल रुचापि हंसो हंसीयते चारु गतेन कान्ता। कान्तायते-स्पर्शसुखेन वारि वारीयते स्वच्छतयां विहाय)

सफेदी से झलकता हुआ हंस चंद्रमा का-सा प्रतीत होता है और हंस की-सी चाल चलती हुई कांता हंसी-सी हो रही है। स्पर्श-सुख के कारण जल कांता का-सा आचरण कर रहा है। स्वच्छता गुण से आकाश जल का-सा विमल हो रहा है। यहाँ चारों उपमा कड़ी के समान एक दूसरे के साथ जुटी हुई हैं। वाल्मीकि के सुंदर कांड में इस प्रकार की उपमा तथा मालोपमा बहुत है। यथा–

(हंसो यथा राजति पंजरस्थः सिंहो यथा मन्दरकन्दरस्थः। वीरो यथा गर्वितकुञ्जरस्थश्चन्द्रोपि बभ्राज तथाम्बरस्थः॥)

(शिलातलं प्राप्य यथा मृगेन्द्रो महारणं प्राप्य यथा गजेन्द्रः। राज्यं समासाद्य यथा नरेन्द्रस्तथा प्रकाशो विरराजचन्द्रः) इत्यादि।

चंद्रलोक में उपमा का क्या स्वरूप है उसे भी दिखाते हैं–उपमान अर्थात् अधिक गुण वाले चंद्र चंदन कमल आदि उपमेय अर्थात् वर्णनीय पदार्थ मुख आदि हीन गुणवाले। इन हीन गुणवालों का जिसमें विशेष गुणवाले से सादृश्य दिखाया जाय वह उपमा है। अब उपमान उपमेय साधारण धर्म अर्थात् जिस बात में दोनों का सादृश्य दिखाया जाय और इव तुल्यवत् यथा आदि उपमा के द्योतक शब्द जहाँ हों वह पूर्णोपमा है। इन चारों में से एक या दो या तीन बात के न होने से लुप्तोपमा कही जाती है।

यथा–(गुरुर्वचस्यर्जुनोऽयंकीर्तौ भीष्मःशरासने)

बोलने में बृहस्पति, कीर्ति में अर्जुन और बाण-विद्या में भीष्म हैं। यहाँ समान इव तुल्य आदि पद प्रत्यक्ष नहीं कहा किंतु उनके समान हैं। यह अर्थ अंतर्गर्भित है, इसे वाचक लुप्तोपमा कहेंगे।

"गाम्भीर्यगरिमा तस्य सत्यं गंगा भुजंगवत्।
दुरालोकः स समरे निदाघाम्बररत्नवत्॥"

उसकी गंभीरता और गरुआई सत्य-सत्य समुद्र के समान है। जेठ-वैशाख

के सूर्य के समान उसे लड़ाई के मैदान में कोई नहीं देख सकता। यहाँ चारों बात प्रत्यक्ष कही गई हैं इसलिए यह पूर्णोपमा है।

(आकृष्टकरवालोऽसौ संपराये परिभ्रमन्। प्रत्यर्थिसेनया दृष्टः कृतान्तेनं समः प्रभुः।)

तलवार खींचे लड़ाई के मैदान में घूमता हुआ यह राजा शत्रु की सेना से यम के समान देख पड़ा। यहाँ किस बात में यम के समान है यह साधारण धर्म नहीं कहा गया। इससे यह भी लुप्तोपमा है, इत्यादि इसके अनेक उदाहरण हैं।

पौरं सुतीयति जनं समरान्तरेऽसावन्तः पुरीयति विचित्रचरित्रर्चचुः।
नारीयते समरसोम्निकृपाणपाणेरालोक्य तस्यचरितानि सपत्नसेना॥
अराति विक्रमालोकविकस्वर विलोचनः।
कृपाणोद दोर्दण्डः सहस्रायुधोयति।
स्वप्नेपि समरेषुत्वां विजयश्रीर्न मुञ्चति।
प्रभावप्रभवंकन्त्तं स्वाधीनपतिका यथा॥
सेयंममांगेषु सुधारसच्छटा सुपूरकर्पूरशलाकिकादृशोः।
मनोरथश्रीर्मनसः शरीरिणी प्राणेश्वरी लोचनगोचरंगता।
ततः कुमुदनाथेन कामिनीगण्डपाण्डुना।
नेत्रानन्देन चन्द्रेण माहेन्द्रोदिगलंकृता॥

इन श्लोकों में ऊपर कहीं भाँति-भाँति उपमा पाई जाती है, रसिक-जन जिन्हें संस्कृत से परिचय है, जान लेंगे। केवल भाषा जाननेवालों को इस लेख के पढ़ने में ऊब और अरुचि होगी इससे उनसे प्रार्थना है कि क्षमा करें और यदि मन लगा के पढ़ेंगे तो निर्ख कर सकेंगे कि हमारी आर्य-भाषा और दूसरी-दूसरी भाषाओं में क्या अंतर है। निश्चय जानिये उर्दू-फारसी के शायरों को तथा अँगरेजी भाषा के कवियों के ख्याल में ऐसी अद्भुत अनोखी चातुरी कभी नहीं आई। यह पथ ही निराला है, ऐसी किसी को सूझी ही नहीं!

[जुलाई, 1889]

माधुर्य

'माधुर्य' उस प्रकार के स्वादु को कहते हैं जो मिठाई या मिठास के नाम से ग्रहण किया जाता है। यद्यपि और भी रस हैं पर मिठास का जो कुछ अनोखा असर मनुष्य के चित्त पर होता है वह और दूसरे रसों में नहीं होता। इसी से चित्त को प्रसन्न करनेवाले दूसरे रस भी मधुर या मीठे कहे जाते हैं। देहाती लोग अपनी बोली में कहते हैं 'ज्वार कै रोटी भल मिठात है।' तो निश्चय हुआ कि जो मन को भावै या रुचै वह मिठास है। तब माधुर्य से तात्पर्य यह हुआ कि जो चित्त को कड़ुआ न मालूम हो—चाहे उसका ज्ञान हमको पाँच इंद्रियों में से किसी भी इंद्रिय के द्वारा हुआ हो—वह मीठा कहावैगा। कोई अच्छी सूरत जो नेत्र को सुहावनी मालूम हुई तो कहते हैं इसकी रूप-माधुरी चित्त को खींचे लेती है। जो बात कान को भली लगी, जैसा बालकों की तोतली बोली या किसी का प्यारा वचन, तो उसे मीठा वचन कहते हैं। जैसा कहा भी है—

कागा काको धन हरै कोयल काको देय।
मीठो बचन सुनाय के जग अपनो कर लेय॥

इसी तरह मंदार, मालती, चमेली, जूही आदि की सुगंध को मीठी सुगंध कहते हैं। चंपा, केवड़ा, बेला आदि कई फूलों की महक को कर्कश या कड़ी महक कहते हैं, इसीलिए कि थोड़ी देर में उससे जी ऊब जाता है और फिर उसे अधिक सूँघने को जी नहीं चाहता। मिठास के जहाँ और सब गुण या सिफ़तें हैं वहाँ एक यह भी है कि इसके चिरकाल और निरंतर सेवन से भी जी नहीं ऊबता बल्कि यही मन होता है कि यह और भी अधिक मिलती जाए तो अच्छा हो। इसी तरह जो वस्तु छूने में कोमल, चिक्कण और सुखद है उसे मधुरस्पर्श कहते हैं। महाकवि भवभूति ने स्पर्श सुख की मिठास को 'उत्तर चरित' के कई श्लोकों में बहुत अच्छी तरह पर दिखाया है—तद्यथा—

विनिश्चेतुं शक्यो न सुखमिति वा दुःखमिति वा।
प्रमीहो निद्रा वा किमु विषसिविसर्पः किमु मदः॥
तब स्पर्शे स्पर्शे मम हि परिमूढ़ेन्द्रियगणो।
विकारश्चैतन्यं भ्रमयति च संमीलयति च॥

जिह्वा के द्वारा जिस मधुरता का अनुभव हम करते हैं वह प्रत्यक्ष ही है। किसी भाँग छनन्ते ब्राह्मण या मथुरा के चौबे से इस मधुरता के बारे में पूछ लो जिनका सिद्धांत है कि 'जिसे मीठा न रुचता हो उसकी ब्राह्मणता में कुछ कसर समझना चाहिए।' प्रसाद, ओज, माधुर्य, कविता के इन तीन गुणों में माधुर्य भी एक है। कोकिल-कंठ जयदेव की कविता गीत गोविंद, आदि से अंत तक माधुर्य-गुण-विशिष्ट है। माधुर्य का गुण दंडी ने काव्यादर्श में इस तरह पर दिया है–

मधुरं रसवद्वाचि वस्तुन्यपि रसस्थितिः।
येनमाद्यन्ति धीमन्तो मधुनेव मधुव्रता॥

अर्थात् जिस वाक्य में रस टपकता हो वह मधुर है। कभी को वाक्य से जो अर्थ प्रतिपादित होता है उसमें भी रस रहता है। शृंगार, करुणा और शांत रस में माधुर्य, समास का न होना है, या समास हों भी तो बहुत थोड़े और छोटे-छोटे दो या तीन पद के हों, पर अक्षर सब कोमल हों, टवर्ग आदि मूर्द्धन्य वर्ण न हों। जयदेव के काव्य में ये सब गुण हैं। इसलिए गीत गोविंद माधुर्य का पूर्ण उदाहरण है। हास्य, अद्भुत तथा भयानक रस में माधुर्य तभी आता है जब ग, ज, द, व आदि अक्षर बहुत हों और समास भी न बहुत कम और न बहुत अधिक हों। वीर, वीभत्स तथा रौद्र रसों में जब अक्षर बड़े विकट और कड़े हों और लंबे-लंबे समास हों तभी माधुर्य पैदा होता है। जैसे भौंरा फूल का रस चूस मतवाला हो जाता है वैसे ही नागरिक जन (ग्रामीण हल जोतने वाले नहीं) जिसे सुन मतवाले से हो उठें वह रस है। बस माधुर्य का मुख्य लक्षण यही है। किसी का मत है–

"पृथक्पदत्वं माधुर्यम्॥"

अर्थात् अलग पदों का होना माधुर्य है जैसा–

"श्वासान्मुंचति भूतले विलुठति त्वन्मार्गमालोकते।"
अथवा–"अपसारय घनसारं, कुरूहारं दूर एव किं कमलैः।
अलमलमालि मृडालैरिति वदति दिवानिशं बाला।"

साहित्यदर्पणकार माधुर्य का लक्षण यह देते हैं–

"चित्तद्रवी भावमयो ह्लादो माधुर्यमुच्यते।"

अर्थात् चित्त के पिघलाने वाले मानसिक भावों से जो एक प्रकार का आनंद चित्त में हो वह 'माधुर्य' है यथा–

लताकुंजं गुंजन्मदवदलिपुंजं चपलयन्।
समालिंगन्नंगं द्रुततरमनंगं प्रबलयन्॥
मरुन्मदं मन्दं दलितमरविन्दं तरलयन्।
रजोवृन्दं विन्दन किरति मकरन्दं दिशिदिशि॥

उत्तम नायक या नायिका का एक अलंकार भी माधुर्य है जैसा–

"संक्षोभेष्वप्यनुद्वेगो माधुर्यं परिकीर्तिकम्।"

अर्थात् क्षोभ या घबड़ाहट पैदा करने वाली बात के होने पर भी चित्त में उद्वेग न होना माधुर्य है। और भी–

"सर्वावस्थाविशेषेपि माधुर्यं रमणीयता॥"

अर्थात् कैसी ही अवस्था में होकर भी जो मन को रमावे वह माधुर्य है–जैसा शकुंतला के रूप-वर्णन में कालिदास ने लिखा है–

सरसिजमनुबिद्धं शैवलेनापि रम्यं।
मलिनमपि हिमांशोलक्ष्म लक्ष्मीं तनोति॥
इयमधिकमनोज्ञा वल्कलेनापि तन्वी।
किमिवहि मधुराणां मण्डनं नाकृतीनाम्॥

माधुर्य का यह विवरण तो वह है जो कवियों ने निश्चय कर रखा है। अब लौकिक बातचीत में जो बात मृदुतापूर्वक की जाती है उसमें भी मिठास का शब्द लगाया जाता है जैसा मीठा वैर, मीठी छुरी, मीठी नींद। नींद में भला क्या मीठापन होगा? किंतु बड़ी देर तक मेहनत के उपरांत लेट गए एक झाँप सी आ गई, सब थकावट दूर हो गई, शरीर स्वस्थ और फिर परिश्रम करने को तरोताजा हो गया वह 'मीठीं नींद' कहलाई। इससे तात्पर्य यह निकला कि जो संतोष के बोधक या सुखद पदार्थ हैं उन सबों में मधुर या मिठास का प्रयोग किया जाता है तो निश्चय हुआ माधुर्य जगत्कर्त्ता की अद्‌भुत शक्ति है, जिसके द्वारा सात्विक भावों का उद्‌गार मनुष्य के चित्त पर हुआ करता है। बल्कि यों कहा जाए तो ठीक हो कि न केवल सात्विक ही बल्कि राजसिक और तामसिक का भी जो उत्तमोत्तम भाग या सारांश है वह मिठास का माधुर्य के नाम से कहलायेगा, क्योंकि कड़ुए और तीते में भी जो रुचे और अत्यंत स्वादिष्ट हो वह भी तो 'मिठाता है' ऐसा कहा जाता है–इत्यादि ऊहापोह से निश्चय हुआ कि इस दृश्य जगत् में जो इंद्रियों को प्रलोभनकारी और मन का आकर्षक हो वह माधुर्य है।

प्रतिभा

प्रतिभा बुद्धि का वह गुण और मनुष्य में वह शक्ति है जो स्वाभाविक होती है और अभ्यास से अधिक से अधिक बढ़ाई जा सकती है। काव्य रचना इसकी कसौटी है। यह कहना कि बिना प्रतिभा के कवि होगा ही नहीं सर्वथा सुसंगत है। प्रतिभाहीन मनुष्य अभ्यास के बल से दो चार पद गढ़ ले तो गढ़ ले, किंतु प्रतिभा न होने से वह निरी गढ़ंत रहेगी, रस उस उसमें कहीं से न टपकेगा। साहित्य दर्पण में--

काव्यं रसात्मकं वाक्यम्।

यह काव्य का लक्षण उस गढ़ंत में सुघटित न होगा। प्रतिभा में भी तारतम्य है। कालिदास में जैसी प्रतिभा थी वैसी भवभूति, भारवि और श्रीहर्ष में न थी। सूर, तुलसी, बिहारी में जो प्रतिभा थी वह केशव, मतिराम, भूषण और पद्माकर में न थी। शेक्सपीयर और मिल्टन के समान अंगरेजी के और कवियों में प्रतिभा कहाँ है? आधुनिक कवि टेनिसन की रचना चाहे अधिक गंभीर और शिक्षाप्रद (Instructive) हो पर वह रस इनके काव्य में नहीं टपकता जैसा शेक्सपीयर की रचना में है। अस्तु, प्रत्येक कवि की प्रतिभा का तारतम्य एक जुदा विषय है, जिसे हम कभी अलग दिखायेंगे, आज केवल प्रतिभा का स्वरूपमात्र दिखलाने का हमारा प्रयत्न है। फिर भी इतना यहाँ सूचित किए देते हैं कि प्रतिभा का प्रसाद-गुण के साथ बड़ा घनिष्ठ संबंध है। कालिदास की प्रतिभा जो सबसे अधिक मानी गई सो इसीलिए कि उनकी रचना प्रसाद-गुण-पूर्ण है। कविता में प्रसाद-गुण दाखरस के तुल्य है, जो स्वाद में मिस्री से अधिक मीठा होता है पर मुख के किसी अवयव को जरा भी उससे क्लेश नहीं होता। जीभ पर रखा नहीं कि घूँट गये और कवियों की रचना में चाहे रस हो भी तो पद और भाव इतने क्लिष्ट होते हैं कि बिना थोड़ी देर सोचे रस नहीं मिलता।

प्रतिभा केवल कविता ही में नहीं वरन् और कितनी बातों में भी अपना दखल जमाये हुए है। यहाँ के प्रसिद्ध चित्रकार रविवर्मा में चित्रकारी की अद्भुत शक्ति

प्रतिभा ही का परिणाम है। योरप तथा एशिया के कई एक प्रसिद्ध विजयी सीजर, हानिबाल, सिकंदर, नेपोलियन बोनापार्ट, समुद्रगुप्त, रणजीत सिंह आदि सब प्रतिभाशाली थे और उनकी प्रतिभा युद्ध-कौशल की थी। बुद्धदेव, शंकर, रामानुज, गुरु नानक, स्वामी दयानंद, ईसा और मुहम्मद आदि सब प्रतिभावाले महापुरुष थे और इनकी प्रतिभा नया धर्म चलाने में थी। बहुधा ऐसा भी देखा जाता है कि यह प्रतिभा बराबर वंश-परंपरा तक आती गई है। हमारे यहाँ जो एक-एक पेशेवालों की अलग-अलग एक-एक जाति कायम कर दी गई है। उसका यही हेतु है कि उस जाति के मनुष्य में उस पेशे की प्रतिभा बराबर दौड़ती आती है। किसी-किसी में यह पूर्ण रीति से झलक उठती है। और उतने अंश में यत्किंचित् विच्छित्ति-विशेष प्रतिभा ही कही जाएगी। मनुष्य में प्रतिभा का होना पुनर्जन्म का बड़ा पक्का सबूत है। क्या कारण है कि एक ही शिक्षक दो बालकों को पढ़ाता है, एक में प्रतिभा विशेष रहने से वह बात जो गुरु बतलाता है उसे जल्द आ जाती है और उस विद्या में वह विशेष चमकता है। दूसरे को गुरु की बतलाई हुई बात आती ही नहीं, आई भी तो देर में और अधिक परिश्रम के उपरांत तो निश्चय हुआ कि एक का पूर्व संस्कार जो अब प्रतिभा के नाम से बदल गया है स्वच्छ और विमल था और दूसरे का मलिन था, इसीसे प्रतिभा उसमें न आई। 'अल्पायासं महत्फलम्' अर्थात् 'परिश्रम थोड़ा फल बहुत अधिक' यह बात प्रतिभा ही में पाई जाती है। छात्र मंडली में बहुत से ऐसे पाए जाते हैं जो थोड़े परिश्रम में बड़े-बड़े दार्शनिक पंडित और कवि हो जाते हैं पर बहुत से ऐसे भी होते हैं जो घोख-घोख कर थक जाते हैं, पर अंतः पात या बोध उन्हें यथावत् नहीं होता। गीता में भगवद्विभूति को गिनाते-गिनाते भगवान् ने कहा–

"हे अर्जुन, अब हम कहाँ तक तुमसे अपनी विभूति गिनाते रहें। जिस मनुष्य में कोई बात असाधारण और लोकोत्तर पाओ उसे भगवद्विभूति ही मानो।" यह लोकोत्तर चमत्कार प्रतिभा ही है जिसे कृष्ण भगवान् ने अपनी विभूति कहा है। धन्य हैं वे जिनमें किसी तरह की प्रतिभा है। सफल जन्म उन्हीं का है।

कल्पना शक्ति

मनुष्य की अनेक मानसिक शक्तियों में कल्पना शक्ति भी एक अद्‌भुत शक्ति है। यद्यपि अभ्यास से यह शतगुण अधिक हो सकती है पर इसका सूक्ष्म अंकुर किसी-किसी के अंतःकरण में आरंभ ही से रहता है, जिसे प्रतिभा के नाम से पुकारते हैं और जिसका कवियों के लेख में पूर्ण उद्‌गार देखा जाता है। कालिदास, श्रीहर्ष, शेक्सपीयर, मिल्टन, प्रभृति कवियों की कल्पना शक्ति पर चित्त चकित और मुग्ध हो, अनेक तर्क वितर्क की भूलभुलैया में चक्कर मारता टकराता, अंत को इसी सिद्धांत पर आकर ठहरता है कि यह कोई प्राकृतन संस्कार का परिणाम है या ईश्वर-प्रदत्त-शक्ति (Genius) है। कवियों का अपनी कल्पना शक्ति के द्वारा ब्रह्मा के साथ होड़ करना कुछ अनुचित नहीं है, क्योंकि जगत्स्रष्टा तो एक ही बार जो कुछ बन पड़ा सृष्टि-निर्माण-कौशल दिखला कर आकल्पान्त फ़रागत हो गए पर कविजन नित्य नई-नई रचना के गढ़ंत से न जाने कितनी सृष्टि-निर्माण-चातुरी दिखलाते हैं।

यह कल्पना शक्ति कल्पना करनेवाले हृद्‌गत भाव या मन के परखने की कसौटी या आदर्श है। शांत या वीर प्रकृति वाले से श्रृंगार-रस-प्रधान कल्पना कभी न बन पड़ेगी। महाकवि मतिराम और भूषण इसके उदाहरण हैं। श्रृंगार रस में पगी जयदेव की रसीली तबीयत के लिए दाख और मधु से भी अधिकाधिक मधुर गीत गोविंद ही की रचना विशेष उपयुक्त थी राम-रावण या कर्णार्जुन के युद्ध का वर्णन कभी उनसे न बन पड़ता। यावत् मिथ्या और दरोग की किबलेगाह इस कल्पना पिशाचिनी का कहीं ओर छोर किसी ने पाया है! अनुमान करते-करते हैरान गौतम से मुनि 'गौतम' हो गए। कणाद किनका खा-खा कर तिनका बीनने लगे पर मन की मनभावनी कन्या, कल्पना, का पार न पाया। कपिल बेचारे पचीस तत्त्वों की कल्पना करते-करते 'कपिल' अर्थात् पीले पड़ गए। व्यास ने इन तीनों महादार्शनिकों की दुर्गति देख मन में सोचा कौन इस भूतनी के पीछे दौड़ता फिरै, यह संपूर्ण विश्व जिसे हम प्रत्यक्ष देख सुन सकते हैं सब कल्पना ही कल्पना, मिथ्या, नाशवान और क्षणभंगुर है, अतएव हेय है। इन्हीं की देखादेखी बुद्धदेव ने भी अपने बुद्धत्व का

यही निष्कर्ष निकाला कि जो कुछ कल्पनाजन्य है सब क्षणिक और नश्वर है। ईश्वर तक को उन्होंने इस कल्पना के अंतर्गत ठहरा कर शून्य अथवा निर्वाण ही को मुख्य माना। रेखागणित के प्रवर्त्तक उक्लैदिस (यूक्लिड) ज्यामिति की हर एक शक्लों में बिंदु और रेखा की कल्पना करते-करते हमारे सुकुमारमनि इन दिनों के छात्रों का दिमाग ही चाट गए। कहाँ तक गिनावें संपूर्ण भारत का भारत इसी कल्पना के पीछे गारत हो गया, जहाँ कल्पना (Theory) के अतिरिक्त (Practical) करके दिखाने योग्य कुछ रहा ही नहीं। यूरोप के अनेक वैज्ञानिकों की कल्पना की शुष्क कल्पना से कर्तव्यता (Practice) में परिणत होते देख यहाँ वालों को हाथ मल-मल पछताना और 'कलपना' पड़ा।

प्रिय पाठक! यह कल्पना बुरी बला है। चौकस रहो इसके पेंच में कभी न पड़ना नहीं तो पछताओगे। आज हमने भी इस कल्पना की कल्पना में पड़ बहुत सी झूठी-झूठी जल्पना कर आपका थोड़ा-सा समय नष्ट किया क्षमा करियेगा।

मनोविज्ञान

साधारण रीति पर विचार करने से निश्चय होता है कि हम लोगों का समस्त ज्ञान दो प्रधान भागों में विभक्त है पहिला मूर्ति विषयक अर्थात् जड़ जगत संबंधी दूसरा अमूर्ति विषयक अर्थात् अंतर्जगत संबंधी। अंगरेजी में इन दोनों को Objective और Subjective ज्ञान कहते हैं, पदार्थों के कुछ थोड़े से गुणों के अतिरिक्त मूर्ति अमूर्ति का मुख्य तत्त्व क्या है—हम कुछ नहीं जानते। जैसा गुलाब कहने से केवल इतना ही जान पड़ेगा कि जिस पदार्थ की आकृति गोल और जिसका रंग कुछ लाल और जिसमें एक प्रकार की मीठी सुगन्धि भी हो उसका नाम गुलाब है। इस पर गोलाई ललाई और सुगन्धि इत्यादि कई गुणों को ही हमने गुलाब इस नाम से लिखा। किंतु वह वास्तव में क्या पदार्थ है—इसका तत्त्व कुछ भी निश्चय न हुआ। इसी प्रकार अंतर्जगत संबंधी ज्ञान का उदाहरण जैसा मन ऐसा कहने पर इतना ही जान पड़ता है कि जो चिंता करता है, कल्पना करता है और सुख-दुख का अनुभव करता है, वह मन है। इसी से बहुतों का यह मत है कि पदार्थ के गुणों के अतिरिक्त कोई वस्तु मूर्तिमान अथवा अमूर्तिमान नहीं है; बहुत लोग ऐसा कहते हैं कि तर्क वितर्क करने पर भी गुण के अतिरिक्त किसी पदार्थ विशेष का होना नहीं ठहरता तो भी हम लोगों का स्वाभाविक विश्वास उन्हीं के होने में प्रमाण है।

मूर्तिमान ज्ञान हमें चक्षु आदि इंद्रियों के द्वारा होता है इसी से उसे हम प्रत्यक्ष ज्ञान कहते हैं। और अमूर्ति विषयक ज्ञान इंद्रियों की सहायता से हमें नहीं हो सकता किंतु मन अपनी स्वाभाविक शक्ति द्वारा अपनी अवस्था के ज्ञान का अनुभव करता है और उस अवस्था के अनुभव करने की शक्ति का नाम प्रज्ञा है। अंगरेजी में Consiousness इसे कहते हैं, मूर्तिमान पदार्थ के गुण आदि की आलोचना पदार्थ विद्या से होती है। परंतु हमारा उद्देश्य अमूर्तिमान पदार्थ के गुण आदि की आलोचना का है क्योंकि हम मनोविज्ञान के विषय में लिख रहे हैं।

विचारपूर्वक देखने से जाना जाता है कि जिसे हम मन अथवा अंतर्जगत कहते हैं उसमें निरंतर कितने कार्य हुआ करते हैं जैसे जो बात हो गई उसका

स्मरण, सुख और दुःख का अनुभव, तर्क करने की युक्ति और इन्हीं को लोक में मन की वृत्तियाँ या मानसिक शक्ति भी कहते हैं। मन की सब प्रकार की अवस्था का मुख्य-मुख्य भाग हो सकता है अर्थात् ज्ञान की अवस्था Cognition or knowledge भाव की अवस्था feeling अध्यवसाय की अवस्था will or volition। इन तीनों के मानसिक ज्ञान की अवस्था चार प्रकार की है अनुभूति, स्मृति, क्लिष्ट या कल्पना अनुमिति। अनुभूति दो प्रकार की होती है प्रत्यक्ष मूलक और प्रभामूलक। प्रत्यक्ष मूलक ज्ञान से मन प्रभा के द्वारा इंद्रियातीत अर्थात् जिनका ज्ञान बाहरी इंद्रियाँ—नाक-कान के द्वारा नहीं हो सकता उनकी घटनाओं को जान लेता है। दूसरा अर्थात् प्रभामूलक ज्ञान से मन केवल स्वान्तर्वर्ती घटनाओं को प्रभा के द्वारा जान सकता है। हुई बातों को प्रभा के द्वारा फिर अनुभव करना स्मृति है। स्मृति के दो काम हैं धारण और उन्नयन। जिस शक्ति से हो गई बातें मन में बनी रहती हैं उसे धारणा शक्ति कहते हैं अंग्रेजी में इसी का नाम Releution है और कोई हो गई बात जिसे हम भूल गए हों प्रभा के द्वारा जिस शक्ति से हम फिर उसे अपने मन में उपस्थित कर सकें उसे उन्नयना Retention कहते हैं। पूर्व अनुभूत किसी घटना व पदार्थ का कुछ अंश लें किसी नई बात का गढ़ लेना कल्पना है जैसा स्त्री और पक्षी इन दोनों के शरीर आदि का अनुभव कर स्त्रियों के सौंदर्य के साथ पक्षियों के पर लगाकर कवियों ने परी एक जाति विशेष की नई कल्पना कर ली है जिसके सदृश व जिसकी स्वजातीय वस्तु का कभी अनुभव नहीं हुआ उसकी कल्पना भी नहीं हो सकती है।

अनुमिति दो प्रकार की है निष्क्रामण और निष्कर्पण। जब दो जानी हुई बातों के फलस्वरूप एक तीसरी सत्य बात के ज्ञान का लाभ हो उसे निष्क्रामण कहते हैं इसी को अंग्रेजी में Diduction कहते हैं। जैसा मनुष्य सब मरणशील हैं और देवदत्त एक मनुष्य है इन दो सत्य बातों के फलस्वरूप एक तीसरी बात सत्य जानी गई कि देवदत्त मरणशील है। जब कई एक घटनाओं का साधारण धर्म उद्‌भावन कर हम उन घटनाओं को श्रेणी बद्ध कर लें उसे निष्कर्पण Induction कहते हैं। यज्ञदत्त, देवदत्त और विश्वमित्र इन तीनों का मरण देख मरण रूप साधारण धर्म्म का निष्कर्ष कर मनुष्य मरणाशील है यह अनुभूति हुई। और भी हमने श्वेत गोल-गोल विशेष गंध विशिष्ट और कोटकयुक्त एक फूल देखा फिर उसी प्रकार का एक लाल और पीला फूल भी देखा तो हमने उसका श्वेत पीत रक्त आदि विसदृश धर्म को त्याग कर गुलाब सुगन्धि युक्त और कंटकावृत्त होता है इन साधारण धर्मों का निष्कर्ष कर लिया अर्थात् उस तरह के फूलों को गोलाब इस नाम की श्रेणी में बद्ध कर लिया इसी को अंग्रेजी में Generalization कहते हैं।

[जनवरी, 1880 ई.]

भाषाओं का परिवर्तन

यह एक सामान्य सिद्धान्त है कि किसी भाषा पर प्रभुत्व होना या उससे अच्छी तरह परिचित हो जाना तभी लोग मानते हैं जब सीखने वाला उसी भाषा में सीख सके अर्थात् चित्तवृत्ति उसके मनन करने के विषयों की उसी भाषा के रंग से ग्रहण करे। इसके मानने में किसको इनकार होगा कि हर एक भाषा के ढंग निराले ही हैं। दो भाषा व्याकरण की रीति पर कुछ मिलती भी हो परंतु वे चीजें जिनको मुहाविरे कहते हैं कभी नहीं मिल सकते और यही मुहाविरे ही हर भाषा की जान है। हिंदी और अंगरेजी ही को लीजिए इन दो भाषाओं में थोड़ा-थोड़ा कहीं-कहीं व्याकरण के नियमों का तो भेद हई है। किंतु बड़ा भारी अंतर मुहाविरों की निराली चाल का है। जहाँ कहीं इन मुहाविरों की कोई गलती सुनने में आती है तो वह कान से चट खटक जाती है। यह लोग कदापि न समझै कि मुहाविरे अंगरेजी ही में हैं और जब उन पर आक्षेप होता है तो 'राधा बाजार अंगरेजी' या 'बाबुओं की अंगरेजी' इत्यादि शब्द तज़आ निन्दा की राह से कहे जाते हैं। जब तक किसी भाषा में जान है अर्थात् रोजमर्रे के काम में उसे लोग वर्तते हैं और पुष्ट रीति पर उसके स्थिति बनी रहती है तब तक नए-नए मुहाविरे नित्य गले में ही बनते ही जाएँगे।

सृष्टि के चेतन पदार्थों का जो नियम है कि वे कभी एक-सा नहीं रहते वरन् दिन प्रतिदिन परिवर्तन की सान पर चढ़ते ही जाते हैं। यह नियम भाषा के संबंध में पूरी रीति पर लगता है क्योंकि कुछ ऐसा मालूम होता है कि रुधिर और अस्थि मनुष्य के शरीर से उतना निकट संबंध नहीं रखते जितना उनकी भाषा रखती है और इसी कारण बड़े से बड़े पंडित के आगे कोई अशुद्ध संस्कृत शब्द बोलिए तो वह इतना न खटकेगा जितना एक सामान्य से सामान्य बेमुहाविरे हिंदी शब्द कान को चोट पहुँचावेगा क्योंकि संस्कृत अब बोल चाल की भाषा न रह गई। विचार कर देखिए तो जो हिंदी हम आजकल बोलते हैं वह पहले क्या थी और अब क्या है। अब फारसी उर्दू शब्द उसमें मिलते जाते हैं क्योंकि जब आपके बड़े-बड़े प्रामाणिक हिंदी कवियों ने फारसी अरबी के शब्द ग्रहण किए तो हमारे और आपके

निकाले वे सब जो हमारी भाषा के नस-नस में अंतःप्रविष्ट में हो रहे हैं क्योंकर निकाल सकते हैं। बल्कि विरुद्धता दिखलाना वैसा ही है जैसा किसी वेगगामिनी नदी के प्रवाह को अकेले एक हाथ से रोककर उलट देने का प्रयत्न करना है। जिस तरह ये शब्द सर्वसाधारण अपनी भाषा में प्रचलित कर लेते हैं या जिस तरह के शब्द अपने नित्य के बोलचाल से लोग निकालकर फेंक देते हैं और उस पर आप को कुछ भी अधिकार नहीं है। आप मनुष्यों की भाषा तभी बदल सकते हैं जब जुलू या हबशी की जात का कोई आदमी इन देशों में पैदा कर सकें या इससे भी बढ़कर कोई दूसरा प्राकृतिक अनर्थ जो सर्वथा प्रकृति विरुद्ध हो कर सकैं क्योंकि यह कैसे सम्भव है कि प्रबल कालचक्र अपनी निशानी सब चीजों पर न छोड़ जाय। मुसलमानों के अत्याचार का फल जैसा हम अपनी रीति-रस्म सामाजिक व्यवहार अपनी और अपने यहाँ की स्त्रियों की दशा सब में पाते हैं तब यह क्यों कर हो सकता है कि मुगलों की भाषा का असर हमारी भाषा में न हो।

सोचिये कि जिस हिंदी को हम बोलते हैं वह कितने हजार वर्ष से घिसते-घिसते करोड़ों टक्करें खाकर और न जानिये कौन-कौन-सी मुसीबतें झेलकर न मालूम किसका-किसका जमाना देखभाल आज हमारे बोल-चाल के काम में आ रही है। यदि प्रकृति को भी हिंदी ही मान लीजिये तो देखिये कि आजकल की हिंदी से और चाँद और पृथ्वीराज के समय की हिंदी से और चाँद के समय की हिंदी से और कालिदास के समय की हिंदी से काल में कितना अंतर है क्योंकि कालिदास भवभूति प्रभृति कवियों के समय में भी संस्कृत जैसी उनके नाटकों में पाई जाती है केवल विद्वानों ही की मंडली में बोली जाती थी और वे लोग भी कवित्व शक्ति के प्रकाशक गझिन शास्त्रार्थ के बाद घर जाते रहे होंगे तो नौकरों या लड़के बालों या स्त्रियों से (या सृष्टिसृष्टुराध्या) के जोड़ की बड़े धूम-धाम की संस्कृत न बोलते रहे होंगे। जैसा वेद की संस्कृत का व्याकरण भास वाल्मीकि तथा कालिदास आदि कवियों की संस्कृत के व्याकरण से कुछ पृथक है वैसा ही नाटक की प्राकृतों का व्याकरण चन्द आदि की प्राकृतों से विभिन्न है अर्थात् जो एक समय के विद्वानों की साधु भाषा थी वही किसी पूर्व समय के बेपढ़े-लिखे लोगों की भाषा रही और उस अदल-बदल में एक बात सदा ध्यान देने लायक है कि भाषा का परिवर्तन शब्दों पर इतना निर्भर नहीं जितना उसके व्याकरण संबंधी विषयों पर या मुहाविरों के अदल-बदल होने पर अर्थात् नये शब्दों की भर्ती होने से कुछ डर की बात नहीं है बल्कि पढ़े-लिखे लोग या सर्वसाधारण उन शब्दों को अपना कर मान लें तो भाषा और भी पुष्ट हो जायगी।

फारसी में देखिए तो यही हाल है अंगरेजी में देखिए तो यही हाल है। पृथ्वी की और और भाषाओं में यही नियम पाया जाता है कि दूसरी भाषा के शब्द को बेधड़क अपना कर लेते हैं। जैसा कोई किसी लड़के को गोद ले वैसा ही वह शब्द

उसी भाषा का होकर रह जाता है। एक दूसरी विचित्र बात यह भी है एक भाषा का शब्द जब दूसरी भाषा में जाता है तो बहुधा अपने शुद्ध रूप में कभी नहीं रहता और जब ऐसा अशुद्ध शब्द भी दूसरी भाषा का किसी भाषा में अच्छी तरह मिल जाता है तो फिर उसके शुद्ध करने का प्रयत्न भी व्यर्थ ही है क्योंकि बोलने वालों के मन या जबान पर जो एक बार चढ़ गया वह कभी नहीं निकल सकता।

भाषाओं के इतिहास में आप हिंदी की दशा देख यह मत समझ लीजिए कि भाषा की सूरत बदलने के लिए विदेशी भाषा के साथ टक्कर खाना जरूरी बात है। ऐसा ख्याल करना भूल है कि अगर विदेशियों की भाषा के साथ यह भाषा टक्कर न खाये होती तो शुद्ध रीति पर बनी रहती क्योंकि वेद की संस्कृत को नाटक और काव्यों की संस्कृत में किसने उतर दिया। या संस्कृत को प्राकृतों के रूप में किसी विदेशी भाषा के साथ टक्कर खाने ने बदल दिया। और फिर भाषा की बाहरी आकृति पर विदेशियों का कुछ असर पहुँच सकता है पर उसके भीतरी नियमों को तिलभर भी खसकाना किसी के सामर्थ्य में नहीं है। हमने ऊपर कहा कि भाषा भी संसार को इतर चैतन्य सृष्टि का नियम मानती है। इस तरह जैसा पीटने से गदहा घोड़ा नहीं हो सकता। उसी तरह बाहर वालों का संपर्क भी कुछ बहुत हानिकारक नहीं हो सकता और फिर भाषा के संबंध में (हानि) शब्द का पूरा-पूरा तात्पर्य तय करना बड़ा कठिन है क्योंकि परिवर्तन के बीज तो भाषा में आप ही आप भरे हैं। क्यों संस्कृत से प्राकृत हुई और प्राकृतों से वर्तमान हिंदी। हम लोगों का केवल इतना ही कर्तव्य है कि देखते जाएँ कि क्या-क्या अदल-बदल हुआ है। अभेद्य दुर्ग सदृश पाणिनि के व्याकरण के आगे हिंदी का व्याकरण छोटी-सी फूस की झोंपड़ी है। ये तो प्रकट है कि अब हमें उतने बड़े व्याकरण की आवश्यकता न रह गई। एक वह समय था कि अनेक जंजालों से भरे हुए पाणिनि कात्यायन पतंजलि के सूत्र वार्तिक भाष्य में एक मात्रा का भी हेरफेर हो जाने पर एक बड़ी भारी इमारत को ढहाकर फिर से खड़ी करना था और इसी का परिणाम यह हुआ कि हमारे यहाँ का व्याकरण ऐसा झंझट से भरा हुआ शास्त्र हो गया जैसा पृथ्वी के किसी कोने में न हुआ होगा। सच पूछिये तो दो गाड़ी के बोझ की पुस्तकें शेखर मंजूषा कैयट बड़े-बड़े जगड़ जाल जो रच गये उनमें और है क्या। सिवा इसके कि कीचड़ में पाँव फिर धोओ एक बड़े यत्न और प्रयास से। एक बने बनाये सुंदर और मनोहर महल को तोड़-फोड़ छिन्न-भिन्न कर पीछे पछताय फिर उसी को बनाया है। इन्हीं विफल चेष्टाओं में व्याकरण इतना बड़ा शास्त्र हो गया जिसमें नवीन और प्राचीनों का झगड़ा पढ़ते-पढ़ते उमर की उमर बीत जाती है कोरे के कोरे मूर्ख रह जाते हैं। ऐसी सरल भाषा हिंदी में इस सब खटपट का अब कुछ काम ही न रह गया पर क्यों ऐसा हुआ यह तो आदमी में तभी तैकर रखेगा जब और भी सैकड़ों हजारों (क्यों) का उत्तर दे सकेगा जैसा क्यों मनुष्य संसार में पैदा

होता है? क्यों फिर यहाँ से चला जाता है। इत्यादि, इत्यादि। अब यह प्रश्न उसके संबंध में और उठता है कि यदि भाषा की धारा ऐसे अपरिवर्तनीय इतने जोर-शोर के साथ बह रही कि उसमें चूँ भी नहीं कर सकते तो किसी समय के अच्छे-अच्छे लेखकों का क्या दबाव या अंतर उस पर होता है इस प्रश्न का उत्तर सहज में मिल सकता है। पुरानी हिंदी को ही लीजिए पुराने ठेठ हिंदी शब्दों को कोई अच्छी तरह सोच-विचार कर लिखने वाला फिर से निज कर समाज में प्रचलित कर सकता है। अपनी निज की भाषा के कामकाजी शब्दों को मर जाने का मृतक प्राय हो जाने से बचाना अच्छे लेखकों का काम है। बाहरी भाषाओं के शब्दों को अपना-सा कर डालना जिससे भाषा दिन-प्रतिदिन अमीर होती जाए यह भी एक बड़ा काम है और सबसे बड़ा काम है अपने भाषा के विषयों को दूना-चौगुना करते जाना अर्थात् जो-जो विषय भाषा में पहले कम थे उनको जिलो देना और जो विषय कभी थे ही नहीं उनको बाहर से लाय भरती करना। इस सबका असर यह होगा कि भाषा की नमन शक्ति बहुत बढ़ जाएगी अर्थात् जिस तरह के विषय पहले उससे बाहर समझे जाते थे वे जल्द उसकी पहुँच के भीतर आ जाएँगे। हमारे देखते ही देखते अंगरेजी मेमों ने हिंदुस्तानी गहनों का पहिनना आरंभ कर दिया जैसा सोने की चूड़ियाँ जड़ाऊ कंठे आदि। इसी तरह यदि हम अपनी मातृभाषा को अंगरेजी भाषा के आभूषण से आभूषित करें तो क्या क्षति है। ऐसे प्रश्नों की मीमांसा में अभी अनेक पूर्व पक्ष और उत्तर पक्ष रह गए हैं उनका विचार हम दूसरे अंक में करेंगे। आगे के अंक में ग्रामीण शब्दों के गुण प्रकट किए जाएँगे।

[जून, 1885 ई.]

ग्रामीण भाषा

हम समझते हैं कि सर्वसाधारण का कुछ ऐसा मत है कि हिंदी के बारे में जो कोई कुछ लिखा चाहे उनका यह मुख्य कर्तव्य है कि उस पुराने खुर्राट झगड़े को जो हिंदी हिन्दुस्तानी या बी उर्दू के बीच उठ रहा है। स्पष्ट होता है कि हिंदी और उर्दू का कोरा लक्षण दे कोई कृतकार्य और सत्य संकल्प न हो सका इसलिए भाषाओं का भेद दर्शन लक्षण लिखना छोड़ हम उनके बोलने वाले कौन और किस रंग के लोग हैं इस पर ध्यान देते हैं।

आप जो भाषा बोलेंगे वह किसी न किसी साँचे में ढली होगी। तो यह कैसी हो और किस साँचे में ढलैं इसका तै करना अत्यंत आवश्यक है। लोग कहैंगे इसका ढलना अधिकतर कुल और जाति से संबंध रखता है अर्थात् एक ब्राह्मण का लड़का कभी संभव नहीं कि नित्य के बोल चाल में 'खाकसार को क्या हुक्म होता है' इत्यादि के ढंग की फारसी मिली हुई उर्दू बोलै। यह भी संभव नहीं कि कोई मुसलमान चाहे वह संस्कृत का बड़ा विद्वान क्यों न हो काशी के पंडितों के ढंग की भाषा बोलै। पर थोड़ा ही सोचने से यह बात खुल जाएगी कि कुल, जाति या मजहब का बहुत कम असर भाषा पर पहुँच सकता है। इस देश के मुसलमानों की ही भाषा को लीजिए। हम समझते हैं कि वह आदमी निस्संदेह मुसलमान है जो मोहम्मद को खोदा का रसूल मानता हो नित्य नमाज पढ़ता हो अर्थात् धर्म संबंधी सबूत जहाँ तक काम दे सकता है वहाँ तक वह अवश्य मुसलमान है। अच्छा तो अब लखनऊ के एक मुसलमान को लीजिए और उसकी भाषा पर ध्यान दीजिए देखिए कैसे लच्छेदार शीन काफ़ से जुड़ी हुई फ़सीह उर्दू बोलता है।

तब ढाका और मुर्शिदाबाद के प्रांत के एक बंगाली मुसलमान को लीजिए और उसकी भाषा को भी कान खोलकर सुनिये सुनते ही चट आप कह उठैंगे यह तो न फारसी है न उर्दू बल्कि शुद्ध बंगला है। कलकत्ते की चीना बाजार में हिंदुस्तानियों के घर के तोतों को भी कभी-कभी चीनियों की बोलियों का अनुकरण 'च्यं-च्यं, म्यं-म्यं' करते सुना है तब आदमियों की कौन कहै इसलिए यही बात ध्यान में

आती है कि कुल जाति या धर्म नहीं वरन् जैसे लोगों में कोई रहेगा वैसी ही उसकी भाषा बदल-बदल कर हो जाएगी या कभी-कभी अंगरेजी संस्कृत या फारसी आदि भाषाओं का प्रबल अभ्यास भी भाषा पर असर करता है। जिस भाषा का जो अधिक प्रबल अनुशीलन किए रहेगा वही भाषा अपने मामूली बोलचाल में बोलैगा। अर्थात् पहले समाज का असर भाषा पर होता है फिर शिक्षा का। पर भाषा का पूरा-पूरा जोर देखने के लिए उन लोगों पर ध्यान दीजिए जो एक ढंग के 'शून्य भीति' हैं अर्थात् जिन पर किसी तरह की शिक्षा मात्र ने अपना रंग नहीं जमाया है और जो घर में तथा घर के बाहर छोटे बड़े सबसे एक तार की अपनी सहज भाषा बोलते हैं। सच पूछिए तो ऐसी भाषा से बढ़कर संसार में कोई दूसरी मीठी भाषा नहीं हो सकती इस कारण अगर ठेठ हिंदी शब्दों की आप को खोज है तो गत काल के या वर्तमान समय की नपी जोखी प्रायः एक ही ढर्रे पर चलने वाली कवियों की वाणी से लेकर सहस्रों धारा से चलती हुई सजीव ग्रामीण भाषा को देखिए—यदि आप यह कहैं कि शिक्षा के अभाव से ऐसे लोग असभ्य या अश्लील शब्द अपनी बोलचाल में बहुत भरते हैं तो साथ ही इसके यह भी सोचना चाहिए कि कितने हजारों लाखों शब्द ऐसे भी मिलते हैं जिन के पुष्ट भाव या अर्थ गौरव को देख चकित ही हो जाना पड़ता है। कदाचित् आपको यह सन्देह हो कि ग्रामीण भाषा से हमारा अभिप्राय निरे अपढ़ और नीच लोगों की बोलचाल से है तो इस प्रश्न की मीमांसा के उत्तर में हम यही कह सकते हैं कि यदि पाठकजन टुक ध्यान दे सोचैंगे तो यह बात उनके मन में सहज ही आ सकती है कि जिसको वे मातृभाषा कहते हैं वह उससे भिन्न है जिसे वह घर के बाहर बोलते हैं अर्थात् आपस के बोलचाल की भाषा यद्यपि प्रिय से प्रिय मित्र के साथ प्रेमालाप में काम आती हो फिर भी वह भाषा एक तरह की और बनावट से भरी हुई जँचती है। तात्पर्य यह कि जैसा कुछ सरल भाव मिठास मातृभाषा में भरा है वह बाहर की सभ्य साधु भाषा में आ ही नहीं सकता। इस सभ्य भाषा से हमारा प्रयोजन कोरी उर्दू ही से नहीं है किंतु उससे है जिसका नाम (Provincial dialects) भिन्न-भिन्न स्थानों की भाषा है जो लोगों के घर के भीतर बोली जाती है और जिस भाषा का बर्ताव नौकर चाकर के साथ किया जाता है। जिसकी सहज गति या प्रवाह होने के कारण जिसमें एक विचित्र लालित्य माधुर्य या कोमलता आ जाती है जिसमें अब तक हजारों लाखों अति पुष्ट अर्थ के द्योतक हिंदी शब्द भरे हैं और जो दुर्भाग्य से मनुष्यों की सभ्य मंडली से निकालकर अलग फेंक दिए गए हैं। इस अन्याय का क्या कारण है? कारण केवल यही जान पड़ता है कि हम लोगों के बीच बिना बोलाये ही एक पाहुना आ घुसा है और उसी का नाम उर्दू है। माना कि स्त्रियों तथा दास-दासी इत्यादिकों की भाषा सदा से सहज और प्राकृतिक, होती चली आई है पर समाज के दो भाग होते हैं। एक पढ़े हुओं की भाषा दूसरे कम पढ़े या अपढ़ लोगों की

भाषा इन दोनों में आज कल विचित्र भेद दिखलाई देता है। पूर्व काल में भेद था पर इस तरह का नहीं था अगर बेपढ़े लोग प्राकृत बोलते थे तो इसको भी संस्कृत का बच्चा ही कहना चाहिए।

इन दिनों कोई-कोई कायस्थ महाशय कुछ लोगों से तो अपने जन्म भूमि की भाषा बोलते हैं पर बाहर दूसरे लोगों से कुछ और भी चीज बोलते हैं और एक विचित्र भद्दे फारसी शब्द मिली उर्दू बोलते हैं जिस पर उन लोगों से जिनकी निज की भाषा उर्दू है बिना हँसे नहीं रहा जाता। ऐसों के संबंध में यह पुरानी कहावत सुघटित होती है। 'कौवा चला हंस की चाल अपनी भी भूल गया', 'आप जो पूजैं घोहरा भूत पूजनी जोय। एकै घर में दो मता कुशल कहाँ से होय।' जो बात हमारे कोई-कोई कायस्थ महाशयों के संबंध में ठीक है वह थोड़ा-थोड़ा सब पर घटती है।

फिर इस बात पर भी तो ध्यान देना चाहिए कि समाज का समाज एक विचित्र रास्ते पर चलै इसका कोई बड़ा भारी ही कारण होना चाहिए। इस बड़े कारण को खोजने के लिए आप को दूर न जाना होगा। बहुत दिन की बात नहीं है कि पढ़े-लिखे लोगों के समाज में जो ठेठ हिंदी शब्द बोलता था वह गँवार और देहाती का खिताब पाता था। अधिक नहीं 25 वर्ष पहले के हिंदी के इतिहास पर ध्यान दीजिए हरिश्चंद्र आदि के पूर्व हिंदी की क्या दशा थी और जब उन्होंने बहुत-सा वित्त और मानसिक शक्ति को धूर में मिलाय बड़े यत्न के उपरांत मार-मार कर लोगों को हिंदी के पढ़ने का शौक दिलाया तब क्या दशा थी और अब क्या है। सच पूछिए तो इस थोड़े से समय में हिंदी की कुछ कम विजय नहीं हुई। वे ही सब शब्द जो किसी समय गंवारी भाषा समझे गए थे सो अब काल के हेरफेर से अधिकारशाली पढ़े-लिखे लोगों के बर्ताव में आने लगे वरन ठेठ से ठेठ हिंदी शब्दों की खोज लोगों को है और वह ठेठ हिंदी हमारे ग्रामीण जनों ही के कंठ का आभरण है। सच है जिन पत्थर को म्यायारों ने बेकाम जान फेंक दिया वही कोने का मिरा हुआ। और भी हम शब्दों को ठीक सिक्के की तरह मानते हैं जैसा बाजार के रुपये आदि का कुछ मोल होता है वैसे ही मानसिक वाणिज्य अर्थात् एक मनुष्य के हृद्गत भाव को दूसरे के मन में पैठाना शब्दों ही के द्वारा हो सकता है यदि ऐसा है तो सिक्के घिस भी तो जाते हैं मुसलमानों के समय के सिक्के अनोखी वस्तु को जोगै कर रखने वाले ही के सन्दूक में मिलैंगे बाजार में नहीं चलते प्रयोजन यह कि ठेठ हिंदी के शब्द जो हम लोगों के काम में लाए जाते हैं सो इसके बदले की गँवार पने की बू उनसे आवैं एक विचित्र लहलहापन और पुष्टता उनमें भरी हुई पाई जाती है और आप निश्चय जानिये, बहुत जल्द ही शब्दों की पूरी विजय होगी।

[1 जुलाई, 1885 ई.]

देशी भाषा और देशी अक्षर

आजकल अखबारों में इस प्रसंग की बहुत चर्चा हो रही है कि देशी भाषा और देशी अक्षर बिहार और अन्य सूबों में क्रम-क्रम से जारी किए जाएँ। कारण इसका यही जान पड़ता है कि आज कई वर्षों से गवर्नमेंट बंगाल इस उद्योग में प्रवृत्त है कि सूबे बिहार की सम्पूर्ण अदालतों और कचहरियों में देशी अक्षरों का प्रवेश हो और परदेशी अक्षर वहाँ से निकाले जाएँ। यह देशोपकारी और प्रजा का परम इष्ट कार्य जिस सूक्ष्मदर्शी लेफ्टिनेंट गवर्नर बहादुर ने आरंभ किया था वह बहुत जल्दी विलायत चले गये। दूसरे लेफ्टिनेंट ने भी उस आरंभ हुए कार्य की कुछ उपेक्षा नहीं किया, अपितु धीरे-धीरे इसके प्रचार के वृक्ष की जड़ें सींचते ही रहे।

उन्होंने अमले और दूसरे-दूसरे कर्मचारियों को बारंबार चेताया और समझाया कि जो लोग देशी अक्षरों से सर्वथा अनजान हैं। इन्हें जान लें और जो थोड़ा जानते हैं, वे इसके सीखने में अधिक अभ्यास बढ़ावें। इसी बुनियाद पर वहाँ का उर्दू गजट जो 'गजट मशरकी' के नाम से इलाहाबाद में छपता था, उसे बंद कर अब वहाँ 'हिंदी बिहार गजट' जारी किया गया है। इसी कार्य के लिए नीति विशारद लेफ्टिनेंट गवर्नर बंगाल ने अपना कार्यभार बढ़ाते-बढ़ाते सात वर्ष बिता दिया। इस वर्ष सन् 1880 ई. में हाइकोर्ट बंगाल के हाकिमों ने भी लेफ्टिनेंट गवर्नर बहादुर के रेजोलूशन पर दृष्टि कर उसके अनुकूल अपना सरकूलर भी जारी कर दिया है और गवर्नमेंट के तात्पर्य को साफ-साफ जाहिर कर दिया है कि सरकार दृढ़प्रतिज्ञ हो सूबे बिहार के दफ्तर और कचहरियों में हिंदी का प्रचार चाहती है और यह बात भी गुप्त न रक्खा कि सन् 1880 ई. से वहाँ की सरकार द्वारा कचहरियों में अर्जी नालिश का सवाल या दरखास्त के सब कागजपत्र वे ही लिए जाएँगे जो हिंदी अक्षरों में लिखे होंगे। फारसी अक्षरों की लिखन्त वा दस्तावेज उस सूरत में मंजूर की जाएगी जब किसी मामिले के सबूत या प्रमाण के लिए उसकी जरूरत पाई जाएगी। गवर्नमेंट बंगाल ने यह आदेश भी जारी किया कि जिन अमलों ने हिंदी लिखने में अरुचि

प्रकट कर इसे तुच्छ समझा है वे अपने ओहदे से बरखास्त हो जाएँ। उनकी जगह पर वे ही लोग नियत होंगे जिन्होंने सरकारी हुक्म की पाबंदी मान हिंदी को प्रीतिपूर्वक सीख लिया है और उसमें कुछ अपनी अप्रतिष्ठा नहीं समझी। यह आज्ञा सुन प्रायः अपस्वार्थी उड़न वाज़ लोग लोग दौड़-धूप में लगे हुए हैं और बहुतेरे हिंदी के दुश्मन और सुमार्ग के कंटकों ने दरख्वास्तें भी दी हैं कि जिसमें सरकार उन्हीं लोगों के अपस्वार्थ ही को मुख्य समझे।

परंतु; हमें दृढ़ भरोसा है कि दयासागर गवर्नमेंट बंगाल यह सब उनका मिथ्या विडंबन जान इस सुयश के कार्य से न हटेगी। जिस प्रकार भगवान विष्णु ने ग्राह के फंदे से गजराज को उबार लिया और महाराज श्रीरामचंद्र जी ने रावण को मार ऋषियों को विपत्ति-संकट से मुक्त किया और भगवान श्रीकृष्ण चन्द्र जी ने जरासंध को मार कैदी राजाओं को कारागार के निगूढ़ बंधन से छुड़ाय उन्हें स्वच्छंद किया, वैसे ही कीर्ति-स्तंभ ब्रिटिश गवर्नमेंट का सुयश भारतवर्ष में उसी दिन से चिरस्थायी होगा जब वह सर्वत्र से स्थानच्युत हिंदी को स्थान प्रदान आदि के द्वारा सर्वांग संपन्न कर देगी, परंतु वैसा भावी शुभअवसर उन भाग्यशालियों के नेत्रगोचर होगा जो तब तक जीते रहेंगे। अब इस समय गवर्नमेंट बंगाल इसके लिए सक्षम है; तत्कृपा पात्र बिहारवासी और हम सब पश्चिमोत्तर वाले उसका धन्यवाद करें और परात्पर जगदीश्वर से यह वर माँगें कि जिन प्रजा के मातृभाषा वात्सल्य आदि गुणों को देखकर प्रजावत्सल सरकार ने बंग देश से पहले फारसी को निकाल बंग भाषा को स्थान दान किया था। अब सूबे बिहार में हिंदी का मनोरथ पूर्ण कर रही हैं उस न्यायशील गवर्नमेंट का सदा सब प्रकार मंगल हो और उसके सुयश की नित्य वृद्धि होती जाए और वे ही सब गुण-गणों का उदय ईश्वर हमारे पश्चिमोत्तर और अवध की प्रजा और हाकिमों के मन में करे जिसमें हमारे लेफ्टिनेंट गवर्नर साहब भी देशी भाषा और देशी अक्षरों का प्रचार करके हम लोगों का अंधत्व, मूकत्व दोष दूर कर सेत-मेत में सुयश लूटें। जिन नीति-भ्रष्ट यवन बादशाहों के पंजे से हम सबों को छुटाय सरकार अंगरेजी ने इस देश को बहुत बातों में स्वाधीन कर दिया है, उसने कोई ऐसी प्रतिज्ञा नहीं कर रखी है कि हमारी भाषा का प्रचार अब कभी युगान्त तक न हो।

जबकि यह देश नीति-संपन्न अंगरेजों के हस्तगत हुआ और उन दुर्गुण राशि भूपालों से अब कुछ प्रयोजन न रहा जिनकी फारसी, अरबी पर विशेष ममता थी और सकल गुणागर प्रसून मधुकर उद्दंड प्रतापशाली अंगरेजों के साथ-ही-साथ उनकी भाषा अंगरेजी ने भी आकर यहाँ देखा। यहाँ की मातृभाषा हिंदी जो इस निखिल दुर्दशा दलित देश को नहीं छोड़ा चाहती और दुःख की दशा में भी 'जननी जन्म भूमिश्च स्वर्गादपि गरीयसी' का गीत गाती ही जाती है, क्यों अपने मनोरथ की

सफलता को न पहुँचे और भाषा तृतीय सन्निपात सज्जनित पीड़ा में व्यथित एतद्देशीय प्रजा जो अंधी, बहरी, गूँगी-सी हो गई है, उसकी चिकित्सा के लिए सरकार सद्वैद्य बन यथोचित उपाय और औषधि कर स्वाधीन देश को आरोग्य क्यों न बनावे और अंत को यह मंत्र पढ़ के विघ्नोत्सारण क्यों न कर दे।

अरबं प्रयातु अरबी फारसी फारसं व्रजेत्।
अंगरेजी रक्षतु प्रजां सुखं तिष्ठतु नागरी॥

[अगस्त, 1880]

समाचार-पत्र की आवश्यकता

पश्चिमोत्तर देश की राजधानी में एक ऐसे हिंदी समाचार-पत्र का होना आवश्यक है जिसमें राजकाज संबंधी बातों पर राय दी जाए। सब प्रकार की खबर हो और विज्ञान, खगोल, भूगोल आदि विद्या-संबंधी विषयों पर लेख भी लिखे जाएँ। यह सब बातें इस समाचारपत्र के प्रवर्तक और हिंदी वर्द्धनी सभा के सदस्यों के मन में बहुत दिनों से खटक रही थीं। विशेष कर उस समय से जब 'बुद्धि प्रकाश' का प्रकाशन होना बंद हो गया जो महीने में एक बार मुंशी सदासुख लालजी के प्रयत्न से प्रकाशित होता था। इसलिए 'हिंदी वर्द्धनी' सभा के प्रयत्न से इस पत्र को प्रकाशित करने के लिए चंदा एकत्र किया गया और अनेक प्रकार के झंझट भी बीच से आ पड़े थे। उनको निपटाकर अंत को ईश्वर की कृपा से वह शुभ दिन आया कि उत्साही महाशयों के प्रमुख आज हम आए हैं। महोदय; मैं अभी निपट बालक हूँ। अपनी तोतली बोली से किसी भाँति रिझाकर आपका कृपापात्र बनना चाहता हूँ। मेरा मुख्य उद्देश्य देश की भलाई है। इसीलिए मैं प्रगट हुआ हूँ। मैं चाहता हूँ कि समय-समय पर आपके सम्मुख प्रगट होकर देशवासियों की वर्तमान शोचनीय हीन-दीन दशा से आपको अवगत कराकर उसे सर्वसाधारण के हित के लिए प्रेरित करूँ, जिसके लिए मैं और मेरे कार्यकर्तागण तन मन से प्रवृत्त हैं। 'हिंदी वर्द्धनी' सभा के सदस्य जो मेरे जन्मदाता हैं उन्हें पत्र को प्रकाशित करने से कदापि यह प्रयोजन नहीं है कि मुझे चला कर रुपये एकत्र करें, बल्कि देश की बुराइयों का शोधन, भलाई का संचार और उन्नति उन महापुरुषों का मुख्य तात्पर्य है। इसलिए मेरा मूल्य भी इतना कम रखा गया है, जिससे लागत निकल आवे।

हमारे देश में समाचार-पत्र और नाटकों की एक ही-सी दशा है। लोग यह नहीं चाहते कि नाटकों के पढ़ने से क्या प्रयोजन निकलेगा और समाचार-पत्र के जारी होने से क्या लाभ है? परंतु याद रखना चाहिए कि एकता होने के लिए समाचार-पत्र से बढ़कर कोई सीधा और सहज उपाय नहीं है। जो समाचार-पत्र न होते तो क्या कभी यह संभव था कि रूम और रूस की लड़ाई की नित्य-नित्य

का ठीक-ठीक हाल हमें मिलता और क्या कभी यह हो सकता था कि हम लोग रूम की हीन दशा पर तरस खाकर उसके लिए चंदा करते? क्या हम यह कह सकते थे कि आजकल भारत में दुष्काल से पीड़ित निवासियों की क्या दुर्दशा हो रही है? यहाँ अनाज का क्या भाव है? देश की कैसी अधिकाई है और क्या उनका हाल जाने बिना हम उनकी भलाई का कोई उपाय सोच सकते थे? बंबई और कलकत्ता में क्या हो रहा है? लाहौर और लखनऊ की म्युनिसिपलटी कैसी है? और कैसा उसका बंदोबस्त है? काश्मीर के महाराज अपनी प्रजा के सुख के लिए क्या कर रहे हैं? सिन्धिया ने कैसी अच्छी सेवा साज रखा है? इंदौर के महाराज ने कपड़े आदि की कितनी नई-नई कल अपने राज्यों में स्थापित की हैं? निजाम की सल्तनत का इंतजाम किस तरह का है? हिंदुस्तान और अन्य देशों के सौदागरों की दुकान पर कौन-कौन माल है? हर एक शहर में रूई, अनाज, नील आदि बनिज की वस्तुओं का क्या भाव है? काशी, प्रयाग, मथुरा, हरद्वार आदि मेलों में यात्रियों की कैसी भीड़ हुई? सरकारी खजाने में कितना रुपया है। गवर्नर जनरल ने जो फुलर साहब के मुकदमे में हाईकोर्ट को लताड़ा था उसके निस्बत पर्ल्यामेण्ट की क्या राय रही? जो समाचार-पत्र न होते तो इन सब बातों की कोई खबर न होती।

वर्तमान समय की सभ्यता का यह भी एक अंग है जो देश जितना ही सभ्य है, वहाँ उतना ही समाचारपत्रों का प्रचार देखने को मिलता है। जो पत्र अपने सब अंगों से परिपूर्ण हैं वे सभ्य जनों की समाज का एक उत्तम व्यास होते हैं। परदुख से दुखी, सुख से सुखी, होना भी यही जानते हैं। निष्कपट बात, चोखी बात बोलना इन्हीं का काम है। दूसरों के लाभ के लिए अपनी हानि सहना उन्हीं से हो सकता है।

रसिक जनों के मन-मधुप के लुभाने के लिए यह वह विद्या सभी फूलों का गुच्छा है जिसके कोमल पद रूपी कुसुम की सुवास, रसाल आशयों की मिठास, सरस रचनाओं से वाणी का विलास, अज्ञान तिमिर का नाश करने वाला विविध विज्ञान, विद्या का प्रकाश सब मिल मन-मधुप को ऐसा बिलमाते हैं कि उस चंचल चंचरीक का संसार में जितनी कुसुमावली है सब उसके सामने फीकी लगती है। यह वह इल्म का बाजार है कि जिसमें ग्राहक गण अपनी रुचि के अनुसार सब तरह का सौदा पा सकते हैं। यह एक अनोखी बात देखने में आई कि अपने भरसक जहाँ तक हो सकता है माल चोखा से चोखा देते हैं या भाव में कभी घट बढ़ नहीं करते हैं, इन्हीं सब बातों के...।

[सितंबर, 1877 ई.]

पारसी थियेटर

हिंदू जाति तथा हिंदुस्तान को जल्द गिरा देने का सुगम से सुगम लटका यह पारसी थियेटर है जो दर्शकों को आशिको माशूकी का लुत्फ़ हासिल करने का बड़ा उम्दा जरिया है। क्या मजाल जो तमाशबीनों को कहीं से किसी बात में पुरानी हिंदुआनी की झलक मन में आने पावे। इतना पीर, पैगंबर, परी, हूर का जहूर कहीं न था। और तीसरे शाइस्तगी की नाक उर्दू का जौहर मुफ्त में दस्तयाव होता है।

सच कहो तो यही तीन बड़े फायदे नाटकों के अभिनय के हैं। पहला धर्म संबंधी, समाज संबंघी या राजकीय संबंधी उत्तम उपदेशों का मिलना; दूसरा देश की पुरानी रीति, नीति को किसी पुराने इतिहास या घटनाओं का अभिनय कर दरसाना अथवा प्रचलित कुरीति की बुराइयों को दिखाना। तीसरा भाषा का प्रचार।

थोड़े से भव्य लोग यही सब समझ जब यहाँ कोई जानता भी न था कि नाटक क्या वस्तु है, इसके अभिनय में प्रवृत्त हुए और हिंदी के कई एक नाटकों का उन्होंने अभिनय कर लोगों को इसका शौक दिलाया। पीछे बंबई के पारसियों का एक दल बंबई से चला और वे बड़े-बड़े शहरों में इस ढंग का अभिनय करने लगे। अस्तु, तहाँ तक बुरा न था क्योंकि उनके अभिनय में भी किसी तमाशे में पुरानी रीति-नीति और हिंदी का विरोध न था, पीछे दिल्ली, लखनऊ, आगरा आदि कई शहरों के बिगड़े नौजवानों की गिरोह जमा हो अभिनय को जो सभ्यता का प्रधान अंग था और भलाई के प्रचार तथा सदुपदेश प्राप्त करने का उत्तम द्वार था इस दुर्गति को पहुँचाया कि हमारी पुरानी हिंदुआनी का सत्यानाश कर डाला और नई उभाड़ के तरुण जनों को उनकी नई उमंग के लिए बड़ा सहारा मिल गया। भविष्य में इसका परिणाम यही होने वाला है कि हमारी नई सृष्टि में आर्यता और हिंदूपन का चिह्न भी न बच रहेगा। बोलचाल, रहन-सहन में अर्द्ध परिवर्तन तो हुआ है अब पूरे आशिकतन यवन बन बैठेंगे—

[नवंबर, 1873]

रामलीला नाटक मंडली

घुणाक्षार न्याय से बहुधा असंभव भी संभव और असाध्य बात भी सुसाध्य हो जाती है पर तभी जब कोई धुन बाँध नोन सेतुआ ले उसके पीछे पड़ता है। दृढ़ अध्यवसाय न रहने से बहुधा लोग यत्न करने पर भी पूरी तरह कामयाब नहीं होते। यहाँ मुद्दत से कुछ लोग यत्न कर रहे थे कि नाटक की एक मंडली कायम करें पर बीच में थोड़ा भी विघ्न पड़ने से लोग निरस्त हो जाते थे। विघ्न आ पड़ने के अनेक कारण होते, बड़ा कारण अगुआ बनने का था।

हम अपने एक साधारण विद्यार्थी को धन्यवाद देते हैं जो लोगों के अनुत्साहित होने पर भी अनेक कठिनाइयों को झेल रामलीला नाट्य मंडली के नाम से एक दल अभिनय करने वालों का कायम ही तो कर डाला और ३ रात तक बराबर रामायण को बड़ी सफाई के साथ नाटक के आकार में अभिनय किया जो दर्शकों को बहुत ही रुचा।

यहाँ रामलीला का दो दल है। एक खत्रियों का दूसरा अग्रवालों का जिनमें राजगद्दी के उत्सव में सदा वेश्याओं का नाच हुआ करता था। इस मंडली के अभिनय पर रीझ अग्रवाल महाशयों के उत्साह से प्रोत्साहित हो रामलीला मंडली ने नाच की जगह वहाँ अपनी मंडली का फिर अभिनय किया। सात्विकी प्रकृतिवालों ही से ऐसी संभावना हो सकती है कि नाच-रंग से मुँह मोड़ ऐसे काम में रुचि प्रगट करें जिससे अपनी भाषा की उन्नति तथा अपने देश की पुरानी रीति-नीति की झलक प्रगट हो। इसलिए अग्रवाल भाई धन्यवाद के पात्र हैं जिनमें यह सद्विवेक उदय हुआ।

क्या अच्छा होता कि जहाँ कहीं इस तरह के उत्सव की कोई बात उपस्थित हो वहाँ जीवारूपाओं को रुपया न दे लोग ऐसे ऐसे अभिनयों में धन को व्यय करें। कोमल चित्त वाले बालक तथा और-और लोग जो नाच-रंग के दुर्व्यसन में पड़ खराब हो रहे हैं नाटकों के अभिनय के द्वारा उत्तम शिक्षा पाय अपने को सुधारें और कुछ उपदेश गाँठ बाँधे पर सो काहे को कभी होना है।

इस मंडली का दूसरा अभिनय 7 जनवरी को भारतेंदु बाबू हरिश्चंद्र रचित सत्य हरिश्चंद्र का किया गया। सूत्रधार ने अपने पाठ में हिंदी की वर्तमान दशा को सूक्ष्म रूप में अच्छा दरसाया और सिद्ध कर दिया कि भाषा की उन्नति में एक मात्र नाटक बड़ा सहारा है। उपन्यासों की भरमार और नये नाटकों का लिखना एकदम गुम हो जाना अभिनय के बंद होने से हुआ है। नाशकारी पारसी थियेटर में भी इसलिए लोगों की रुचि बढ़ गई है। मंडली ने अभिनय बहुत उत्तम किया। हरिचंद्र, शैव्या, रोहित, नारद, विश्वामित्र, कलि सबों ने अपना-अपना भाग बहुत अच्छा दरसाया। अभिनय भी इन सबों का सब भाँति निर्दोष था। छोटा सा बालक रोहित का अभिनय देख दर्शक बड़े चकित और मुदित हुए। अब मंडली से यही वक्तव्य है कि आपस में फूट का बीज न बो सब लोग मेल-मिलाप से रह नित्य नया नाटक तैयार कर खेलते रहें तो भाषा और देश दोनों का बहुत कुछ सुधार हो। अंत में हम इस मंडली के मंत्री और व्यवस्थापक को बहुत-बहुत धन्यवाद देते हैं और ईश्वर से प्रार्थना करते हैं कि प्रतिदिन इसकी उन्नति होती रहे।

[फरवरी, 1905]

हिंदुस्तान की विद्या और कला

संसार के अनेक प्रकार के घमंडों में हम दो घमंड को प्रधान कहते हैं। एक विद्या का घमंड दूसरा धन का। इन दो विषयों को छोड़ शायद ही किसी और तरह के घमंड पर लोगों के ख्यालात का पिष्ट पेषण हुआ हो। सच पूछिए तो ये दो मद ऐसे हैं कि इनसे अच्छे ही लोग न जानिए क्या-क्या कर्म कर डालते हैं पर हम यहाँ पर केवल इतना ही कहा चाहते हैं कि विद्या के घमंड से हमारा उस तरह के घमंड से अभिप्राय है, जो मनुष्य को अपने बाहुबल से स्थापित किसी काम पर होता है। और धन के घमंड में उस प्रकार की लड़ाई का जो बाप दादे छोड़ गये हों—हम अपने लोगों में इस समय इन दिनों कुछ थोड़ा-सा हेर-फेर देखते हैं तो नितांत हँसने के लायक हैं।

हमारे यहाँ के लोगों में विद्या का घमंड तो है पर धन के घमंड की रीति पर अर्थात् अपने बाहुबल से संपादित विद्या का नहीं किंतु उसका जो हमारे पुराने लोग छोड़ गए हैं—सो भी उस विद्या रूपी धन की हम वैसी ही दशा देखते हैं जैसे किसी महाजन की बड़ी भारी कोठी है और पूँजी के हेर-फेर से उसका नित्य काम काज बढ़ता ही जाता हो, और वही कोठी उसके लड़के वालों के हाथ आ जाए। वे चलते व्यौहार को रोक, रुपयों के संदूकों में ताला लगाय, कोठी बंद कर सीख रखी, केवल पुराने समय की बाप-दादों की बड़ाई पर संतोष कर, अगले समय के नाम मात्र को यदि रख लिया करें और अपनी बड़ाई और प्रतिष्ठा के लिए उसी को काफी समझ, जहाँ काम पड़े उसी को पेश करें। विद्या की पूँजी को यदि आप धन की पूँजी समान मानते हैं, तो पहली शर्त उसके बरकरार रखने की यह है कि उसका हेर-फेर हो, परंतु यहाँ इस ढंग के बर्त्ताव को कौन कहे इससे बिल्कुल ही उल्टा-पल्टा कारखाना देखा जाता है।

आपके घर की बड़ाई को प्रकाश करने वाले कौन हैं? फ्रांस देश के बुद्धिमान और इंग्लैंड के परिश्रमी लोग जिन्होंने अपना जन्म इसी काम के लिए अर्पण किया। आपको भी जब अपने यहाँ की बारीक बातों और सूक्ष्म विचारों पर कुछ कहना-सुनना

होता है, तो उन्हीं के यहाँ दौड़ जाते हैं। जब अपने यहाँ के शास्त्रीय सिद्धांतों की सूक्ष्मता समझना होता है, तो आप अपने यहाँ के पंडितों के पास नहीं जाते बल्कि मैक्सम्यूलर के लेक्चर्स को खोलते हैं। आप के यहाँ के बड़े-बड़े ख्यालात की फिलासफी को बर्त्ताव में लाने वाले कौन हैं? जर्मनी के हजारों विद्याभ्यासी लोग जो खाली "अवच्छेदकावच्छिन्न" वाले शब्दों की लड़ाई नहीं करते किंतु असल बात को ढूँढते हैं। हाँ इतना अलबत्ता कहेंगे कि विदेशियों के मेहनत की देखादेखी हमारे यहाँ के पढ़े-लिखे लोगों की भी अब आँखें खुलीं और अपने ही घर की चीजें क्या वरन् हाथ में रक्खी हुई वस्तुओं की ओर अब उन्होंने भी निगाह दौड़ाया अस्तु। सुबह का भूला अगर शाम को घर आवे तो उसे भूला नहीं कहते। अब भी यहाँ के रत्नों को लोग समझें तो कुछ देर नहीं हुई।

खैर, हिंदुस्तान की पुरानी विद्या यदि आजकल के परिश्रम से जी उठे तो बहुत है; पर हिंदुस्तान की पुरानी कलाओं की तो अब कथा मात्र ही शेष रह गई है। पुराने समय के कला-कौशल के किस्से और गप्पें अलबत्ता अब बहुत सुनने में आते हैं। यह कौन नहीं जानता अंगरेजी में चित्र-विद्या की कितनी धूम है। यहाँ तक कि पूर्ण सुजान और नागरिक होने के लिए यह भी एक बड़ा भारी अंग है। इसके साथ ही आपको यह मालूम होगा कि यह विद्या जैसी कुछ हमारे यहाँ आगे थी अब नहीं है। यहाँ पर पुराने समय की सभी शिल्प-विद्याओं की फिहिरिश्त लिखना हमारा आशय नहीं है तो भी दो एक की बिना तारीफ किए नहीं रह जाता। जैसे वास्तु, विद्या, तौर्यत्रिक, गृहादि-निर्माण कौशल, इत्यादि। परंतु अब जैसा हमने ऊपर कहा इन सबकी भी केवल तारीफ करना हम लोगों ने सीख लिया है। विदेशीय वस्तुओं की दिन व रात तरक्की देखते जाना और अपने यहाँ की कला विद्या और हुनर का एक के बाद एक का नष्ट होना देखते जाना तो मानो हमारे लिए परंपरा प्राप्त धर्म सा हो गया है।

लोग कहते हैं कि इस विषय में जबान हिलाने से लाभ क्या, क्योंकि विलायत वालों के समान भाँति-भाँति की कल तो हम अपने हाथ से बना कर रक्ख नहीं सकते, तब हमारी कोरी दंत कथा से अर्थ क्या निकल सकता है? इस पर से और खूबी की बात सुनिए कि कलकत्ता आदि की महाप्रदर्शनी में जो-जो चीजें यहाँ की दिखाई गई थीं उनके सीखने का या वैसा बनाने की कोशिश योरप कर रहा है। यह तो वैसी ही बात है जैसे कोई पूर्ण विद्वान किसी नई भाषा का क ख ग सीखते भी न शर्माय और क्यों शर्माय, शर्माने की कोई ऐसी बात नहीं है। उस नई भाषा के लिए-वह बालक ही है। पंडित बापू देव शास्त्री को सब जानते हैं। विलायत तक उनकी गणित विद्या की धूम है। उक्त पंडित को खगोल विद्या संबंधी कुछ यंत्र बनाना था तो काशी के प्रसिद्ध लोहार के दुकान की भाती बरसों तक खींचने में वे तनिक भी न हिचक पाएँगे।

अस्तु। यदि जर्मनी की आँख में आपकी यहाँ की पुरानी विद्या की ओर कहीं-कहीं योरप की दृष्टि में आपके देश की कारीगरी की कदर हुई भी तो हमारे यहाँ के वर्त्तमान समय के लोगों को इससे क्या लाभ है? आपके यहाँ के दर्शनों की अगर तारीफ हुई तो आपका उसमें क्या बन गया? हम आपकी भी प्रशंसा करते हैं कि वेदांत आप फिर से छींकने लगे मगर याद रखिए कि शांडिल्य का भक्ति और सांख्य फिर से बघारने लगे। सूत्र वह चीज नहीं, जिसको आप रोटी के संग खा सकें या भात-दाल के बदले कणाद और कपिल के सूत्रों को काम में लावें। रोज की रोटी देने वाली विद्या, संसार छुटा देने वाली विद्या से बिल्कुल न्यारी है 'संसार मिथ्या है'—इतना कह देने से ही काम न चलेगा, क्योंकि फाँकेकशी के बाद जब आपको कड़ाके की कड़ी भूख लगेगी तो यह मालूम हो जाएगा कि संसार केवल सत्य ही नहीं है बल्कि बड़ा मजबूत सत्य है । निर्वाण प्राप्त करना बहुत अच्छी चीज होगी परंतु जब बिना जीविका के सहारे ही के निर्वाण पद मिल जाएगा तो इतनी प्रसन्नता न होगी। 'मूल प्रकृति' का ठीक अर्थ समझना बहुत अच्छी बात है पर उससे भी बढ़ कर एक अच्छी बात और है। वह अपने और अपने कुटुंब को सहारा पहुँचाने की खोज करना है।

आगरे में एक कमेटी इसी निमित्त स्थापित हुई है कि भारतीय विद्यमान शिल्प विद्याओं को नष्ट हो जाने से बचाएँ। विलायत की सी कलों आदि के बनाने के कारखाने हिंदुस्तान में भी जारी करें; इंजीनियरिंग वगैरा का फन सीखने के लिए अपने रुपये से लोगों को विलायत भेजें इत्यादि इत्यादि। इस कमेटी के उद्योग की पूर्ण प्रशंसा करना प्रसंग क्रम से आप अपना उचित कार्य समझते हैं। इसके प्रासपेक्ट के देखने से मालूम हो जाएगा कि हिंदुस्तान में आज कल सब पेशों की क्या हालत हो रही है। विद्या पढ़ केवल नौकरी करना एक बड़ा भारी पेशा है; और पढ़े हुए लोगों की जैसी दुर्दशा हमारे देश में है उसका विस्तृत वर्णन करना इस समय हमारा उद्देश्य नहीं है। आज कल की मीटिंग या सभाओं का जो कुछ ढंग निकल चला है उसे हम अपने सुरक्षित भाइयों के आगे प्रगट करने में केवल पिष्ट-पेषण मात्र समझते हैं क्योंकि यह तो उनके रोज का बाएँ हाथ का खेल है।

एक साहब ने बड़े जोर शोर के साथ देश की उन्नति 'प्रपोज' किया। दूसरे साहब ने उसको 'सेकिंड' किया।—'हियर! हियर!' के शब्दों से छतें और दीवालें गूँज उठीं। चलिए 'कारिड यूनानिमसली' लोग थपोड़ी बजाते हुए सभापति को धन्यवाद देकर उठ खड़े हुए और घर पर आकर सो रहे। दूसरे दिन फिर इसी लीला का अभिनय और हुआ। एक नए तरह से 'भारत वर्ष की भलाई' का दूसरा प्रयोजन हुआ। और फिर उन्हीं तालियों का पीटना और चीयर्स हुए और लोग घर पर आकर फिर सो रहे। इन सब बातों से आज तक किसी बात की पूर्णता न देखने में आई। मेओ अर्थात् रुपये के वास्ते सब लोग अपनी अपनी बिल ढूँढ़ने लगे। स्पष्ट है

कि इस किसिम के कामों में धूमधाम और जोश की उतनी जरूरत नहीं है, जितना कि सच्ची मदद की। इसीलिए देश की भलाई के वास्ते अब जो कुछ लोगों ने इस काम को उठाया है तो उनके उद्यम को लोग चित्त की सहायता से यथा शक्ति पुष्ट करेंगे।

[अप्रैल, 1885]

कवि और चितेरे की डाड़ा मेड़ी

इन दोनों की डाड़ा मेड़ी हम इसलिए कहते हैं कि मनुष्य तथा प्रकृति के भावों को ये दोनों ही प्रकट किया चाहते हैं–कवि लेखनी और शब्दों के द्वारा, चितेरा अपनी 'तूलिका' (रंग भरने की कूची) और भाँति-भाँति के चित्र-विचित्र रंगों से। काम दोनों का बहुत बारीक और अति कठिन है। केवल इतना ही नहीं किंतु एक प्रकार की लोकोत्तर प्रतिभा दोनों के लिए आवश्यकीय है। किसी कवि का यह श्लोक हमारे इस आशय को भरपूर पुष्ट करता है–

नामरूपात्मकं विश्वं यदिदं दृश्यते द्विधा।
तत्राद्यस्य कविर्वेधा द्वितीयस्य चतुर्मुखः॥

अर्थात् नाम और रूपात्मक जो दो प्रकार का यह संसार देख पड़ता है उसमें से आदि अर्थात् नामात्मक जगत का निर्माणकर्ता कवि है और दूसरे का ब्रह्मा।

जानन्ति यन्न चंद्रार्कौ जानन्ति यन्न योगिनः।
जानन्ति यन्नभर्ग्योपि तज्जानातिकविः स्वयम्॥

अर्थात् इस दृश्य जगत के साक्षीरूप सूर्य और चंद्रमा जिस बात को नहीं जानते, परोक्ष ज्ञानवान् योगीजन जिसे नहीं जानते और किसकी कहें सर्वज्ञ सदाशिव भी जो बात नहीं जानते उसे कवि अपनी लोकोत्तर प्रतिभा के बल से जान लेता है। कवि की प्रतिभा जिस भाव के वर्णन से लोकोत्तर चातुरी प्रकट कर दिखाती है अच्छा निपुण चितेरा उसी को अपनी प्रतिभा से चित्र के द्वारा दिखला देता है। अच्छा चितेरा कवि के एक-एक श्लोक या दोहे के नीचे उसी भाव की ठीक तस्वीर खींच सकता है तब इन दोनों में कहाँ तक तुलना है इसका ठीक परिज्ञान हो सकता है, किंतु इन दोनों की कारीगरी के परीक्षक भी बड़े निपुण होने चाहिए। दोनों के काम की बारीकी और सूक्ष्म सौंदर्य के पेखने को पैनी दृष्टि चाहिए। इस तरह के परीक्षक कोई बिरले नागरिक जन होते हैं। उत्तम काव्य तथा चित्र के समझने

को एक ही तरह की सूक्ष्म और तीखी समझ चाहिए। कवि और चित्रकार की कल्पना-शक्ति भी बिलकुल एक सी है।

अब रहा 'उपादान कारण' या सामान अर्थात् कवि के लिए वाग्विभव और चितेरे के लिए रंग का चटकीलापन इत्यादि सो जिसके पास जैसा होगा वैसा ही वह काव्य तथा चित्र बना सकेगा। क्योंकि कवि तथा चितेरे के लिए बाह्य वस्तु, जैसा बन, नदी, पर्वत आदि के वर्णन की अपेक्षा मानसिक भावों का प्रकाश कविता तथा चित्र के द्वारा अधिक कठिन है। जिसे चित्रकार (Shades) रंग की ज़रा सी झाईं में प्रकट कर दिखाता है उसी का प्रकट करना कवि के लिए इतना दुरूह है कि बेहद दिमागपच्ची करने पर दो चार सत्कवियों ही के काव्य में यह खूबी पाई जाती है। फिर भी उतनी सफाई काव्य में न आएगी। चित्र में अंतर्लीन मनोगत भाव सहज में दरसाया जा सकता है। मनोगत भावों का प्रकाश कालिदास और शेक्सपीयर इन्हीं दो के काव्यों में विशेष पाया जाता है। मनोगत भाव जैसा हर्ष, शोक, भय, घृणा, प्रीति इत्यादि के उदाहरण साहित्य दर्पण के तीसरे परिच्छेद में अच्छी तरह संगृहीत कर दिए गए हैं। यह बात कवि और चितेरे में बताने और सिखाने से उतना नहीं आती जितना स्वाभाविक बोध (Intuitive perception) से होती है, किंतु फिर भी फ़र्क इतना ही रहेगा कि कवि जिस आशय या भाव को बहुत से शब्दों में लावेगा उसे चित्रकार तूलिका (रंग भरने की कूची) के एक हलके से झोंक (Touch) में प्रकट कर देगा और कवि के वर्णित आशय का स्वरूप सामने खड़ा कर देगा।

चित्रकारी से कविता में इतनी विशेष बात हैं कि चित्र उतना चिरस्थायी न रहेगा जितना कविता रह सकती है। तस्वीर तथा काव्य से मनुष्य की प्रकृति का पूरा परिचय मिल जाता है। हमारे यहाँ के अमीरों के ड्राइंग रूम में नंगी तस्वीरों का रहना फ़ैशन में दाख़िल हो गया है। लखनऊ के नवाबों के खिलवतगाह में वेश्या और हसीनों की तस्वीर न हो तो उनकी हुस्नपरस्ती में ख़ामी समझी जाय। उर्दू फारसी के काव्यों का प्रधान अंग केवल शृंगार रस है। आशिकी माशूकी का दास्तान जिसमें न हो वह कोई शायरी ही नहीं है। उस भाषा के शायर इश्क को जैसी उम्दी तरह पर कह सकते हैं वैसा उम्दा और नव रसों में दूसरे रस का वर्णन उनसे न बन पड़ेगा, और सो भी उनका इश्क बहुधा पुरुषों पर होगा, स्त्रियाँ उनकी माशूका बहुत कम पाई जाती हैं। हमारे देश के रामागती वाले भद्दी पसंद के महाजन तथा मारवाड़ियों की दुकानों पर बनारस की बनी निहायत भद्दी देवताओं की भोंड़ी तस्वीर के सिवाय और कुछ न पाइएगा जिन तस्वीरों की भद्दी चित्रकारी के सामने मानो कलकत्ते का आर्ट स्टूडियो और पूना की चित्रशाला झख मारती है। इनकी निराली पसंद के ठीक उपयुक्त 'दानलीला', 'मानलीला' इत्यादि के आगे हम लोगों के प्रौढ़ लेख की चातुरी कब इनके मन में स्थान पा सकती है। कहा है–

"ये गाहक करवीन के तुम लीनी कर बीन।"

इसी तरह प्रकृति के प्रेमियों को शांति उत्पादक वन, पर्वत, आश्रम, नदी का पुलिन, ऋतु हरियाली आदि के चित्र पसंद आते हैं। उनके स्थान पर जाने से प्रायः ऐसे ही चित्र पाइएगा। किसी अंगरेजी के विद्वान का कथन है–

"A Picture in the room is the picture of the mind of the man who hangs it" अर्थात् कमरों में लटकी हुई तस्वीर लटकाने वाले के मन की तस्वीर है। इसी तरह पर भक्तजनों के घर जाइए तो संत, महंत, महापुरुषों के चित्र पाइएगा जिनके देखने मात्र से अद्भुत शांति रस का उद्गार मन में आ जाएगा। पालिटिक्स की मदिरा के नशे में चूर प्रसिद्ध राजनीतिज्ञों के स्थान पर क्रामवेल, विस्मार्क सरीखे पटु बुद्धि वालों का चित्र देखिएगा इत्यादि। बाल विवाह की सर्वस्व नाश करने वाली कुरीति ने हिंदू जाति के संतानों की वृद्धि और उपचय को कहाँ तक सत्यानाश में मिलाया और किस घृणित दशा में इनको पहुँचा दिया और इस कुरीति की विषमय वायु से बच कर मनुष्य बल, पुष्टता, तेज, कांति, सौंदर्य का कहाँ तक संचय कर सकता है इस बात को प्रत्यक्ष करने के लिए हमें चाहिए कि मुगल तथा यूरोप देश के कमनीय बालक, युवती और दृढ़ांग पुरुषों की कुछ तस्वीरें अपनी चित्रसारी में टाँग रखें और सदैव उनको देखा करें।

कवि और चितेरे में कहाँ तक डाड़ा मेड़ी या परस्पर की स्पर्द्धा है इसे हम अपने पाठकों को दर्सा चुके हैं। अब इन दोनों में बड़ा अंतर केवल इतना ही है कि सभ्यता का सूर्य ज्यों-ज्यों उठता हुआ मध्याह्न को पहुँचता जाता है त्यों-त्यों चित्रकारी में नई-नई तराश ख़राश की बारीकी चौगुनी होती जाती है, पर कवियों की वाग्देवी जिस सीमा को पहले ज़माने में पहुँच चुकी है उससे बराबर अब तक घटती ही गई, यद्यपि हाल की सभ्यता, बुद्धिवैभव, शाइस्तगी के मुकाबले वह ज़माना बहुत पीछे हटा हुआ था। लार्ड मेकाले ने अपने एक लेख में इस बात को बहुत अच्छी तरह पर सिद्ध कर दिखाया है। मेकाले कहते हैं कि "लोग इस सभ्यता के समय दर्शन, विज्ञान और दूसरी-दूसरी बुद्धि का विकास करने वाली बातों में प्रवीणता प्राप्त कर पहले की अपेक्षा अधिक सोच सकते हैं, अनेक ग्रंथों के सुलभ हो जाने से अधिक जान सकते हैं सही, किंतु उस अपनी सोची या जानी हुई बात को बुद्धि की अधिक पैनी आँख से देखना उन पुराने कवियों ही को आता था।" इसमें संदेह नहीं इन दिनों के विशेषज्ञ विद्वान तर्क बहुत अच्छा कर सकेंगे, जो बात उनके तर्क की भूमिका है उसका रूप खड़ा कर देंगे, अत्यंत साधारण बात को अपने वाग्जाल से महाजगड्वाल कर डालेंगे, विज्ञान और शिल्प में नई-नई ईजाद कर खोदाई का भी दावा करने को सन्नद्ध हो जाएँगे, पर उन कवियों की प्रतिभा स्वरूप सूक्ष्म बुद्धि की छाया भी न पा सकेंगे। जिसे उन्होंने दो अक्षर के एक शब्द

में सरस और गंभीर भाव पूर्ण करके प्रकट किया है उसे ये आधे दर्जन शब्दों में भी न प्रकाश कर सकेंगे। हमारे कवियों की पैनी बुद्धि का कारण यह भी है कि पूर्व काल में जब हमारा समाज बालक दशा में था, उनके लिए 'ज्ञातव्य विषय' (जानने के लायक बात) बहुत थोड़े थे। जिधर उन्होंने नज़र दौड़ाया उधर ही उन्हें नये-नये जानने के योग्य पदार्थ मिलते गये। बुद्धि इनकी विमल थी, चित्त में किसी तरह का कुटिलभाव नहीं आने पाया था, क्योंकि समाज अब के समान प्रौढ़ दशा को नहीं पहुँचा था; इसलिए बहुत बातों में सभ्यता की बुरी हवा का झकोर भी उन शिष्ट पुरुषों तक न पहुँच सका था। जब पात्र बड़ा होगा और जो वस्तु उस पात्र में धरी जाएगी वह कम होगी तो वह वस्तु उसमें बहुत अच्छी तरह समा सकेगी। बुद्धि उनकी जैसी तीव्र और विमल थी, वैसा ही मन में उनके किसी तरह की कुटिलता और मैल न रहने से जिस बात के वर्णन में उन्होंने अपने ख्याल को रुजू किया वह सांगोपांग पूरा उतरा। तात्पर्य यह कि एक अर्थात् कविता के लिए यह नई सभ्यता विष हो गई, दूसरी अर्थात् चित्रकारी के लिए अमृत का काम दे रही है। इसी से काव्य दिन-दिन घटता गया और चित्रकारी रोज़-रोज़ बढ़ती गयी।

श्री शंकराचार्य और गुरु नानकदेव

ये दोनों हिंदुस्तान के प्रसिद्ध पुरुषों में अग्रगण्य और बड़े महात्मा हो गये हैं। पंजाब में जैसा गुरु नानकदेव माननीय हैं वैसा ही दक्षिण तथा महाराष्ट्र देश में भी शंकराचार्य माने जाते हैं। प्रतिमा पूजन के सिद्धांतों को काटने वाले और ईश्वर की निर्गुण उपासना के पोषक दोनों थे। किंतु शंकराचार्य जाति के ब्राह्मण थे, इसलिए ब्राह्मणों के उकसाने से, जिसमें ब्राह्मणों की जीविका में बाधा न पहुँचे, पंचायतन-पूजा अर्थात् विष्णु, शिव, गणेश, सूर्य और शक्ति की पूजा और आराधना फिर से स्थापित की और बौद्धों को इस देश से निकलवा दिया। इसके विरुद्ध नानकशाह ने ब्राह्मणों का ज़ोर बहुत ही बहुत तोड़ा और नाम के माहात्म्य को अधिकाधिक बढ़ाया। सच भी है, नाम संकीर्तन में लगा हुआ, चित्त का शुद्ध, सीधा-सादा मनुष्य कुटिलचित्त, त्रिवेदज्ञ ब्राह्मण से श्रेष्ठ है। शंकर पूर्ण विद्वान् तथा वेदांत दर्शन के प्रवर्तक थे। ये उस समय हुए जब मुसलमानों का ज़ोर न बढ़ने से संस्कृत का पठन-पाठन देश में पूरी तरह जारी था और देश के हर एक प्रांत में मंडन मिश्र के से नामी पंडित विद्यमान् थे। उस समय शंकर ही का सा विद्वान् प्रतिष्ठा पा सकता और सर्वग्राह्य हो सकता था। दूसरे यह कि बौद्ध लोग, जिनके मुकाबले शंकराचार्य उठ खड़े हुए, बड़े दार्शनिक थे। शंकर ही का सा सुयोग्य पंडित उनसे पार पा सकता था। इधर नानक जिस समय और जिस देश में हुए उस समय और उस देश में मुसलमानों का बड़ा अत्याचार था; चाल चलन, रीति बर्ताव, रहन-सहन लोगों का यावनिक हो गया था; बोली और पहनावे तक में मुसलमानी छा गई थी। उस समय संस्कृत के पढ़ने-पढ़ाने से कहीं सरोकार न रह गया था। संस्कृत की जगह लोग अरबी-फारसी के बड़े मुल्ला और आलिम होने लगे। ऐसे समय नानक ही ऐसे अल्पविद्य किंतु कुशाग्रबुद्धि का काम था कि वे खान-पान के अनेक आचार-विचार पर ध्यान न दे एक निर्गुण की उपासना के द्वारा हिंदू और मुसलमान दोनों को एक करें। आपस की सहानुभूति और हमदर्दी लोगों में आ जाने की बहुत कुछ उन्होंने चेष्टा की। उसी समय के लगभग जैसा बंगाल में कृष्णचैतन्य महाप्रभु भक्ति

और परस्पर के प्रेम के पोषक हो रहे थे और जाति-पाँति के झगड़े को तोड़ रहे थे वैसा ही पंजाब में गुरुनानक ने जाति-पाँति को फूट की बुनियाद समझ वर्ण-विवेक को यहाँ तक घटाया कि हिंदू मुसलमान दोनों को एक कर दिया। हिंदुस्तान के दो प्रांत बंगाल और पंजाब जो कुछ-कुछ आगे को बढ़ रहे हैं यह महाप्रभु कृष्णचैतन्य और गुरुनानक इन्हीं दो महात्माओं के उपदेश का फल है। सारांश यह है कि नानक यद्यपि शंकर के से विद्वान न थे किंतु चरित्र की पवित्रता, सौजन्य, आस्तिक्य बुद्धि में शंकर से किसी अंश में कम न थे।

अब देखना चाहिए कि राजनैतिक विषयों में और मुल्की मामलों में इन दोनों के उपदेश और शिक्षा का क्या फल हुआ। शंकर ने बौद्धों को यहाँ से निकाल शासन की स्थिर शैली में बड़ी खलबली मचा दी और बहुत चाहा कि भारत फिर वैसा ही हो जाय जैसा वैदिक ऋषियों के समय में था, किंतु भारत सो न होकर आधा तीतर, आधा बटेर हो गया। अब इस समय हम लोगों में कर्मकांड-कलाप और यज्ञोपवीत, विवाह आदि की जो पद्धतियाँ प्रचलित हैं वे सब उस समय की बनी हैं जब शंकर ने हिंदुस्तान को बौद्धों के हाथ से छुटा कर इसका पुनः संस्कार किया और ब्राह्मणों को फिर पूरी ताक़त मिली। बौद्धों के उच्छिन्न हो जाने से अपनी मनमानी करने में उनकी रोक-टोक करने वाला अब कोई न रहा। दूसरे शैव और वैष्णवों का ऐसा विरोध बढ़ा कि फूट को फैलने के लिए पूरा मौका और स्थान मिल गया। इसका फल यही हुआ कि मुल्क में अब तक इतनी कमज़ोरी छाई हुई है कि अंगरेजी शासन की शांति और अंगरेजी शिक्षा के प्रचार से भी लोगों के कुसंस्कार बदलते ही नहीं। संशोधन का बीज जमने में वही बात याद आती है कि 'जनम का कोढ़ कहीं एक एतवार से दूर हुआ है।'

शंकर तथा रामानुज न हुए होते तो मुसलमानों को यहाँ कदम जमाने में इतनी सुगमता न होती और न मुल्क में इतनी कमज़ोरी फैल जाती। सब से बड़ी हानि शंकर से वेदांत दर्शन को हुई जिसके सिद्धांत बदल कर और के और हो गये। वेदांत के प्रवर्तक व्यासदेव का प्रयोजन वेदांत सूत्रों के बनाने का कुछ और ही था। शंकर उन्हें और ही मतलब पर झुका लाए। व्यासदेव का यह कभी तात्पर्य वेदांत के प्रचलित करने से न था कि इस प्रकार अकर्मण्यता देश में छा जाय और संसार को मिथ्या मान हम स्वयं ब्रह्म बन बैठें। वरंच उनका तात्पर्य यह था कि हम सुख-दुःख को एकसा समझ अपना काम करने में न चूकें तथा स्थिर अध्यवसाय, दृढ़ निश्चय, व्यवसायात्मिका बुद्धि को चित्त में हर समय अवकाश देते रहें, दुःख में घबड़ा न उठें और सुख में मारे घमंड के फूल न जाएँ, संसार को स्थिर अनश्वर मान कर्मयोग में सदा लगे रहें इत्यादि। गुरु नानक से बुद्धिमान् ने इन सब बातों को सोच विचार कबीर के सिद्धांतों को विशेष आदर दिया। किसी एक खास मज़हब या धर्म में जकड़े रहना राजनैतिक तरक्की का बड़ा बाधक है। जब तक किसी

ख़ास धर्म की पाबंदी हम में लगी रहेगी तब तक मनुष्य जाति में साधारण प्रेम, जाति-वात्सल्य, मुल्की तरक्की के उद्योग में सबों के साथ सहमति कभी हो ही नहीं सकती। इसलिए नानक ने हर एक धर्म के Forms and ceremonies (बाहरी बनावट) को तुच्छ समझ तथा नाम संकीर्तन आदि के द्वारा ईश्वर की ओर भक्तिभाव और आस्तिक्य-बुद्धि को मुख्य समझ, उसी के अनुसार अपने अनुयायियों को चलने के लिए कहा और अपने शिष्यों को वैसी ही शिक्षा दी। अंत को इसका परिणाम यह हुआ कि गुरु गोविन्द सिंह और रणजीत सिंह ऐसे नररत्न पंजाब में पैदा हुए, और अब तक भी सिक्खों में जैसा कौमी जोश है वैसा तमाम हिंदुस्तान के किसी प्रांत के लोगों में नहीं है।

शंकराचार्य ने पक्षपात और अपने मत की खींच यहाँ तक रखी कि वे सर्वसम्मत न हो सके। गुरु नानक के उदार चित्त में न पक्षपात था और न किसी से विरोध या अपने मत की खींच थी। इसलिए न केवल पंजाब भर में वरन् और प्रांत के लोगों में भी वे सर्वसम्मत हुए। अस्तु, ये दोनों महात्मा जैसे रहे हों सर्वथा माननीय हैं, किंतु इन दोनों के मत के फ़कीर संन्यासी और उदासी देश के अकल्याण के बड़े भारी द्वार हैं। अब भी कहीं-कहीं दो एक संन्यासी ऐसे देखे जाते हैं जो विरक्ति, त्याग तथा पांडित्य में संन्यास आश्रम की शोभा हैं। किंतु उदासी तो बहुधा ऐसे ही पाए जाते हैं, जो विषयासक्ति में गृहस्थी के भी कान काटते हैं। उदासी बहुत बिगड़े हुए हैं, संन्यासी आवारगी में कुछ ही उनसे कम हैं। अब तो संन्यासी बनने के लिए केवल गीता की एक पुस्तक पास रहना आवश्यक है; और गुरुमुखी अक्षरों से परिचय रखना, जिससे ग्रंथ साहब का पाठ वह कर ले, उदासी के लिए योग्यता की कसौटी है। ग्रंथ साहब का पाठ करना आता हो मानो वह गुरु नानक का प्रतिनिधि हो गया। गुरु नानक का हेडक्वार्टर रणजीतसिंह का बनवाया अमृतसर का स्वर्ण मंदिर है। शंकराचारियों के प्रधान मठ चार हैं। उनमें से एक 'शृंगेरी मठ' है जिसके प्रधान हस्तामलकाचार्य थे। शंकर के दस शिष्यों में पुरी, भारती, सरस्वती नाम के इन तीन संप्रदाय वालों के अधिकार में यह मठ है। यह मठ शृंगगिरि पर्वत पर है जो रामेश्वर के रास्ते में मद्रास प्रांत में है। दूसरा 'शारदा मठ' है जो द्वारिका में है। शंकर के सब से मुख्य शिष्य पद्मपादाचार्य के अधिकार में यह मठ रखा गया है। तीर्थ और आश्रम दो संप्रदाय के संन्यासियों के अधिकार में यह मठ है। 'जोशी मठ' नाम का तीसरा मठ हिमालय में बदरी और केदार के रास्ते पर है। तोटकाचार्य इसके प्रधान किए गए। गिरि, पर्वत, सागर तीन संप्रदाय के संन्यासी इसके अधिकारी हैं। चौथा 'गोवर्धन मठ' है जो जगन्नाथपुरी में है। सुरेश्वराचार्य जो पहले मंडन मिश्र के नाम से प्रसिद्ध थे इस मठ के प्रधान किए गए। वन और अरण्य दो संप्रदाय के संन्यासी इसके अधिकारी हैं। इन-इन गद्दियों पर अब जो रहते हैं वे शंकराचार्य कहलाते हैं और जगद्गुरु की उपाधि उन्हें दी जाती है।

मुख्य शंकराचार्य महराज की यह कभी इच्छा न हुई कि हम जगद्गुरु कहलाएँ, किंतु जो अब उस गद्दी पर बैठते हैं अपने को जगद्गुरु कहते और मानते हैं। मद्रास और बम्बई प्रांत में जगद्गुरु शंकराचार्य का बड़ा जोर है। सामाजिक और धर्म संबंधी मामलों में बिना जगद्गुरु की व्यवस्था के कोई काम पंचद्रविड़ों में नहीं हो सकता।

'सौंदर्य-लहरी' आदि अनेक स्तोत्र शंकर के नाम से प्रचलित हैं पर वे मुख्य शंकर के बनाए नहीं हैं। इससे सिद्ध है कि ये जगद्गुरु शंकराचार्य उत्कृष्ट पंडित होते आए और हैं भी। 'तत्वमसि', 'अहंब्रह्मास्मि', 'प्रज्ञानमानन्दं ब्रह्म', 'अयमात्मा ब्रह्म' ये चार महा वाक्य इन चार मठों के अलग-अलग माने गए हैं। शंकराचार्य के प्रधान शिष्य पद्मपाद, हस्तामलक, सुरेश्वराचार्य, तोटकाचार्य, समित्पाणि, चिद्विलास, ज्ञानकंद, विष्णुगुप्त, शुद्धकीर्ति, भानुमरीचि, कृष्णदर्शन, बुद्धिवृद्धि, विरंचिपाद, शुद्धानंत, आनंदगिरि, सुधन्वाराजा, कविराज राजशेखर इत्यादि थे। इसमें संदेह नहीं बौद्धों के उपरांत शंकराचार्य वर्तमान हिंदू धर्म के बड़े पोषक हुए। यह न हुए होते तो देश का देश या तो बौद्ध मतावलंबी बना रहता या सब के सब यवन या मुसलमान हो जाते। गुरु नानक की भी तेरह गद्दियाँ हैं। उनके जुदे-जुदे पंथ हैं। दस इनके अवतार माने गए हैं। चेलों में सबसे मुख्य सुथरा था।

कृष्ण चैतन्य महाप्रभु

भारत के एक-एक प्रांत में समय-समय पर ऐसे महानुभाव सदा से होते आए हैं, जिनमें सुधार और संशोधन का अंकुर अटल रूप से स्थिर रहा और नीचे को गिरते हुए भारत को बारंबार करावलंबन देते आए। उन्हीं महापुरुषों में बंगाल प्रांत में कृष्ण चैतन्य महाप्रभु एक थे, जिनके उपदेश का लाभ तीन चौथाई से अधिक बंगदेश के रहने वाले उठा रहे हैं और वैष्णव धर्म की शृंखला में बंगदेश मात्र को जिन्होंने एक-कर खानपान की विभिन्नता को भरसक बहुत कुछ तोड़ा। पंजाब में जो कुछ उपकार नान्हिक शाह के द्वारा हुआ, वही बंगाल में कृष्ण चैतन्य के कारण हुआ।

यह महात्मा विक्रम संवत् 1541 में नवद्वीप में जगन्नाथ मिश्र के घर प्रगट हुए। इनकी माता का नाम शची देवी था। निंबवृक्ष के नीचे उत्पन्न हुए थे, इससे इनका नाम पहले निमाई हुआ। शरीर इनका उज्ज्वल गौरवर्ण था। इससे गौरांग भी कहलाए। अन्नप्राशन के समय विश्वम्भर नाम पड़ा। जिस समय संन्यास ग्रहण किया उस समय से ये चैतन्य के नाम से विख्यात हुए। ये बुद्धि में बड़े कुशाग्र थे। असामान्य मेधावी होने से बहुत ही थोड़े समय में व्याकरण, साहित्य, अलंकार, पुराण, न्याय, स्मृति, वेदांत आदि अनेक शास्त्रों में सर्वसाधारण व्युत्पत्ति इनको बहुत जल्द हो गई। शास्त्रों में व्युत्पत्ति लाभ कर ये निरंतर पठन-पाठन में तत्पर रहे। इस समय इनके जेठे भाई विश्वरूप ने घर-गृहस्थी छोड़ अनित्य संसार से उदासीन हो संन्यास ग्रहण कर लिया। इस कारण चैतन्य महाप्रभु अत्यंत खिन्न और दुखी हुए। कुछ दिन के उपरांत तातचरण जगन्नाथ का परधाम हो जाने से अपनी माता शची देवी को केवल यही एक-मात्र सहारा हुए।

शची देवी के प्रयत्न से लक्ष्मी नाम की बल्लभाचार्य की कन्या से इनका विवाह हुआ। कुछ वर्ष के उपरांत लक्ष्मी का परलोक हो जाने पर, चैतन्य ने विष्णु प्रिया नाम की एक दूसरी कन्या से पाणिग्रहण किया। ये 21 वर्ष के थे जब इन्होंने शास्त्राभ्यास समाप्त कर अनेक शास्त्र और कलाओं में पारंगत हो एक पाठशाला स्थापित की और शिष्यगण को विद्या-वितरण करने लगे। अद्भुत पांडित्य और प्रतिभा

के कारण इनका नाम दूर-दूर तक अत्यंत विख्यात हो गया। दूर-दूर के प्रसिद्ध पंडित इनका नाम सुन इनसे शास्त्रार्थ करने को आते थे और बाद में हार कर लौट जाते थे किंतु इनके सरल स्वभाव और सज्जनता के व्यौहार से हार कर भी कोई इनसे द्वेष-बुद्धि नहीं रखता था। क्रम-क्रम से ये देशविख्यात हो दूर-दूर तक महान् पंडित प्रसिद्ध हुए।

एक समय चाँदनी रात को पतितपावनी श्री गंगा जी के तट पर शिष्यवृंद को साथ लिए चैतन्य शास्त्र की चर्चा कर रहे थे। उस समय एक दिग्विजयी पंडित वहाँ आया और अपने पांडित्य के अभिमान में भरा हुआ बोला—"क्या हो निमाई तुम क्या बड़े पंडित हो?" इन्होंने अति विनीत भाव से उत्तर दिया मैं क्या जानता हूँ, आप तो पंडित हैं और कवि भी हैं, अपने श्रीमुख से सुरधुनी श्री गंगा का कुछ चरित्र वर्णन कीजिए। दिग्विजयी पंडित ने तत्क्षण एक नया श्लोक रच इन्हें सुनाया। चैतन्य गोस्वामी ने उसके श्लोक में अर्थ और अलंकार के कई एक दोष दिखलाए। पंडित ने लज्जित हो सिर नीचा कर इन्हें सरस्वती देवी का कृपा-पात्र-पुत्र कहा और बहुत सी पूजा कर विदा हुआ।

चैतन्य अत्यंत उदार प्रकृति के थे। एक दिन वे किसी दूसरे पंडित के साथ नौका पर चढ़ किसी काम से गंगा के उस पार जा रहे थे। पंडित इनके हाथ में गौतम के न्याय-सूत्र पर इनके निज की बनायी टीका देख अत्यंत उदास हुआ। इन्होंने उससे बातचीत करके और उसे उदास देख जान लिया कि उसने भी एक तिलक बनाया है किंतु इनका बनाया हुआ तिलक बहुत उत्कृष्ट था और चैतन्य कृत तिलक के रहते कोई उसके तिलक को न पढ़ेगा, यह समझ इन्होंने अपने बनाए तिलक को गंगा में डुबो दिया और उस पंडित की उदासी दूर कर दी।

चैतन्य पितरों की मुक्ति के लिए गया करने गए थे। वहाँ विष्णुपद पर पिंडदान कर विष्णु भगवान् की स्तुति और पूजा वंदना से इनके हृदय में ऐसी भक्ति का उद्रेक हुआ कि उसी समय से इनके हृदय में वैष्णवी दीक्षा प्राप्त करने का अनुराग बढ़ा और इसकी खोज में हुए कि कोई सज्जन महानुभाव मिलें तो मैं उनसे वैष्णवी दीक्षा ग्रहण करूँ। अकस्मात् वहीं ईश्वरीपुरी नाम के एक वैष्णव ब्रह्मचारी से इनका साक्षात्कार हुआ। उस साधु से बातचीत में भक्ति का उद्रेक इनके हृदय में और अधिक बढ़ा। उसी ईश्वरीपुरी ब्रह्मचारी से इन्होंने वैष्णवर्ध की दीक्षा ली। भक्ति-रस में मग्न हो इनको केवल हरिनाम-हरि का ध्यान और हरि का ज्ञान संसार में सार बोध हुआ।

वैष्णव धर्मावलम्बन से नवजीवन प्राप्त कर चैतन्य महाप्रभु निज वास भूमि नवद्वीप को लौट आए। इस समय हरि-स्मरण और हरि-ध्यान के अतिरिक्त कोई दूसरी बात इनके मन में नहीं उदित होती थी। भक्ति और प्रेम रस में निरंतर मग्न रहते थे। संसार के सब काम-काज छोड़ केवल हरि-स्मरण में अहर्निश तत्पर रहने

लगे। नदिया की वैष्णव-मंडली के चैतन्य अग्रणी और प्रधान हुए और वहाँ के वैष्णव भी जब कभी इनको अपनी मंडली में सुशोभित देखते थे तब प्रेम-निर्भर हो अपने को धन्य मानते थे। इनके प्रेमी भक्तों में नित्यानंद गोस्वामी सब में मुख्य थे। चैतन्य के भक्त और प्रेमी सब एक साथ खान-पान करते थे। जाति-विवेक का दुराग्रह सबों ने छोड़ दिया। इस कारण बहुत लोग इनसे विरोध करने लगे। नवद्वीप में विरोधियों के अधिक होने पर भी वैष्णवों की संख्या नित्य बढ़ती जाती थी। अब इस समय बंगाल की कुछ आबादी का पाँचवाँ हिस्सा चैतन्य मतानुयायी है।

वृंदावनदास कृत बंग भाषा में 'चैतन्यामृत' नामक ग्रंथ में चैतन्य का विस्तृत वृत्तांत दिया गया है। जिसके दो खंड हैं—एक आदिलीला जिसमें जन्म से लेकर संन्यास धारण के पूर्व तक का सब हाल है। दूसरा अंतलीला जिसमें चैतन्य महाप्रभु के संन्यास धारण के उपरांत का सब हाल—तीर्थ यात्रा इत्यादि का और स्थान-स्थान में वैष्णव मत-स्थापन का दिया गया है। ब्रह्म संहिता, विष्णु पुराण, भगवद्गीता और श्रीमद्भागवत् चैतन्य संप्रदाय के मुख्य ग्रंथ हैं। कृष्ण चैतन्य ने सबों में भागवत को मुख्य माना है और भागवत के एक-एक शब्द वेदाक्षर तुल्य इस संप्रदाय वालों को माननीय हैं।

चैतन्य के पिता जगन्नाथ मिश्र सिलहट या श्रीहट्ट से आय नदिया में बसे थे। इनके संप्रदाय वाले इनको कृष्ण का अवतार मानते हैं—जो कृष्ण भगवान् की उपासना कलियुग के लोगों में फैलाने को अवतरे थे। चैतन्य के प्रधान शिष्य अद्वैतानंद भी कृष्ण भगवान् के अंशावतार माने गए और कृष्ण चैतन्य महाप्रभु में तो इनके संप्रदाय वाले पूर्ण शक्ति राधा और पूर्ण शक्तिमान् श्रीकृष्ण दोनों को मिश्रित मानते हैं। पचीस वर्ष की अवस्था में केशव भारती से संन्यास ग्रहण कर चैतन्य बूढ़ी माँ, युवती स्त्री तथा और अपने प्रियतम सहचर, बंधुवर्ग सब को त्याग अलग हो पुरी के समीप नीलांचल को चले गए। इनके साथ नित्यानंद, मुकुंदराज प्रभृति कई एक इनके बंधुवर्ग तथा शिष्यवर्ग भी थे। वहाँ पहुँच श्रीजगन्नाथ राय के दर्शन के इतने उत्सुक हुए कि जब जगन्नाथ की मूर्ति का दर्शन किया तो प्रेम में उन्मत्त हो अनुराग के आवेश में श्रीजगन्नाथ के विग्रह को अपने गोद में रख प्रेम के आँसुओं से सींच दिया और प्रेम-निर्भर हो देर तक अचेत और मुग्ध रहे। यह देख इनके साथी लोग जब चिरकाल हरिनाम की ध्वनि इनके कान के पास करते रहे तब उन्हें होश आया। इससे प्रगट है कि वेदांती इत्यादि दार्शनिकों की अपेक्षा इन भक्त और प्रेमियों का चित्त कहाँ तक सरल, कोमल और भोला होता है। उसी के विरुद्ध शास्त्राभ्यासी दार्शनिकों का विवाद में अनेक ऊहा-पोह करते करते चित्त कुटिल हो जाता है तब परमात्मा का साक्षात्कार उनके लिए कितना दुर्घट हो जाता है।

जिस समय यह नीलांचल में रहते थे उस समय पुरी के राजा के सभा पंडित

सार्वभौम के साथ इनकी बड़ी मैत्री हो गई। यह सार्वभौम बड़े तत्वज्ञानी पंडित थे जिसे अभिमान था कि चैतन्य को तत्वज्ञान नहीं है हम उनसे विशिष्ट पंडित हैं। सार्वभौम चैतन्य को भागवत सुनाया करते थे। 'आत्मारामांच मुनयो निर्बन्धा अप्युरूक्रमे। कुर्वन्त्यहैतुकी भक्तिमित्यं भूतगुणो हरिः'—इस श्लोक की इसने नौ तरह की व्याख्या की। चैतन्य महाप्रभु ने इसके उत्तर में उसी श्लोक का आशय अठारह तरह से कहा जिसमें भक्ति रस भरा हुआ था इसके उपरांत चैतन्य ने नीलांचल में अपना वासस्थान नियत किया और नित्यानंद को देश-देश में वैष्णव धर्म के प्रचार के लिए भेजा। ये अपने गुरु गौरांग महाप्रभु की आज्ञानुसार बंगदेश में हरि-भक्ति के प्रचार में प्रवृत्त हुए। चैतन्य काशी, वृंदावन आदि स्थानों में अपने मत के प्रचार के लिए स्वयं चले। अपने जीवन का बड़ा हिस्सा ब्रजभूमि में कृष्ण भगवान् के ध्यान, चिंतन और स्मरण में बिताय नीलांचल को फिर लौट आए और अड़तालिस वर्ष की उमर में लीला-विस्तार कर गए।

चैतन्य का मत है कि केवल भक्ति ही ईश्वर की प्राप्ति का एक मात्र उपाय है। नीचे का श्लोक इनके मत का मुख्य सिद्धांत है—

हरिनामैव नामैव मम जीवनम्।
कलौ नास्त्येव नास्त्येव नास्त्येव गतिरन्यथा॥

हरि का नाम ही हमारा जीवन है। कलियुग में कोई दूसरा उपाय हई नहीं, हई नहीं, हई नहीं।

इसीलिए चैतन्य निरंतर हरि नाम संकीर्तन का उपदेश देते थे। जिस समय यह नीलांचल में वास करते थे उस समय वहाँ के बहुत से उड़िया ब्राह्मणों ने इनको अपने घर में भिक्षा कराने का हठ किया किंतु गौरांग ने उन सबों को उत्तर दिया कि सिवाय लक्षपति के मैं किसी के घर भिक्षा नहीं करता। ब्राह्मणों ने तब कहा महाराज, ब्राह्मणों में तो उड़ीसा ऐसे निर्धन देश में कोई नहीं है जो लक्षपति हों। तब चैतन्य ने उन्हें समझाया मैं लक्षपति उसे कहता हूँ जो एक लाख हरिनाम नित्य जपता हो। रूप और सनातन दो शिष्यों को चैतन्य ने वृंदावन में अपना मत प्रचार करने को नियत किया। इस मत में चैतन्य, अद्वैतानंद और नित्यानंद ये तीन प्रभु कहलाए। बंगाल के सब वैष्णव इन्हीं तीनों के शिष्य-प्रशिष्य हैं। वृंदावन का गोविन्ददेव का मंदिर भी इन्हीं के अधीन है। इन तीन प्रभुओं के अतिरिक्त चैतन्य संप्रदाय में छः और हैं जो मुख्य उपदेशक हैं और छहो गोसाईं, मथुरा और वृंदावन में बसे। जहाँ जिनके वंश वाले मुख्य-मुख्य मंदिरों के अधिपति या स्वामी रूप में अब तक विद्यमान हैं और इन गोसांइयों की भी वैसी ही प्रतिष्ठा उनके शिष्य लोग देते हैं जैसी गोकुलस्थ गोसांइयों को बल्लभ-कुल वाले देते हैं।

चैतन्य और बल्लभीय संप्रदाय वालों में परस्पर का कुछ ऐसा विरोध या स्पर्द्धा है जिससे ये दोनों एक दूसरे के मुकाबिले अपना-अपना महत्त्व बढ़ाने की सदा चेष्टा किया करते हैं। उन छह प्रधान गोसांइयों के नाम ये हैं—रूप, सनातन, जीव, रघुनाथ भट्ट, रघुनाथदास और गोपाल भट्ट। वृंदावन में गोविन्द देव और मदन मोहन के मंदिर की बुनियाद इन्हीं गोस्वामी रूप और सनातन की डाली हुई है। गोविन्ददेव के मंदिर में जो पत्थर पर एक लेख संस्कृत में खुदा हुआ है, उसमें 1647 का संवत् दिया हुआ है। यह मंदिर पृथुराव के बंशधर मानसिंह देव का बनवाया हुआ है। इससे सिद्ध होता है कि गोस्वामी रूप और सनातन इसी समय के लगभग हुए हैं। 'विदग्ध माधव' नाम का एक नाटक भी गोस्वामी रूप का बनाया हुआ है। गोस्वामी जीव इन्हीं दोनों के भतीजे थे और वृंदावन में राधादामोदर के मंदिर की नींव, गोस्वामी जीव ही ने डाली। गोस्वामी रघुनाथ भट्ट और रघुनाथदास बंगाल के ब्राह्मण थे और ब्रजभूमि में ये दोनों भी जा बसे। गोस्वामी गोपाल भट्ट ने श्री राधारमण जी के मंदिर की नींव डाली जिनके वंशवाले अब तक उस मंदिर के अधिकारी हैं।

इन छहों के सिवाय और भी बहुत से महात्मा भक्त जन चैतन्य संप्रदाय में हुए हैं और उन सबों को भी गोस्वामी के समान प्रतिष्ठा दी जाती है। इसमें हरिदास सब में प्रसिद्ध हैं। बल्कि बंगाल में कहीं-कहीं हरिदास की चैतन्य के बराबर की प्रतिष्ठा दी जाती है। सब मिलाय इस समय चैतन्य संप्रदाय में चौंसठ महंत या प्रधान घराने के हैं जिनकी जीविका शिष्य करना या मंदिर हैं। भक्ति को प्रधान रख, खान-पान के विवेक को चैतन्य महाप्रभु ने यहाँ तक तोड़ा कि मुसलमान हरिभक्त को भी इन्होंने अपने में मिला लिया। हरिदास जो इनके अत्यंत प्रेमी थे जाति के मुसलमान थे और हरिनाम जपते-जपते वैष्णव संप्रदाय के मुखिया या अग्रगण्य हुए।

केवल शुद्ध विमल भक्ति ही को ईश्वर के मिलने का मुख्य द्वार रख चैतन्य ने तपस्या, ज्ञान, वैराग्य, योग सबको गौण माना और अपने इस सिद्धांत के पोषण में भागवत् के इन श्लोकों को प्रमाण में रक्खा 'यत्कर्मभियत्तपसा ज्ञान वैराग्यतक्षयत्'। (योगेनदानधर्मेण श्रेयोभिरितरैरपि सर्वमद्भक्ति योगेन मद्भक्तो लभतेज्जसा। स्वर्गापवर्ग मद्धास कथंचित दिवांच्छति)। एकादश स्कंध में भगवान् का यह वाक्य उद्धव के प्रति है। जो बात यज्ञ आदि कर्म से ज्ञान से, वैराग्य से, योग से, दान-धर्म या दूसरे-दूसरे धर्म संबंधी कामों से प्राप्त हो सकती है, उसे मेरा सच्चा भक्त भक्तियोग द्वारा बहुत जल्द पा जाता है। स्वर्ग, अपवर्ग अर्थात् मुक्ति या परमेश्वर का वैकुण्ठ जो और तरह पर बड़ी कठिनाई से मनुष्य पा सकता है, उसकी प्राप्ति भक्ति के द्वारा बहुत सहज है। हमारे मन में भी चैतन्य का यह सिद्धांत दृढ़ता के साथ स्थान पाता है कि सच्ची विमल भक्ति जितने धर्म संबंधी कृत्य हैं उन सबसे बढ़कर

है बल्कि बिना भक्ति के शुष्क ज्ञान, वैराग्य और तपस्या आदि सब फीके और धोखे की टट्टी हैं। इसके पोषण के भागवत और गीता में अनेक श्लोक हैं।

भक्ति एक ऐसी वस्तु है कि यह भगवान् के रिझाने को कुल या जाति-पाँति नहीं चाहती है। इसी बुनियाद पर चैतन्य ने बंगाल से जाति-पाँति के झगड़े बहुत दूर तक तोड़े। बंगभाषा में इसी बुनियाद पर यह कहावत चल पड़ी है। ईश्वरी कृपा जाति कुल नाहिनाने–विदुर घरे कृष्ण करिल भोजन–ऐसा ही श्लोक भी है–

शुचिमद्भक्तिदीप्ताग्निर्दग्धदुर्जातिकल्मषः।
श्वपाकौपिबुधैः श्लाघ्यो नवेदज्ञोपिनास्तिक॥

मेरी भक्ति रूप प्रज्वलित अग्नि में नीच जाति का कल्मष जलकर पवित्र हो गया है, ऐसा मेरा भक्त जाति का चंडाल भी वेद पढ़े हुए नास्तिक ब्राह्मण से विशेष प्रशंसा के योग्य है। और भी 'नमेभक्तच्चतुर्वेदी सद्भक्तः श्वपचः प्रियः'। कबीर, दादू, मीरा, सदन, रैदास आदि अनेक ऐसे लोग हुए हैं जिन्हें इसी भक्ति के मूल पर ईश्वर का साक्षात्कार हुआ। जिनके हृदय के नेत्र खुले हुए थे और पूर्ण को पहुँचे हुए थे। शांडिल्य ऋषि ने भक्ति शास्त्र शांडिल्य सूत्र में इस भक्ति के दास्य, सख्य, आत्म-निवेदन इत्यादि भेद से नौ भेद लिखे हैं। इसका विस्तार महाप्रभु श्री वल्लभाचार्य ने सेवा और उपासना के क्रम में बहुत अच्छी तरह से दिखलाया है और यह बात वल्लभाचार्य ही को सूझी कि जो शांडिल्य-सूत्र में केवल कथन मात्र (थ्योरी में) था उसे वल्लभ ने (व्यावहारिक) प्रैक्टिकल कर दिखाया।

चैतन्य संप्रदाय के प्रामाणिक ग्रंथ गोस्वामी रूप के बनाए ये हैं–विदग्ध माधव नाटक, ललित माधव, उज्ज्वल नीलमणि, दानकेलिकौमुदी, गोविन्द विरदावली, ब्रज विलास वर्णन, लघुभागवत, अष्टादश-लीला खंड। सनातन गोस्वामी कृत ग्रंथ ये हैं–हरि-भक्ति विलास, रसामृत सिंधु भागवतामृत, भागवत के दशम का तिलक, सिद्धांतसार। जीव गोस्वमी कृत ग्रंथ ये हैं–भागवत संदर्भ, भक्ति-सिद्धांत, गोपालचम्पू, उपदेशामृत। गोस्वामी रघुनाथदास कृत ग्रंथ मनशिक्षा-गुण लेश सुखद हैं। सिवा इसके रसमय कलिका आदि वंग भाषा के बहुत से ग्रंथ गोस्वामी रूप और सनातन के बनाए हैं और भी विश्वनाथ चक्रवर्ती कृत चैतन्य चंद्रोदय नाटक जो छप भी गया है स्तवमाला, स्तवामृत; लहरी, कृष्णकर्णामृत, कृष्ण कीर्तन, गोविंददास, विद्यापति कृत आदि अनेक ऐसे ग्रंथ हैं जिनमें पांडित्य और कविता भरी हुई है पर अफसोस छपे नहीं। राधारमणी, युगल भक्त, बिहारी जी, इत्यादि कई एक अलग-अलग भेद यहाँ के वैष्णवों में हो गये हैं पर उनका अंतर्भाव चैतन्य ही के संप्रदाय में है।

सारांश यह कि इधर की शताब्दियों में रामानुजीय, माध्व, वल्लभीय इत्यादि जुदे-जुदे वैष्णवों के संप्रदाय के प्रचारकों में कृष्ण चैतन्य भी एक हुए और रामानुज,

माध्व, वल्लभ के सदृश महापुरुष हुए जिन्होंने अपने उपदेश के द्वारा बंगदेशियों में परस्पर की सहानुभूति, प्रेम और एकता बढ़ाने का बहुत कुछ प्रयत्न किया। चैतन्य की सदा यही चेष्टा रही कि अन्य जाति, विधर्मी, मुसलमान तक को अपने धर्म में मिलावें हरि-स्मरण, ध्यान, कीर्तन के द्वारा चित्त की शुद्धि, अंतःकरण की विमलता को चैतन्य ने प्रधान रक्खा। चैतन्य ने काम, क्रोध, लोभ, मोह आदि शत्रुओं को दबाते हुए देशानुराग और जातीयता, कौमीयता को बढ़ाने वाला प्रेम और परमात्मा पर अनुराग भक्ति के द्वारा पुष्ट किया।

चैतन्य सरीखे महात्मा यदि इस सभ्यता के जमाने में पैदा हुए होते तो प्रजा पर उनके उपदेश का असर बहुत कुछ होता और मृतक भारत के पुनरुज्जीवन का एक मात्र अंकुर एकता के सींचने को उनका उपदेश बड़ा उपकारी सिद्ध होता बल्कि अंग्रेजी तालीम की नास्तिकता और अविश्वास के दबाने को चैतन्य की साधुता, सरल स्वभाव, चित्त की सिधाई पैदा करने को नमूना होती।

[मार्च अप्रैल, 1898]

ब्राह्मण संपादक पं. प्रतापनारायण मिश्र

नागरी हिंदी के संकुचित समाज में ऐसा कौन होगा जिसे कान्यकुब्ज कुलकेतु पंडित प्रतापनारायण मिश्र का संताप न व्यापा हो। प्रातः स्मरणीय बाबू हरिश्चंद्र को जो दीन हिंदी का जन्मदाता कहें तो प्रतापनारायण मिश्र को निस्संदेह उस स्तनधन्या दुधमुँही बालिका का पालन-पोषण कर्ता कहना ही पड़ेगा। क्योंकि हरिश्चंद्र के उपरांत इसे अनेक रोग-दोष से सर्वथा नष्ट न हो जाने से बचा रखने वाले यही देख पड़े और गद्य-पद्यमय अपने सरस लेख से यत्किंचित इसका भांडार उसी तरह भरते रहे, जिस ढंग से बाबू हरिश्चंद्र ने आरंभ किया था।

पंडित प्रतापनारायण में बड़ी तारीफ की बात यह थी कि ये निस्पृह और निज लाभ की किञ्चिन्मात्र इच्छा न रख कर हिंदी की उन्नति में लगे हुए थे, जो बात इस समय के स्वार्थ-तत्पर लोगों की चलन के विरुद्ध है। देखते हैं, जिन्हें कुछ भी गूं-गां करने आ गया, टूटे-फूटे दो चार जुमले लिखने लायक हो गए हैं, वे केवल रुपए कमाने की फिकिर में तत्पर हुए हैं। किंतु हिंदी की इस कदर चाह नहीं कि इसके द्वारा कुछ फायदे की सूरत निकले। हिंदी लेखकों की फिहरिश्त में नाम ही सही। चार पन्ने की अंड-बंड खुराफात से भरी दो चार किताब बनाए मुसन्निफ या ग्रंथकर्ता अपने को मान बैठे। ग्रंथों के लंबे-चौड़े नामों से अखबारों के कालम-के-कालम छेकने लगे। किसी को अपना जीवन चरित्र लिखने का हौसिला चर्राया, कोई समाज या मंडल के प्रधान बन रुपया और नाम दोनों के बटोरने में तत्पर हुए। रद्दी अखबारों की एडीटरी तो कुछ बात ही नहीं है।

''तेली भुजवा कीन्हिन हाट, गई बजाजी बारह बाट।''

अस्तु, हमारे मिश्र जी में यह कोई बात न थी। यह आत्मत्याग मिश्रित उदारभाव के नमूना थे। हिंदी साहित्यार्णव के थहाने वाले थे। विमल सौहार्दभाव के आदर्श थे। ऐसे सत्पुरुष का अल्पायु होना निस्संदेह हमारी आर्यभाषा का अभाग्य नहीं तो इसे फिर क्या कहना चाहिए? धन्य हैं, ऐसे बड़भागी पुरुष जिनके लिए आज इतने लोग शोक प्रकाश कर रहे हैं। बड़भागी हमने इस लिए इन्हें कहा कि साल में

न जानिए कितने बड़े-से-बड़े धनी और ऊँचे पद वाले भी अपने प्रसार जीवन से गुजर जाते हैं, किसी को खबर तक नहीं होती कि 'कब जन्में कब राकस भए'।

पं. प्रतापनारायण मिश्र परम निष्किञ्चन जन समाज में किसी ऊँचे पद पर नहीं पहुँचे हुए थे, जीते जी कोई इन्हें जानता भी न था, अब उनके लिए लोग इतना शोक प्रकट कर रहे हैं, सफहे-के-सफहे इनके नाम के सियापे से रंग दिए गए। यहाँ तक कि कोई नई युक्ति न बच रही कि हम उसे काम में लाते। जिन्होंने पहिले इनका शोक संवाद लिखा वे मीर रहे, हमें फस्सी होना पड़ा। अब इनका जीवन चरित्र लिखने की तैयारी हो रही है। सच है,

'कद्र मरदुम बरद मरदुम'

बड़भागी होने के लिए और क्या चाहिए। ऐसे स्वर्गीय जीव सदा अमर हैं।

स जीवति यशो यस्य कीर्तिर्यस्य स जीवाति।
अयशोऽकीर्ति संयुक्तो जीवन्नपि मृतोपसः॥

एक हम ऐसे नास्तिकों का जीवन है कि निस्सार भारभूत हो जीवन को ठेल रहे हैं। और जिंदगी अपाड़ हो गई, काटे नहीं कटती।

कारोपि जीवति चिराय बलिं च भुङ्क्ते॥ अस्तु,
टिक्कस लागत है कस-कस के, छोड़हु अपना रोजगार।
टिक्कस लागत आए बादल, पागल सब संसार॥
चैती कजरियन बढ़ दिन गइले, सुख हू कौन असार।
ऐसन फिरंगिया टिक्कस लगौले, बिगड़ गयल सब तार॥

[मई, 1894]

वेद क्या है?

आर्य संतान हिंदूमात्र में कौन ऐसा होगा जो वेद का आदर न करे और इस बात का अभिमान न करता हो कि हमारे धर्म का मूल वेद है। पुराण और तंत्रों ने वैष्णव, शैव, शाक्त आदि भिन्न-भिन्न संप्रदाय चला कर देश में यद्यपि बहुत अधिक भेद और अनैक्य फैला दिया पर वेद के मानने में सब एक हो जाते हैं। और सब लोग अपने-अपने संप्रदाय का मूल वेद ही को मानते और कहते हैं। राष्ट्रीयता (Nationalism) का तो वेद आधार है। जब तक हम वैदिक पथ का अनुसरण करते रहे हिंदू जाति बराबर प्रबल रही। उधर बौद्ध और जैनियों का उभड़ना इधर पुराण और तंत्रों के प्रचार ने देश में ऐसी भेद बुद्धि पैदा कर दी कि हम बराबर क्षीणसत्व और क्षीणबल होते गए।

वेद के संबंध में अब यहाँ तीन प्रश्न एक साथ उठते हैं। वेद शब्द की व्युत्पत्ति क्या है? वेद का लक्षण क्या है? और स्वरूप उसका क्या है?

''विद्यन्ते ज्ञायन्ते लभ्यन्ते वा एभिर्धर्मादिपुरुषार्थाः असौवेदः''

अर्थात् धर्म, अर्थ, काम और मोक्ष ये चारों पदार्थ जिससे जाने जाएँ या जिसमें पाए जाएँ वह वेद है। प्रत्यक्ष अनुमान उपमान और आगम इन चार प्रमाणों में आगम वेद ही हैं। ऋग्वेद भाष्य की भूमिका में सायनाचार्य ने वेद को अपौरुषेय अर्थात् किसी का बनाया नहीं सिद्ध किया है। अनिष्टनिवारण पूर्वक इष्ट प्राप्ति के अलौकिक उपाय को जाने वह वेद है। प्रत्यक्ष और अनुमान दोनों जहाँ गिर जाते हैं और उनसे काम नहीं चलता वहाँ उस वस्तु को हम वेद ही से जान सकते हैं। इसी से वेद की वेदता है और उस वस्तु के जानने की इच्छा रखने वाला वेद का अधिकारी है।

अब वेद का स्वरूप क्या है। इसे बौधायन आदि ऋषियों ने यों लिखा है–

''मंत्राब्राह्मणयोर्वेदनामधेयम्''

मीमांसा दर्शन के प्रवर्तक महामुनि जैमिनी ने भी ऐसा ही लिखा है–

''मंत्रब्राह्मणात्मकः शब्दराशिर्वेदः''

मंत्र और ब्राह्मण के शब्दों का समूह वेद है। जिसका विनियोग किया जाय अर्थात् यज्ञ आदि कर्मों में जो लगाया जाय या जिससे काम लिया वह मंत्र है और जो काम उन मंत्रों से लिया गया उसके विधि की प्रशंसा जिसमें हो वह ब्राह्मण है। उन मंत्रों के इस भाँति विभाग किए हैं ऋग् सोम और यजु जो मंत्र पाद अर्थात् श्लोक की तरह है वह ऋग् है, जो गान के रूप में है वह साम है और जो गद्य रूप में है वह यजु है।

अब दूसरा प्रश्न यहाँ यह उठता है वेद की उत्पत्ति का समय हम लोग निश्चय कर सकते हैं या नहीं? निश्चय नहीं कर सकते सो क्यों या निश्चय कर सकते हैं सो किस भाँति? कालिदास आदि ग्रंथकारों का समय लोगों ने निर्णय कर लिया है और उससे भी प्राचीन लोगों का समय ताम्रपत्र तथा भूगर्भ विद्या के द्वारा बुद्धिमानों ने निश्चय कर लिया है तो सिद्ध हुआ कि बुद्धिसंपन्न मनुष्यों ने वेद के समय के निरूपण में भी यत्न अवश्य किया होगा। किंतु जब हमें यह स्मरण होता है कि मीमांसकों ने वेद को अपौरुषेय माना है और यह वाक्य स्मृति का याद आता है–

''अग्निवायुरविभ्यस्तु त्रयं ब्रह्मसनातनम।
दुदोह यज्ञसिध्यर्थ ऋग्यजुः सामलक्षणम्॥''

यज्ञ की सिद्धि के लिए ऋग्, यजु और साम को अग्नि, वायु और सूर्य से दुहा। वेद में जो शब्द मिले उन्हीं से हर एक गिनती अलग-अलग आदि में बनाई गई।

''वेदशब्देभ्यं एवादौ पृथक् संख्याश्च निर्ममे।''

अर्थात् जैसा अग्नि, वायु, सूर्य प्राकृतिक हैं, तद्वत्, वेद भी प्राकृतिक हैं किसी के बनाए नहीं हैं। मान लो मनुष्य कृत भी हैं तो किस युग में ये बने इसका बतलाना अति कठिन है इससे यही कहना युक्तिसंगत है कि कब वेदों की उत्पत्ति की गई यह नहीं जान सकते।

यह आर्यों का धर्मग्रंथ है और धर्मग्रंथ जितने हैं उन्हें अवश्यमेव किसी ने बनाया है। तब वेदों को भी किसी ने बनाया ही होगा। हाँ, यह ठीक है किंतु वेद हिंदुओं ही का धर्म ग्रंथ नहीं है किंतु यह तो तब का है जब आर्य, अनार्य, हिंदू तथा म्लेच्छ आदि संज्ञा रही ही नहीं और यह सार्वभौमिक अर्थात् संसार भर के लिए है। केवल धर्म ही का विषय इसमें प्रतिपादित हो सो भी नहीं। अपिच कौन सी ऐसी बात है जिसकी संज्ञा का ज्ञान या पहले-पहल जिसका नाम हमें वेद से नहीं मालूम हुआ । वादी यहाँ पर अब यह कहेगा कि वेद में यज्ञादि के विधान हैं तब यह केवल धर्म ग्रंथ नहीं तो और क्या है? उत्तर में कहा जाता है

कि वादी को पहले तो यही भ्रम है जो वह यज्ञ के अर्थ अग्नि में होम या पूजा पाठ समझ रहा है किंतु यज्ञ के वास्तव में तात्पर्य किसी बड़े काम (Enterprise) के हैं। बहुत से मनुष्य एक मन हो किसी बड़े काम को कर गुजरे, वह यज्ञ है जैसा इस समय कांग्रेस इत्यादि किए जाते हैं। 'यजू' के जिससे यज्ञ शब्द बना है, देवपूजा, संगतिकरण, दान आदि बहुत से अर्थ लिखे हैं। इसी से वेद मनुष्यमात्र के लिए कहा जा सकता है न केवल आर्य या हिंदू ही मात्र के लिए। आर्य संज्ञा तो तब से हुई जब संसार में बहुत से मनुष्य सब ओर फैल गए तब जिनका उत्तम आचरण रहा वे आर्य हुए और जो निकृष्ट काम में लगे वे म्लेच्छ, असुर, दस्यु आदि नाम से कहलाए (Philologist) बहु-भाषा-विद् जब शब्दों के (Root) जड़ का पता लगाने लगते हैं और उसमें हिंदी की चिंदी निकालते हैं, जब लेटिन ग्रीक आदि में (Root) जड़ का पता नहीं लगता तब लाचार हो संस्कृत में उसे ढूँढ़ते हैं। जैसा Ivory हाथी दाँत जिसके माने हैं। जब कहीं पता न लगा तब संस्कृत 'इभ' की ओर झुके। जितने प्राकृतिक शब्द हैं जिनसे प्राकृतिक पदार्थों का ज्ञान होता है सब वेद की भाषा में पाए जाते हैं। शब्द ज्ञान का विषय इतना गहन और दुर्गम है कि यास्क आदि निरुक्तिकारों ने बहुत कुछ छानबीन किया उपरांत पाणिनि, पतंजलि और कात्यायन आदि कितने वैयाकरण व्याडि, शाकटायन, शाकल्य आदि न जानिए कितनों ने शब्द वारिधि में गोते मार-मार शब्द मौक्तिकों को निकाला जिनसे इस समय की यावत् सभ्य जाति भाषा के ज्ञान में लाभ उठा रही है।

ईसाई जो बाइबिल को धर्म पुस्तक कहते हैं और दावा करते हैं कि समग्र संसार के लिए ईसाई धर्म है और बाइबिल ही सच्ची पुस्तक है उसमें भी वेद की चोरी का पता लगता है। यहुन्ना की इंजील के प्रारंभ में आयत है—Words were in the beginning and word was God. प्रारंभ में शब्द समूह ही थे और शब्द ही ईश्वर था। पहले हम लिख आए हैं कि "मंत्र और ब्राह्मण के शब्द समूह का नाम वेद है।" अब यहाँ पर यह कहना अप्रासंगिक न होगा कि पुराणों से वेद को क्या धक्का पहुँचा। इसमें संदेह नहीं पुराणों में वे प्रतिपादित अर्थ बहुत ही बहुत बढ़ाए गए बल्कि भक्ति मार्ग जिसकी वेदों में कहीं-कहीं केवल झलक मात्र पाई जाती है उसका विस्तार पुराणों में इतना अधिक किया गया कि एक शास्त्र बन गया। सैकड़ों ग्रंथ भक्तिमार्ग के पोषण में बन गए। इसका एक विशेष कारण यह भी ध्यान में आता है कि ईश्वर में भक्ति खुदापरस्ती तथा परकाल के बनाने की चिंता भी कौम की कमज़ोरी की निशानी है। जब तक क़ौम उरूज़ पर और देश उन्नत दशा में रहता है तब तक ईश्वरनिष्ठा और भक्ति भाव नहीं सूझता। यह तो प्रत्यक्ष है कि भक्तिमार्ग के अनेक उत्तमोत्तम ग्रंथ तथा भक्तिमार्ग प्रवर्तक आचार्य महाप्रभु कृष्ण चैतन्य, महाप्रभु वल्लभाचार्य, मध्व और रामानुज स्वामी निम्बार्क आदि मुसलमानी राज्य में हुए। जब देश स्वाधीन और लोग स्वतंत्र न थे भगवद्गीता के अतिरिक्त

कोई ग्रंथ निरी भक्ति के न थे। दूसरे एक यह भी मालूम होता है कि संसार के लोगों की झुकावट दो ओर मालूम होती है Material and Immaterial—पंच भौतिक और अपंच भौतिक। यूरोप के देशों की प्रवृत्ति पंच भौतिक पदार्थ की ओर है। अनेक तरह के नए-नए विज्ञान निकालते जाते हैं तरह-तरह की कल, भाप, और बिजली के द्वारा जो काम कर रहे हैं उसे देख लोग अचंभे में आ जाते हैं। हमारे वेद का भी समय पहले-पहल निरा Materialism पंचभौतिक विज्ञान का था उस समय के हमारे आदिम ऋषि लोग कोई विज्ञान या विद्या नहीं बची जिनका सूत्रपात वे नहीं कर गए। उपरांत Immaterialism आध्यात्मिक या अपंचभौतिक तत्त्वों की गवेषणा आरंभ हुई उसमें भी वैदिक ऋषि सम्यक् पारगामी हुए। मुसलमानों के विजयी होने पर जब से हिंदू जाति अपनी स्वतंत्रता खो बैठी तब से इनकी असाधारण मानसिक शक्ति तथा शौर्य, वीर्य आदि उदार गुणों के स्रोत पर डाट सी लगा दी गई। बहुधा लोग भकुआ मालाधारी भक्त बन गए। स्वार्थ लम्पट और भीरु प्रकृति के हो अपनापन सर्वथा खो बैठे। भक्तमाल के भक्त सब इसी समय हुए। अब समय सुशिक्षा का नवजीवन पाय हम बहुत दिनों का भूला हुआ अपनापन फिर लाना चाहते हैं तथा अपने पैरों खड़े होने की कोशिशें कर रहे हैं वही राजविद्रोह समझा जाता है। अस्तु, जिससे वेद को अधिक धक्का पहुँचा और उसका तत्वार्थ ढँप गया वह पुराणों का अलंकारिक वर्णन है। जैसा वृत्रासुर का इतिहास, इन्द्र और अहल्या की कथा। इन्द्र एक नाम परमैश्वर्य युक्त परमेश्वर का है, अहल्या का अर्थ यास्क ने निरुक्त में रात्रि का लिखा है, जार के अर्थक्षय के हैं। समस्त तेजयुक्त सूर्य ही इन्द्रपद वाच्य यहाँ है। सूर्य के उदय होने पर रात्रि का क्षय होता है यही वास्तविक अर्थ इन्द्र के अहल्या जार का हुआ। इसी को रोचक और भयानक के क्रम पर पुराणों में इन्द्र को अहल्या का जार बनने के लिए एक रूपक खड़ा कर दिया गया। ऐसा ही प्रजापति का स्वकन्यानुगमन वाली कल्पना भी कल्पित की गई है। ऐतरेय ब्राह्मण 3-3-9 प्रपाठक हैं।

''प्रजापतिर्वै स्वदुहितरमभ्यध्यायत्''

प्रजा के पालन का अधिकार सूर्य का है इसलिए कि सूर्य गरमी से अन्न उपजाता है फल सब पकते हैं। सूर्य उदय होते ही उषा (Dawn) पौफट होने लगता है। उषा का जन्म तभी होता है जब अरुणोदय होने लगता है। तो सिद्ध हुआ उषा मानो सूर्य की दुहिता 'कन्या' रूप हुई स्त्री और पुरुष के संयोग सदृश अरुण रूप किरण बीज के समान सूर्य उसमें निक्षेप करते हैं। इस कथा को अत्यंत अनर्गल और भ्रष्ट कर पुराणकारों ने वर्णन किया है। 'काम' कितना भयानक है कि प्रजापति को भी अपने वश कर लिया इससे काम को दबाना ही कल्याण का मार्ग है यह इससे उपदेश निकाला, इत्यादि। जितने रूपक इतिहास के क्रम पर पुराणों में गढ़

दिए हैं सबों का ऐसा ही एक-एक तात्पर्य निकलता है। वृत्रासुर की कथा, समुद्र मंथन आदि इतिहास सब रूपक में विस्तार के साथ रोचक कर ऐसा दिखाए गए हैं कि वास्तविक अंश उनका बिलकुल छिप गया। इन ऐतिहासिक रूपकों में ऐसे कोई भी न निकलेंगे जिनमें कोई न कोई अच्छा उपदेश न निकलता हो।

अस्तु, वेद क्या है इस बात की टटोल हमारे पढ़ने वालों को कुछ न कुछ अवश्य हो गई होगी। एक विशेष बात वैदिक साहित्य (Vedic Literature) की ओर भी ध्यान देने के लायक है कि वेद के जिस भाग को विचारो चाहे वह आध्यात्मिक विषय का हो चाहे आमुष्मिक राष्ट्रीयता का भाव सब ओर चुआ पड़ता है। जिसमें अपने देश का योगक्षेम और आर्य जाति की उत्कर्षता सर्वोपरि स्थिर रहे यही वैदिक ऋषियों के सिद्धांत का सारांश है और उसी को वे सबसे अधिक और मुख्य धर्म मान गए हैं इसी से यह कहना अनुचित न होगा कि स्वराज के लिए वेद महोपकारी है।

[जनवरी, 1910 ई.]

वेदांत और आधुनिक वेदांती

इसे कौन न मानेगा कि संसार में जितने प्रकार के दर्शन और फिलासोफी आज तक बुद्धिमानों ने निकाले हमारे यहाँ का वेदांत शास्त्र सबसे बढ़कर उत्कृष्ट और प्रतिष्ठित है। चार्वाक् और शून्य वादी योगाचार सौत्रान्त्रिक कुमारिल परमाणुवादी या नेचरिए सौत्रान्त्रिक प्रत्यक्षवादी इपिक्यूरियन और दहरिए आदि जितने दर्शन के रूप में ईश्वर को निराकरण करने वाले मत हैं सबों का मान मर्दन और खंडन जैसा सहूलियत और बेपरिश्रम इस वेदांत के द्वारा हो सकता है वैसा किसी दूसरे दर्शन के द्वारा होना असंभव है।

ईश्वर में आस्तिक्य बुद्धि और स्थिर संकल्प का होना, सुख-दुःख में अनुद्विग्न भाव, परम शांति और राग द्वेष से बचना इत्यादि जैसा वेदांत के अनुशीलन से हो सकता है वैसा दूसरे दर्शन के अभ्यास से नहीं और यह बात तभी हो सकती है जब वेदांत का अनुशीलन किए हुए योगरत हों। दूसरे इस वेदांत को हम योग का एक अंग कहें तो उचित है किंतु बंदरों के हाथ मणि के समान अब इस समय यह वेदांत अपने को ब्रह्मास्मि के मानने वालों के हाथ में पड़ यहाँ तक बिगड़ कर असत् शास्त्र हो गया कि इन आधुनिक वेदान्तियों को प्रच्छन्न बौद्ध या छिपे हुए नास्तिक कहें तो असंगत न होगा।

जैसा कुछ उपनिषदों में वेदांत का प्रतिपादन है या महर्षि कृष्ण द्वैपायन व्यास ने अपने वेदांत सूत्र में इसका प्रतिपादन किया है, वहाँ तक वेदांत में कोई बिगाड़ नहीं हुआ बल्कि वेदांत का पढ़ना-पढ़ाना संसार के लिए महोपकारी और परलोक साधन का एक श्रेष्ठ अंग था। किंतु जब से शंकराचार्य हुए और वेदांत सूत्रों का मनमाना अर्थ कर उसमें ब्रह्मास्मि की एक पंख लगा दी और योग जिसका यह एक अंग था उससे इसे अलग कर एक स्वच्छन्द दर्शन कर डाला तब से वह वेदांत महानिकृष्ट हो गया। अब इसके पढ़ने-पढ़ाने वाले दो ही पाए जाते हैं। एक तो मोटी तोंद वाले संन्यासी परमहंस परिव्राजक जो हिंदुस्तान को अपनी तालीम से धार में मिलाने का बीड़ा उठाय ले उतरे हैं। धनी और राजाओं को चेला मूड़ उनके

धन का संहार करते हुए नगाबड़ी बैल के समान पागुर करते निकम्मे बैठे रहते हैं और वेदांत छाना करते हैं। दूसरे इन्हीं धूर्तों के चेले दंभ और मक्कारों के स्वरूप अपने बुरे काम और कुत्सित आचरण के छिपाने को वेदांत को एक ढाल बनाए हुए 'ब्रह्मास्मि' की टट्टी की आड़ से शिकार करने वाले हैं।

सच मानिए पिछले जमानों में रामानुज, बल्लभ, कृष्णचैतन्य प्रभृति कई एक महापुरुषों ने हिंदुस्तान के अनेक प्रांतों में जन्म लेकर प्रेम और भक्ति का उपदेश कर लोगों में पारस्परिक सहानुभूति, एक का दूसरे पर छोह और मैत्री भाव कायम रखा। नहीं तो शंकर भगवान तो ऐसे हुए थे कि इस रूखे वेदांत का प्रचार कर स्नेह और ममत्व का कहीं अंकुर भी न रहने देते। वेदांत के कारण लोगों को बिगाड़ने की एक दूसरी बात और भी हमारे मन में आती है कि इसकी शिक्षा तो तलवार की धार के समान पैनी है, उसके सूक्ष्म विचारों को समझने के लिए पैनी बुद्धि भी चाहिए। हमारे उपदेष्टा लोग बिना सोचे-समझे निरी दुकानदारी जमाने के लिए अधिकारी की पूरी कसौटी और परख किए बिना ही जो ऐसे बहुमूल्य रत्नों को जहाँ-तहाँ फेंकने लगे उसी का यह परिणाम हुआ कि 'ब्रह्मास्मि' में पड़ लोग कर्म की ओर से शिथिल हो गए और ब्रह्म-ज्ञान सो उन्हें पूरा-पूरा आया नहीं। केवल कथन मात्र में 'ब्रह्मास्मि' रह गया और अपने को ब्रह्मसात मान जीवन मुक्त मान बैठे। कर्तव्य और अकर्तव्य दोनों के परे हो गए। कर्तव्य के लिए तो वे अब ब्रह्मज्ञानी ही हैं—सब तरह से आजाद और मुक्त। उन्हें क्या प्रयोजन जो कर्म के बंधन में अपने को छोड़ चहले में फँसाएँ। अकर्तव्य के बारे में उनकी समझ है—गुणागुणेषु वर्तन्त इति मत्वा न सज़्जते। इंद्रियाँ अपने-अपने विषय में तो अवश्य ही लगेंगी। इसमें हमारा जो सबसे परे है क्या बिगड़ गया इत्यादि। उनके असंगत कथन का क्या मर्म है वे ही जान सकते होंगे। हम लोगों की तो ऐसी बुद्धि नहीं है कि उनके ऐसे-ऐसे उल्टे सीधे वचनों का कुछ अर्थ लगा सकें। इतना अलबत्ता देखने में आता है कि वेदांत के जाल में फँस प्रायः लोग अकर्मण्य और ज्ञानलवदुर्विदग्ध हो संसार की बड़ी हानि कर रहे हैं।

[दिसंबर, 1891]

दर्शन और उनके संबंध में मतभेद

भारत ने योरोपीय विद्या और योरोपीय शिक्षा प्रणाली के द्वारा बहुत कुछ लाभ उठाया और आगे को अभी उठाने की आशा है। हम समझते कि ऐ जहाँ इसके बहुत से उत्तम फल प्राप्त हुए हैं वहाँ बहुत उत्तम फल एक यह भी हुआ कि अपने ही घर की विद्या अपने ही यहाँ के तत्त्वान्वेषण की रीति और अपने निज के ग्रंथों के महत्त्व पर भारत की आँख खुल चली है। और क्यों न खुलै क्योंकि कोई विदेशी ग्रंथ आप पढ़िए यदि और कुछ वह आप को न सिखलावेगा तो यह अवश्य ही उससे आपको मालूम हो जाएगा कि स्वदेशानुराग क्या वस्तु है और इन दिनों भारत की जैसी दशा है उसके लिए स्वदेशानुराग कैसा भारी बहुमूल्य रत्न है और हममें देशानुराग का अंकुर जमने की कितनी आवश्यकता है।

आप स्वयं सोच सकते हैं क्या हम बतावें तब आपको सूझेगा? यह विदेशी ग्रंथ चाहे किसी विषय के हों किंतु अपने यहाँ के उस विषय पर अच्छी तरह लिखा गया हो तो मानो हम लोगों से यह प्रश्न करता है "कि तुम्हारे यहाँ इस तरह के ग्रंथ हैं? फिर यदि किसी ग्रंथकार ने विदेशीय बातों की खोज में कुछ लिखा है (जैसा उनमें इस बात पर कमर बाँध मुस्तैद हो रहे हैं) तो मानो वे ग्रंथ हम हिंदुस्तानियों को लज्जित करते हैं कि तुम कदापि हमारे बराबर होने लायक नहीं हो? क्योंकि जब तुमने अपने ही यहाँ के ग्रंथों का पता नहीं लगाया तब दूसरे देश के तत्त्वों का अन्वेषण क्या करोगे। जब तुम्हें अपने ही यहाँ के घर की खबर नहीं तो दूसरे को क्या सहायता पहुँचा सकते हो? इसलिए यूरोपीय शिक्षा प्रणाली के हम लोग अत्यंत बाधित हैं जिसके द्वारा हम अपने ही यहाँ की चीजों में अपनी विशेष रुचि पाते हैं। क्रम की बात है कि बहुत सी नई चीजें एक साथ देखने से आँख चकाचौंध में आती है और ऐसा ही क्रम मनुष्य की बुद्धि का भी मालूम होता है। क्योंकि अंग्रेजी शिक्षा प्रणाली से अभ्यसित बुद्धि को जब हम अपने यहाँ की चीजों पर दौड़ाते हैं तो कुछ विचित्र ही बात देखते हैं और आश्चर्य में आप

खोजने लगते हैं कि हमारे यहाँ क्या-क्या है और किस प्रकार की बातें हैं और उनमें क्या-क्या गुण वा दोष हैं। न केवल इतना ही बस उनके बारे में बहुत मतभेद है बल्कि ऐसा मालूम होता है कि इस विषय पर एक मत होने में अभी बहुत देरी है।

अब उचित है कि अपना अभिप्राय स्पष्ट रीति पर प्रगट करने को एक उदाहरण चुन लें और उसी पर कुछ समय तक कथोपकथन करते रहें तो हमारा आशय सबको खुल जाय। हम समझते हैं भारत को बड़े से बड़े अभिमान का विषय उसका जगत विख्यात छहों दर्शनों को छोड़ और क्या होगा इसलिए आज हम उन्हीं की आलोचना करते हैं और उन्हीं के बारे में जैसा कुछ विविध मत है उसका संग्रह करते हैं।

पहले इसके कि हम अपनी आलोचना का आरंभ करें हमें ऐसे लोग मिलते हैं जिनका यह प्रश्न है कि इन ग्रंथों का परिणाम क्या है? अर्थात् जिस प्रकार के बुद्धि का वैभव हम उनमें पाते हैं उसका नतीजा क्या है यदि यह मानें कि ये ग्रंथ दूसरे शास्त्र के अभ्यास के लिए मनुष्य को तैयार करते हैं तो यह कहना पड़ेगा कि हमारे यहाँ के जो बड़े-बड़े आचार्य थे खुद तत्त्वान्वेषण न कर सके बस किसी दूसरे ही प्रकार के लोगों के लिए तत्त्वान्वेषण का काम छोड़ गए और ये हमारे यहाँ के ग्रंथ उस तत्त्व की प्राप्ति के सहायक हैं। सो यह कोई न मानेगा क्योंकि यदि इस बात को मान लें तो फिर इनकी महिमा ही क्या रही। इसलिए यह अवश्यमेव कहना पड़ेगा कि तत्त्व इन्हीं ग्रंथों में है इसके बाहर नहीं है। यदि इनमें है तो किस प्रकार का है और उसकी खोज में लगने से किस प्रकार का लाभ हो सकता है? पहिला काम किसी विद्या (साइंस) का यह है कि मनुष्य जाति को विशेष ज्ञान दे और केवल इतना ही नहीं वरन् जिस सीढ़ी पर वह था उसके आगे की सीढ़ी पर ले जाने को वह विद्या मनुष्य की सहायक हो। क्योंकि यदि जिस दशा में मनुष्य जाति उस शास्त्र के पढ़ने से पहले थी उसी दशा में उस शास्त्र के उपरांत भी बनी रही और उसकी कुछ भलाई न हुई तो ऐसे शास्त्र का होना न होना दोनों बराबर है वरन् मनुष्य की उन्नति का हानिकारक उसे कहें तो उचित है। क्योंकि जितना समय व्यर्थ उस शास्त्र के पठन पाठन में नष्ट हो गया उतना समय किसी दूसरी विद्या के अभ्यास में लगाया जाता तो बहुत लाभ पहुँचने की संभावना थी। अतएव कोई कैसा ही शास्त्र और विद्या क्यों न हो यदि मनुष्य जाति की उन्नति Progress of Humanity का साधन न हुआ तो उसे व्यर्थ की कहना पड़ेगा। अब यह प्रश्न उठता है कि ये ग्रंथ जिनकी चर्चा हम ऊपर कर आए मनुष्य जाति की उन्नति में किस प्रकार सहायक होंगे? तो यह बात ध्यान में आती है कि उनकी जड़ अभी तक तर्क पर है और जब तक तर्क की शृंखला चली जाएगी तब तक सिद्धांत का दर्शन कहाँ और सिद्धांत ही नहीं तब शास्त्र उसको क्यों कर कह सकते हैं। फिर जब वह विद्या ही शास्त्र की पदवी पाने से च्युत हो गई तब

उससे लाभ किसी को क्या पहुँच सकता है।

कोई शास्त्र हो जब तक उसकी जड़ स्वयं सिद्ध बातों पर जिसे सब स्वीकार करते हैं नहीं तब तक वह शास्त्र क्या चलेगा? रेखागणित को लीजिए जिन स्वयं सिद्ध बातों पर इसकी शास्त्र की जड़ है उसको काटने वाला या उसका न मानने वाला कौन है? इसलिए सब लोग स्वीकार करते हैं कि यह शास्त्र बहुत ही परिष्कृत और निर्मल है। फिर यदि वह शास्त्र Practice व्यवहार दशा में लाभकारी है तो उसके सिद्धांतों के सत्य असत्य होने का कोई ऐसा बाहरी साधन चाहिए जिसको सर्वसाधारण अपने प्रयोजन में लगावें और एक ही परिणाम को सब लोग पहुँचें। जैसा यूरोप के नवीन विद्या शास्त्रों में रसायन विद्या 'कैमिस्ट्री' है। यद्यपि यह विद्या अपनी परिपाक दशा को नहीं पहुँची और दिन प्रतिदिन रसायन संबंधी नई-नई वस्तु अभी मिलती जाती है फिर भी उसके विद्वान तत्संबंधीय थोड़े से स्पष्ट सिद्धांतों पर तो आरूढ़ हो ही गए हैं।

तो अब हमारे शास्त्रों के बावत लोग बिना कुछ संकोच मन में लाए अवश्य यह प्रश्न करेंगे कि इनमें स्वयं सिद्ध स्पष्ट बातों के वह विकट जंजाल भरा है कि जिसमें तर्क की सीमा ही नहीं है और इनके घर में ही अर्थात् आपस में ही इतनी लड़ाई है कि कोई बात स्पष्ट सिद्धांत को उसमें से निकालना दुर्घट है। कारण यह है कि वे ऐसी चीज़ के बाबत है जिसमें सत्य असत्य का निर्णय करने वाला कोई बाहरी साधन ही नहीं है। सुतराम उनके सिद्धांत केवल इसी रूप में चलते हैं कि "वेदांत का यह मत है" "साहित्य का यह सिद्धांत" "मीमांसक ऐसा मानते हैं" "कणाद की इस पर यह युक्ति है" इत्यादि।

शास्त्र मात्र वे चाहे किसी विषय के हों सबों में यह नियम पाया जाता है कि बराबर आगे को बढ़ते जाएँ और उसमें अभ्यास करने वाले अपने अनुभव और अन्वेषण द्वारा नए-नए तत्त्वों का लाभ करते जाएँ। यहाँ इन ग्रंथों में आरंभ से ही ऐसी बातों की खोज में लिपटे कि बढ़ती का बीज ही मारा गया। मत का भेद या मतांतर का होना दूसरी बात है पर उस शास्त्र ही की उन्नति और तत् द्वारा मनुष्य जाति की उन्नति बिल्कुल निराली बात है। यहाँ मत मतांतर का तो ढेर है पर मनुष्य जाति की उन्नति का उसके द्वारा सर्वथा अभाव है। अब यदि हमारे इस लेख का आशय यूरोप की विद्या की प्रशंसा ही बाजे लोग समझें और ऐसा समझ कर कहें कि इस प्रकार के ग्रंथ यूरोप में भी हैं तो हम यही कहेंगे कि यूरोप के उन ग्रंथकारों के विचार की प्रणाली वहाँ की उन्नति की बाधक है साधक नहीं। हमारे यहाँ के दर्शनों से फल के लाभ में जिन्हें संदेह है वे लोग विविध विद्याओं को यों अलग अलग करते हैं। (1) सबके पहले वे गणित की विद्या को मानते हैं जिसकी शुद्ध और तर्क रहित रीति से बढ़कर रीति किसी शास्त्र की नहीं है। इसीलिए यह विद्या हमारे यहाँ की तथा अन्य देशों की एक सी है। इस गणित शास्त्र की रीति से और तर्क शास्त्र की रीति से इतना अंतर है जैसा दिन का रात से। (2) दूसरी श्रेणी में विज्ञान अर्थात् प्राकृतिक

तत्त्वों के गुण आदि के ज्ञान का शास्त्र है इस शास्त्र का आज दिन योरोप में बड़ा जोर है यदि ऐसा कहें कि इस शास्त्र में नौ हिस्सा यथार्थ अन्वेषण है केवल एक हिस्सा तर्क है तो अनुचित न होगा। कुछ न कुछ तर्क इसमें भी है पर इस कारण से कि तर्क को निराकरण करा ठीक ज्ञान देने वाला एक बाहरी साधन विद्यमान है। इस कारण विज्ञान शास्त्र के लाभदायक गुणों में तर्क कुछ बहुत बाधा नहीं कर सकता। (3) तीसरे उस प्रकार के शास्त्र जिनमें अधिकांश तर्क के ही द्वारा व्यवहार दशा में भी उनसे कुछ लाभ होता है–जैसा धर्मशास्त्र राजनीति विद्या आदि। यद्यपि इन शास्त्रों के विविध आचार्यों में मतभेद हैं पर व्यवहार में एक सा लाभ पहुँचाने में कुछ संशय नहीं है यद्यपि एक देश का कानून दूसरे देश के कानून से नहीं मिलता पर एक ही तरह का गुण उनमें देखा जाता है। (4) चौथी श्रेणी में धर्म वा मत के ग्रंथ हैं। यदि यह कोई कहे ये ग्रंथ उस तरह के शास्त्र नहीं हैं जिस श्रेणी के पहले तीन प्रकार के शास्त्र तो हम समझ सकते हैं कि जैसा तर्क वितर्क इन ग्रंथों में है वैसा कहीं नहीं होगा। यही कारण है कि चाहे दो देश की और सब बातें मिल जाएँ पर वहाँ की धर्म संबंधी बातें न मिलेंगी और न ऐसे ग्रंथों के विचार का प्रतिफल व्यवहार दशा में कुछ दिखाई देगा। सूक्ष्म से सूक्ष्म विचार उन ग्रंथों में केवल शुष्क तर्क के ही लिए किया गया है और कोई फल नहीं है और इस चौथी श्रेणी की बातों के विचार की सूक्ष्मता में हमारे यहाँ के दर्शन सब देश के दर्शनों से बढ़े हुए हैं। अब बताइए इन षट्‌ दर्शनों की प्रणाली को आप उन पर लिखी हुई चार श्रेणियों में किस में रक्खेंगे? अतिरिक्त इस चौथी श्रेणी के और किसी में नहीं और चौथी श्रेणी के ग्रंथ व्यवहार दशा में जैसे निष्फल हैं उसे हम प्रगट कर चुके हैं। इन दिनों की विद्या की प्रणाली यह देखी जाती है कि परिणाम या प्रतिफल को दृढ़ रूप से आँखों के तले रख तब उस विद्या में लगना पर वह विद्या भी ऐसी हो कि जड़। उसकी अत्यंत पुष्ट रीति से ऐसी बातों से दृढ़ की गई हो कि जिन पर शंका करना ही असंभव है। जब ऐसा है तो आगे की इमारत भी खड़ी हो सकेगी नहीं तो बालू के भीत के समान होगी और बिना जड़ पुष्ट आगे तो न तो नए नए तत्त्व निकलेंगे न कुछ उन्नति होगी क्योंकि किसी प्रकार का सत्य हो जब न मानने वाले या शंका करने वाले का भ्रम सद्यः निवारण करने का कोई बाहरी साधन है और वाद विवाद में उस सत्य के न मानने वाले के पक्ष के बराबर हो जाता है तो वह सत्य काहे का है केवल तर्क का जंजाल है ऐसी बातों से उन्नति क्या अवनति ही होती जाएगी।

इस प्रकार का आक्षेप हमारे यहाँ के दर्शनों पर बहुतेरे लोग करते हैं और न केवल मतभेद होना वरन्‌ इन दर्शनों के द्वारा कुछ भलाई हो सकती है इस बात को जड़ ही से काट देते हैं अवकाश न होने से इसके उत्तर का विचार हम आगे करेंगे।

[अगस्त, 1886 ई.]

ज्ञान और भक्ति

ज्ञान और भक्ति दोनों परस्पर प्रतिकूल अर्थ के द्योतक मालूम होते हैं; ज्ञान के अर्थ हैं जानना या जानकारी और ज्ञ धातु से बना है। भक्ति भज धातु से बनी है जिसके अर्थ हैं सेवा करना या लगाना (टू सर्व आर टू डिवोट)। मनुष्य में जानकारी स्वच्छंद या सर्वोपरि रहने के लिए प्रेरणा करती है, जो अज्ञ या अबोधोपाहत हैं वे ही दूसरे के अधीन या मातहत रहना पसंद करते हैं। एक या दो मनुष्यों की कौन कहे समस्त जाति की जाति या देश का देश के साथ यह पूर्वोक्त सूत्र लगाया जा सकता है। अमेरिका में ईस्ट इंडियन्स और अफ्रीका के काफिर अथवा काले-कुरूप हब्शी क्यों गुलाम बना लिए गए और यूरोप की सभ्य जाति ने सहज में उन्हें जीत अपने वशम्वद तथा अधीन बना लिया? इसलिए कि इन हब्शियों में तथा ईस्ट इंडियन्स में ज्ञान तथा बुद्धि-तत्त्व की कमी थी जो सर्वथा अज्ञ और अबोधोपहत होते हैं। ज्ञान आध्यात्मिक उन्नति (स्पिरिचुअल प्रोग्रेस) का मुख्य द्वार है। नेशन में 'नेशनैलिटी' जातीयता और आध्यात्मिक उन्नति (स्पिरिचुअलिटी) दोनों साथ-साथ चलती हैं अर्थात् कोई कौम जब तक अपनी पूरी तरक्की पर रहती है तब तक रूहानी तरक्की का घाटा या अभाव उसमें नहीं पाया जाता।

भारत में वैदिक समय आध्यात्मिक उन्नति का मानो एक उदाहरण था; ज्यों-ज्यों उसमें अंतर पड़ता गया। भारत आरत दशा में आय बराबर नीचे को गिरता गया। उपरांत पुराणों की सृष्टि ने लोगों में बुद्धि का पैनापन न देख भक्ति को उठाय खड़ी किया इसलिए कि लोग ब्रह्मचर्य के ह्रास से बुद्धि की तीक्ष्णता खो बैठे थे उतने कुशाग्र बुद्धि के न रहे कि आध्यात्मिक बातों को भली-भाँति समझ सकें। भक्ति ऐसी रसीली और हृदय ग्राहिणी हुई कि इसका सहारा पाय लोग रूखे ज्ञान को अवज्ञा और अनादर की दृष्टि से देखने लगे और साथ ही साथ जातीयता नेशनैलिटी को भी विदाई देने लगे—जिसके रफूचक्कर हो जाने से भारतीय प्रजा में इतनी कमजोरी आ गई कि पश्चिम के देशों से यवन तथा तुरुष्क और मुसलमानों को यहाँ आने का साहस हुआ।

इसी बीच स्वामी शंकराचार्य जन्म ग्रहण कर उसी रूखे ज्ञान को पुनः पुष्ट करने लगे—"संसार सब मिथ्या स्वप्न सदृश है; पाप-पुण्य, स्वर्ग-नर्क दोनों एक और बंधन के हेतु हैं" इत्यादि-इत्यादि न जानिए हमीं ब्रह्म हैं; क्या-क्या खुराफात प्रीच करने लगे—यहाँ तक कि प्रच्छन्न बौद्ध इन आधुनिक वेदांतियों के अद्वैतवाद से महर्षि कृष्णद्वैपायन के वेदांत के दर्शन में बड़ा अंतर पड़ गया। प्रेम, सहानुभूति, प्राणपण के साथ स्वदेश-गौरव का ममत्व, आदि जो जातीयता के बढ़ाने के प्रधान अंग हैं सबों पर पानी फिर गया; आध्यात्मिक उन्नति जिसका ज्ञान एक अंग है उसमें शंकर के अद्वैतवाद का कुछ भी असर न पहुँचा। बौद्धों को पराजित कर हिंदुस्तान से निकाल देने ही के लिए शंकर महाराज की विशेष चेष्टा रही इसलिए सायन, माधव, वाचस्पति आदि इनके अनुयायी तथा कुमारिल और गौड़पाद प्रभृति महापंडित जो शंकर के समकालीन थे इन सबों की चेष्टा भी केवल बाद के ग्रंथ निर्माण पर विशेष हुई। आर्षप्रणाली छहों शास्त्र की सर्वथा भुला दी गई केवल वाद मात्र रहा; आध्यात्मिक विषयक वास्तविक 'प्रैक्टिकल' कुछ न रहा। हम पहले सिद्ध कर चुके हैं आध्यात्मिक उन्नति (स्पिरिचुअल प्रोग्रेस) और जातीयता (नेशनैलिटी) या (पॉलिटिक्स) मुल्की जोश साथ-साथ चलते हैं।

हमारे यहाँ जिस समय मुहम्मद गोरी आदि अत्याचारी मुसलमान विजेता सब ओर से देश को आक्रमण किए डालते थे उस समय संस्कृत में प्रत्येक विषय के कैसे-कैसे आकर ग्रंथ निर्माण किए गए पर उनमें पॉलिटिक्स की कहीं गंध नहीं पाई जाती। वही चाल अब तक संस्कृत के पुराने पंडितों में कायम है। लड़ना-भिड़ना केवल अबोधोपहत राजपूत बेचारे विषय-लम्पट कतिपय राजाओं ही में रह गया। देश के विद्वानों में इसका कुछ भी असर न पड़ा। अंत को यह कहावत ही चल पड़ी "कोई नृप होहिं हमें का हानी। चेरी छोड़ न होउब रानी" और अब तो इस अंगरेजी राज में दक्षिणा-लम्पट इन कोरे पंडितों का कुछ अद्भुत हाल हो गया कि जिससे कुछ संशोधन या देश का उद्धार है उसमें जहाँ तक वश चलता है अड़चन डालने को मुस्तैद रहते हैं। क्षत्रियों में जब जोश बाकी न रहा तो इन पंडित और ब्राह्मण बेचारों की कौन बात रही? तालीम की धारा में सभ्यता के सामने ब्राह्मणों की चतुराई का खुलासा इनके वर्त्तमान बिगडे हुए हिंदू धर्म को पूछता कौन है?

अस्तु, इसी समय स्वामी रामानुज तथा मध्वाचार्य जन्म लै सेव्य-सेवक भाव की बुनियाद डाल अहं ब्रह्मास्मि के प्रचार को बहुत कुछ ढीला किया पर दासोस्मि कह इतना दास्य भाव और गुलामी को लोगों की नस-नस में भर दिया कि जिससे ब्रह्मास्मि ही बल्कि अच्छा था कि लोगों में स्वच्छन्द रहने की उत्तेजना तो पाई जाती थी। भक्ति का रसीला शुद्ध-स्वरूप वल्लभाचार्य विशेषकर कृष्ण चैतन्य महाप्रभु ने दिखाया। प्रेम, सहानुभूति, ऐक्य आदि अनेक बातें जो हमारे में 'नेशनैलिटी' कायम रखने के मुख्य अंग हैं उनकी जड़ जहाँ तक बन पड़ा पुष्ट किया पर ये लोग ऐसे

समय में हुए जब देश का देश म्लेच्छाक्रांत हो रहा था और मुसलमानों के अत्याचार से नाकों में प्राण आ लगे थे। इससे आध्यात्मिकता पर इन्होंने बिलकुल जोर न दिया बल्कि यह कहना अनुचित न होगा कि ऋषि प्रणीत प्रणाली को हाल के इन आचार्यों ने सब भाँति तहस-नहस कर डाला। भक्ति-मार्ग की उन्नति की गई किंतु हमारी आध्यात्मिक अवनति के सुधार पर किसी की दृष्टि न गई। शुद्ध स्फटिक-सी भक्ति की जो विमल-मूर्ति थी उसमें से कज्जल-सी कालिमा का उद्गार होने लगा। मूर्खता संक्रमित हिंदू जाति के लिए, यह भक्ति बानर के हाथ में मणि के सदृश हुई। अब इस भक्ति में दंभ जितना समा गया उतना चित्त की सरलता, अकौटिल्य और सचाई नहीं पाई जाती। भक्ति मार्ग के स्थापित करने वाले महाप्रभुओं के समकालीन भक्त जनों में सच्ची भक्ति का पूर्ण उद्गार था; उन महात्माओं का कितना विमल चित्त था; अकुटिल भाव के रूप थे; यही कारण है कि उन्हें भगवान् का साक्षात्कार हुआ। मीराबाई, सूरदास, कुंभनदास, सनातन गोस्वामी आदि कितने महापुरुष ऐसे हो गए जिन के बनाए भजन और पदों में कैसा असर है जिसे सुन चित्त आर्द्र हो जाता है। मुल्की जोश की कोई बात तो इन लोगों में भी न थी उसकी जड़ ही न जानिए कब से हिंदू जाति के बीच से उखड़ गई पर परमार्थ साधन और आर्जव के तो वे सब लोग स्तंभ-सदृश हो गए।

अब ऐसे लोग इस भक्ति मार्ग में क्यों नहीं होते यही एक पक्का सबूत है कि अब इसमें भी केवल ऊपरी ढोंग-मात्र रह गया। वास्तविक कोई बात न बच रही जिससे हमारे हिंदू धर्म के विरोधियों को यह कहने का मौका अलबत्ता मिला कि यहाँ आध्यात्मिकता कुछ नहीं है। दुनिया भर को अध्यात्म का रास्ता दिखाने वाला भारत आध्यात्मिक विषय से शून्य है। ऐसा कहने और मानने वालों की कुंठित-बुद्धि को हम कहाँ तक पछताएँ? तवारीखों से साबित है कि ईसा और मुहम्मद आदि यहाँ का कण-मात्र पाय सिद्ध हो गए। वही भारत के संतानों को समय के बलाबल से यह सब सुनना पड़ता है; सात समुद्र के पार से आय विदेशी लोग अब हमें ज्ञान देने और सभ्यता सिखाने का दावा बाँध रहे हैं; लाचारी है।

[मार्च, 1903 ई.]

धर्म का महत्त्व

इस विषय पर पहले हम कई बार लिख चुके हैं आज जीर्णोद्धार की भाँति उसी की फिर उद्धरणी जो किया चाहते हैं इसका हेतु यह है कि इस रोशनी के जमाने में धर्म जैसी दुर्बल दशा में आ रहा है वैसा दूसरा विषय नहीं। कदाचित् हमारा यह लेख धर्म की दुर्बलता को दूर हटाने में कुछ सहायक हो। दूसरे यह कि धर्म का विषय इतना वृहत् और निर्भय है कि इस पर जहाँ तक चाहो कलम की कारीगरी झलकाते रहो कभी चुकेगा ही नहीं। निर्भय इतना कि एड़ी बेड़ी कलम चल जाय तो न राजा की ओर से कुछ डर न प्रजा की ओर से किसी तरह की ठाँय ठाँय। धर्म से हमारा यह प्रयोजन नहीं है कि हम किसी एक खास धर्म की प्रशंसा करें और न यही हमारा तात्पर्य है कि हम यह दिखलावें कि अमुक धर्म की बातें बड़ी उत्तम हैं इससे उसी खास धर्म पर चलना चाहिए। हमको भिन्न-भिन्न संप्रदाय और मतमतांतरों के झगड़ों से कुछ सरोकार नहीं। झगड़े के रास्ते को छोड़ हम उस तत्त्व का अन्वेषण किया चाहते हैं जो यावत् धर्म मात्र की नेव है। जिस पर सोने चाँदी के पत्तरों से बड़े ऊँचे-ऊँचे मंदिर, धौरहरे, आलीशान मसजिदें और गिरजे खड़े किए गए हैं। इन मसजिद मकबरे मंदिरों को एक-एक अलग-अलग परखें तो कदाचित् संभव है हमारे पढ़ने वालों को यह संदेह होगा कि अमुक धर्म-संबंधी सिद्धांत को इसने अवश्य मान लिया है तब तो उनकी जाँच और निर्ख कर रहा है किंतु हमारा प्रयोजन यह नहीं है। धर्म जितने हैं उनकी नेव विश्वास पर है तर्क पर नहीं। धर्म केवल मान लेने की बात है। आँख मूँद धर्म संबंधी बातों को मानते रहो इसी में कल्याण है। बल्कि हम यह भी कहेंगे कि तर्क को सर्वथा स्थान न दै यह बात सदा ध्यान में रहे कि धर्म सब बड़े बड़े बुद्धिमानों के बुद्धितत्त्व का निचोड़ है सुतराम् उसको बड़ी श्रद्धा और भक्ति के साथ मनन करना चाहिए।

पहली बात जिस पर मनुष्य की झुकावट किंचित्मात्र ज्ञानोदय और समझ के आने पर होती है वह धर्म ही है। प्रत्येक जाति और समाज की सामयिक तथा बीती हुई दशा पर ख्याल करने से यही बात मन में आती है कि आदि में जब

भाँति-भाँति के विज्ञान और अनेक पदार्थ-विद्याओं का कहीं लेश भी न था उस समय धर्म संबंधी विषयों पर बड़े-बड़े ग्रंथ बनकर तैयार हो गए थे। बहुत लोगों का सिद्धांत है कि सुनीतिशिक्षा 'मोरालिटी' जो कि सुगठित समाज से संबंध रखती है पहले पूरी उन्नति को पहुँची तब धर्म या आध्यात्मिक विषय पर देश या समाज की झुकावट होती है किंतु यह उनका कहना हमें ठीक नहीं मालूम होता। सुनीतितत्त्व के फैलने के पहले आध्यात्मिक विषयों पर मनुष्य की बुद्धि स्थिरता ग्रहण कर तब सामाजिक विषयों पर दौड़ी। बल्कि यों कहा जाए तो उचित है कि धर्म या परलोक का भय न हो तो सुनीतितत्त्व की एक बात भी न चल सके। समाज में सुनीतिजनक बातें एकत्रित जन समूह से संबंध रखती हैं और यह समाज का एकत्रित होना युगानुयुग के उपरान्त जब सभ्यता अपने पूरे जोर को पहुँच चुकी तब हुआ किंतु परमात्मा, परलोक, स्वर्ग, नरक आदि अदृष्ट बातों पर लोगों का ध्यान सृष्टि के आरंभ ही में गया और तब से आज तक लोग उसके ढूँढने से विरत नहीं हुए। जुदे-जुदे धर्म और एक-एक धर्म की इतनी अलग-अलग शाखा-प्रशाखाएँ उसी का परिणाम हैं। यह प्यास लोगों की आज तक न बुझी और संभव है कदाचित् सृष्टि के अंत तक न बुझे। इसी से 'नमो धर्माय महते' इस वाक्य में धर्म को महत् का विश्लेषण दिया गया है। हाँ, यह अलबत्ता कह सकते हैं कि 'मारलरूल्स' समाज में सुनीतितत्त्व के जुदा-जुदा कायदे और कर्म धर्म के पोषक और अध्यात्म विद्या के उन्नति के हेतु हैं। सुनीतितत्त्व के प्रतिपालन से जब समाज पुष्ट पड़ जाता है तब अध्यात्मविद्या की गूढ़ बातों को लोग समझ सकते हैं उसी समझ का निचोड़ जुदा-जुदा दर्शन और फिलासोफी के नाम से प्रचलित हुए। जिनमें न सद्सत् विवेक वाली बुद्धि है न विद्या, केवल अपना पेट पाल लेना ही जिनको जीवन का मुख्य उद्देश्य है उनको हमारे इस लेख से कोई लाभ नहीं है। ऐसों को समाज के नियम का पालन केवल इसी प्रयोजन से है जिसमें सुख चैन से जिंदगी कटै। समाज के नियम का परिपालन धर्म और परलोक का बड़ा भारी साधन है वे कभी न मानैंगे। तब वे सुनीतितत्त्व से धर्म और ईश्वर को अलग क्यों न मानैं किंतु हम तो यही कहेंगे कि जिनको धर्म और ईश्वर पर पूरा विश्वास है वे ही सचाई, ईमानदारी, दृढ़ता, परस्त्री को माँ बहन के तुल्य समझना, भ्रातृस्नेह इत्यादि सामाजिक नियमों के पालन में दृढ़ और अटल होंगे सुतराम् समाज में सर्वसम्मत और दूसरों के लिए उदाहरण भी वे ही होंगे।

धर्म संबंधी विषय पर यदि सच्चे जी से सोचो ऊपर की व्यर्थ की बकवास और दाँतकिट्टन तथा दुनियादारी या लोकरंजना को दूर कर धर्म का ठीक पता लगाना चाहते हो और धर्म संबंधी झगड़ों को केवल इतनी ही बात से तय नहीं किया चाहते कि मोक्ष या परमपद ऊर्द्धपुंड लगाने से बनता है त्रिपुंड और भस्म रमाए से नहीं या यह कि जो रुद्राक्ष धारण करने वाले हैं वे ही स्वर्ग में जाएँगे तुलसी

या गोपीचंदन तथा तप्तमुद्रा धारण करने वाले पतित हैं। कैलाश या मुक्ति पद त्रिपुंड की आड़ी रेखा में गिरो हो गया है तब तो बात ही निराली है। इस तरह की ठाँय ठाँय में श्रेणी और समूह की कौन कहे समझदार दो आदमी भी एक मत के होते हुए कम पाओगे। हम उन उन महापुरुषों को धन्यवाद देते हैं कि उन्होंने लोगों के लिए एक एक राह निकाल दिया कि चित्त में कुटिलता को बिना स्थान दिए उस राह पर चला जाय तो अंत में ठिकाने लग ही जाय पर साथ ही हम अपना शोक भी प्रकट करते हैं कि हम उनके साथ सहमत नहीं हो सकते। भिन्न-भिन्न दर्शन का भी मूल यही मतभेद है। थोड़ा सोचने वाले नाहक इस बात में अपना अमूल्य समय नष्ट करते हैं कि आप सांख्य दर्शन के अनुसार चलते हैं आप द्वैतवाद के सिद्धांत के मानने वाले हैं। आप अद्वैतवादी हैं। सच पूछिए तो हम सब दर्शनों को एक मानते हैं क्या हुआ जो एक की बात दूसरे से जोड़ नहीं खाती। जब यह निश्चय है कि सब एक ही बात की खोज में लगे हैं तो एक दूसरे के सहायक हैं और एक के बिना दूसरा खंडित हो सकता है। दो बटोहियों का इस बात के लिए लड़ना निरा छिछोरापन है कि उनका रास्ता एक नहीं है। इसी बात को पुष्पदन्ताचार्य ने अपने महिम्नस्तोत्र में बहुत अच्छे ढंग से दिखलाया है।

"त्रयी साङख्यं योग पशुपतिमतं वैष्णवमिति,
प्रभिन्ने प्रस्थाने परमिदंपथ्यमिति च।
रुचीनां वैचित्र्यादृजुकुटिलनानापथजुषां,
नृणामेको गम्यस्त्वमसि पयसामर्णव इव॥"

त्रयी अर्थात् तीन वेद ऋग, यजु, साम, सांख्य, योग, पशुपतिमत, वैष्णवमत ये सब जुदा जुदा रास्ते उस रास्ते पर चलने वाले की रुचि के अनुसार टेढ़े या सीधे निश्चित किए गए हैं किंतु जलमात्र को समुद्र के समान मनुष्यों के लिए तुम्हीं एक ठिकाना हो।

लोग बहुधा पूछते हैं आप ईश्वर को मानते हैं या नहीं। हम जानते हैं इससे बढ़कर व्यर्थ का प्रश्न दूसरा न होगा और यदि है तो इसी प्रश्न का उत्तर क्योंकि इसका उत्तर केवल हाँ या नहीं इन दो शब्दों में होना असंभव है। न एक या दो दिन में इस प्रश्न को हम समझ सकेंगे बरसों तक लोगों ने इसके एक एक खंड को सोचा किया है। हमारे यहाँ के पहले के ऋषियों से पूछिए तो कहेंगे सैकड़ों वर्ष और कई जन्म इसके लिए काफी नहीं हैं।

"बहूनां जन्मनामन्ते ज्ञानवान्मां प्रपद्यते"

तो स्पष्ट है उस अचिन्त्य अपरिमेय अलख अगोचर की किंचित् झलक का मिलना भी मनुष्य जीवन की सफलता और मुख्य उद्देश्य है।

धर्म का विस्तार और उसका महत्त्व कुछ हिंदुस्तान ही की धरती के हिस्से में आया। जिस समय एक-एक देश या जाति के लिए अलग-अलग गुणकर्म का विभाग किया जाता था और हिकमत विज्ञान विद्या की बारीकी, राजनीति की गूढ़ बातों के मर्म समझने की अकिल, मुल्क के तरक्की का जोश, स्वत्वाभिमान इत्यादि योरोप अमरीका आदि देशों को दिए गए उस समय धर्म की बारीकी और धर्म संबंधी विषयों के सूक्ष्मतत्त्वों के अनुसन्धान की बारीकबीनी इस अभागे हिन्दुस्तान को सौंपी गई जिसने धर्म के सूक्ष्मतत्त्वों का अनुसन्धान करते करते उसके सैकड़ों टुकड़े कर डाले और यहाँ तक यह धर्म के पीछे पड़ा कि इसने अपनी जिंदगी का हीर केवल धर्म ही को माना। खाना पीना उठना बैठना सोना जागना सब में धर्म का दखल कर दिया, यहाँ तक कि चलने में एक पाँव पृथ्वी में धर दूसरा पाँव उठाया चाहो तो धर्म को 'कनसल्ट' विचार लो। अत्यंत दुर्दशादलित इस हीन दीन हालत में आ जाने पर भी यह अब तक धर्म का पिंड नहीं छोड़ना चाहता। हम नहीं जानते इस हद तक हिंदुस्तान की हवा में क्या विष मिल गया है कि हिंदू तो धर्म की छान करते-करते गर्दखोरे हो ही गए थे जर्रार तर्रार मुसलमान भी यहाँ आकर तस्वी हाथ में लै छार हो गए। धर्म और परमार्थ पर दृष्टि रखना बहुत अच्छा और मनुष्य के जीवन की सफलता है पर ऐसा धर्म जैसा हमारे हिंदू जाति के लोगों में प्रचार पा रहा है केवल घिन और ऊब पैदा करता है। माँ के पेट से निकलते ही जब तक चिता पर न पहुचैंगे केवल एक धर्मसाधन के अलावा और कुछ जानते ही नहीं। हमारे अपढ़ पुराने ख्याल वालों के मन में यह कभी धँसता ही नहीं कि दुनिया के और-और हिस्सों में क्या हो रहा है, लोग क्या-क्या तरक्की कर रहे हैं, धर्म की डर और परलोक को लात मार खुदाई का दावा बाँधे हुए हैं। वहीं ये पग-पग में धर्म-भ्रष्ट होने की डर से व्याकुल गोबर ही पाथते रहे। माला और तस्वी को ऐसा गहि के पकड़ा कि उलटी सीधी सब तरह की बात इन्हें चिताओ इनके मन में एक भी न धँसेगी। धूर्त स्वार्थ लम्पटी जो मजहब की आड़ से खातिर-खाह अपना मतलब गाठते हैं–

''जोषयेत् सर्वकर्माणि विद्वान युक्तः समाचरन्''

इत्यादि अपने प्रयोजन के ऐसे-ऐसे वचन गढ़ के रख दिए हैं कि जिसमें जो कुछ समझ भी रखता हो वह चुप रहे, जरा हीले डोलै नहीं, जो गुमराह हों उन्हें गुमराह बना रहने दे टोकै नहीं। इसी से हमने कहा धर्म की जड़ केवल विश्वास है तर्क नहीं और यही धर्म का महत्त्व है। आँख में पट्टी बाँध एक ढर्रे पर ढुलकते हुए जब तक चले जाओ तभी तक खैरियत है। धर्म में सब महत्त्व ही महत्त्व पाओगे जरा आँख खुली कि वह महत्त्व धर्म में निरी पोल हो जायगी। या यह महत्त्व नहीं है बल्कि इस बात की गवाही है कि हिंदू की कौम कहाँ तक 'डिजेनेरेट' पतित

और नष्ट भ्रष्ट हो गई है कि त्रिदेव और पंचायतन पूजन की कौन कहे शीतला भवानी से लेकर भूत प्रेत पिशाच डाकिनी शाकिनी वाले मियाँ गाजी मिर्जा इमामहुसेन तक को पूजती है और फिर भी अपने धर्म के महत्त्व के घमंड में हम फूले नहीं समाते। सच मानिए जब तक इस नासमझी से हम अपना गला न छुटावेंगे तब तक पस्त होते ही जाएँगे। ऐसा क्लेश जैसा इस समय हम भुगत रहे हैं कोई दूसरी कौम होती तो न जानिए क्या कर डालती पर हम उसे भी सुख से झेलते जाते हैं। हर तरह की चपकुलिशों में पड़ काँख रहे हैं सही पर उस बँधी लकीर के बाहर न होंगे! तीस या चालीस वर्ष पहिले जो बात जैसी पाते थे वे सब आज के दिन तक यथास्थिति जैसी की तैसी बनी हैं जरा तबदील की गंध भी किसी में नहीं पाते। हमारी पतित समाज की नीचे को गिरने की झुकावट आगे से अब इक्कीस विस्वें है उन्नीस नहीं हुई।

कितनों का मत है स्त्रीशिक्षा इसके संबंध में उपकारी है पर हम पूछते हैं क्या इसी तरह की स्त्रीशिक्षा हमारे लिए कारगर होगी जैसा आज तक हुई और होती जाती है? कभी नहीं। जैसी शिक्षा अब तक हुई उसे देख हमें शरम आती है और हँसी आती है। ज्यादातर तो मीरहसन की मसनवी या कोई दूसरे इश्कबाजी के किस्से सत्यानाश की जड़ गजलें हमारी स्त्रियाँ धोखती और पढ़ती हैं। कोई-कोई जिनकी मजहब और धर्म पर श्रद्धा चर्राई उन्होंने विष्णु सहस्रनाम धोखा पुराण के किस्से कहानियों में अधिक रुचि बढ़ी प्रेमसागर ब्रजविलास या शुकसागर पढ़ा मानों औरतों की तालीम का छोर हो गया। टट्टी के आड़ से शिकार करने वाले धूर्तों की बन पड़ी। किस्मत खुली घर बैठे माल कटने लगा झार फूक टोनाटनमन वालों की बाजार गरम हुई कौम का नीचे को गिरना इक्कीस होता गया उन्नीस होने की कौन कहे। इनको अब तालीम की जरूरत है तो उस तरह की तालीम होनी चाहिए जिसमें इनके नेत्र खुलें। भूगोल इतिहास भाँति-भाँति के विज्ञान इन्हें सिखाए जाएँ और यह ठीक-ठीक मन में इनके बैठ जाए कि जो हम कर रही हैं और अब तक करती आईं वह धर्म का आभास मात्र निरा अधर्म है। अपनी वर्तमान पतित गिरी दशा का पूरा-पूरा बोध हो जाय और यह जानने लगें कि हमें निपट भोली और सीधी समझ अनेक नाम रूप और भेष से धूर्त लोग हमसे पुजाते हैं और धर्म का महत्त्व दिखलाय नित्य नित्य हमें बिगाड़ते जाते हैं। ये धूर्तप्रचारक बहाना तो स्वर्ग की राह दिखलाने का करते हैं पर वास्तव में हमें नरक के कुंड में झोंके हुए हैं। स्त्रियों की दशा का सुधरना कौम की तरक्की की पहली सीढ़ी है और वह तभी संभव है जब इनमें विवेक आवै जो केवल उत्तम शिक्षा के द्वारा हो सकता है। उत्तम शिक्षा का फल नीतितत्त्व के सिद्धांतों में दृढ़ता 'मारेलकरेज' है जो धर्म संबंधी बातों का प्रधान अंग है इसलिए पुरुष हो चाहे स्त्री जिनमें 'मारेलकरेज' नहीं है उनकी धर्म की ओर झुकावट फीकी और व्यर्थ है।

[जून, 1894 ई.]

महाभारत के समय का भारत

महाराज रामचंद्र के समय से जब हम धर्मराज युधिष्ठिर के समय को मिलाते हैं तो देश की हर एक बातों में बड़ा अंतर पाते हैं। यद्यपि युधिष्ठिर धर्म के अवतार माने गये हैं सत्य और साधुता आदि सद्गुणों का चित्र उनके चरित्र में व्यासदेव ने भरपूर उतारा है पर महाराज रामचंद्र के अकृत्रिम सौहार्द आदि गुणों का लेश भी उस चित्र में न आ सका। श्रीरामचन्द्र का समय आर्यों की पुरानी सभ्यता और उनके समस्त सद्गुणों का सूर्योदय था किंतु पांडवों का समय उस सभ्यता का मध्याह्न था। श्रीरामचंद्र के समय आर्यों का उदय देश में पंजाब, अवध या ब्रह्मावर्त और कुछ प्रांत बिहार या तिरहुत तक हुआ था। पांडवों के समय संपूर्ण भारतवर्ष में आर्य लोग फैल गए थे। अनार्य दस्यु या राक्षस रामचंद्र के समय समस्त विंध्य के दक्षिण के देशों में बसे हुए थे। तथा बहुत बड़ा हिस्सा विंध्याचल के उत्तर का उन्हीं राक्षस और असुरों के अधिकार में था। मथुरा जो पांडवों के समय यादव वंशी क्षत्रियों की राजधानी थी जिसका वर्णन कवियों ने बड़े धूमधाम के साथ किया है। लवण असुर के अधिकार में थी और मथुरा के आस-पास का भूभाग सब उजाड़ पड़ा था। लवण भी विराध और रावण आदि राक्षसों की भाँति आदमख़ोर था। आदमियों को मार कर खा जाता था और जंगली मनुष्य था। शत्रुघ्न ने उसे मार कर मथुरा बसाया था। बक और हिडंब आदि राक्षस भी जिन्हें भीमसेन ने मारा है। उनके आख्यानों से मालूम होता है कि बहुत से ऐसे मनुष्य मांस भक्षक पांडवों के समय तक कहीं-कहीं बच रहे थे। वाल्मीकि के लेख से प्रकट है कि भरत जब चित्रकूट में श्रीरामचंद्र से मिलने को चले हैं तब रास्ता साफ़ करने वाले बहुत से लोग कुदारी और फरुसा साथ लिए रास्ता साफ करने को उनके आगे चले हैं। पांडवों के समय श्रीकृष्ण रथ पर हस्तिनापुर से द्वारिका को गए हैं। जिन-जिन देशों से गुज़रे हैं उनके नाम दिए गए हैं। इससे सिद्ध है कि महाभारत के समय में इतनी सभ्यता लोगों में आ गई थी कि सड़क आदि का प्रबंध और टिकने की सराय इत्यादि के क्रम पर कुछ बनावें। रामचंद्र चित्रकूट से रामेश्वर तक सीता को खोजते हुए गए

हैं। संपूर्ण देश का देश सिंह बाघ आदि भयंकर शिकारी जानवरों से भरा था। सैकड़ों कोस की दूरी पर अगस्त और सुतीक्ष्ण ऐसे दो एक ऋषियों का स्थान उन्हें मिला है। पांडवों के समय दक्षिण के ये सब देश आबाद हो गए थे अच्छे-अच्छे नगर और राजधानियाँ उनमें बन गई थीं। भोजकट ऐसे दक्षिण के कई नगरों के नाम भारत में पाए जाते हैं और दक्षिण के कई राजे महाभारत के युद्ध में कौरव और पांडवों की कुमक को आए हैं। युद्ध शिक्षा भी पहले पूर्णता को नहीं पहुँची थी रामायण में अधिकतर पर्वत की शिला और पेड़ों की डालियों से युद्ध कहा है महाभारत के युद्ध में कैसी-कैसी व्यूह रचना व्यासजी ने लिखा है। रामचंद्र के समय देश का देश उजाड़ पड़ा था केवल अयोध्या, मिथिला आदि दो एक नगर थे महाभारत के समय सौ-सौ पचास-पचास कोस की दूरी पर एक-एक स्वच्छंद राज्य और राजधानियाँ हो गई थीं। जिनमें बड़े-बड़े प्रबल शक्तिशाली अस्त्र-शस्त्र विद्या कुशल राजा राज करते थे। कृषि और वाणिज्य की भरपूर तरक्की थी। लोग सब भाँति मुदित प्रसन्न हृष्ट और पुष्ट थे। धन संपत्ति से देश खचाखच भरा था। बौद्धों का ज़ोर भी उस समय तक नहीं होने पाया था। ऋषियों का चलाया हुआ शुद्ध वैदिक धर्म पर लोग चल रहे थे। चारों वेद और धनुर्वेद आदि उपवेद तथा आर्य ग्रंथ का पठन-पाठन तीनों वर्ण के लोग करते थे, अब के समान तब कोई विदेशी भाषा देश में प्रचलित नहीं हुई थी। सब लोग बड़े ही पवित्र चरित्र के थे इससे Litigation कानूनों में इस कदर हिंदी की चिंदी नहीं होने पाई। रामचंद्र का समय सभ्यता का सूर्योदय अर्थात् आदिम काल था। इससे मालूम होता है कि सभ्यता के बढ़ने से बहुत तरह की बुराइयों का अंकुर भी उस समय तक नहीं जमा था। सभ्यता के बढ़ने से सब भलाई ही हो सो नहीं बहुत सी बुराइयाँ भी फैल जाती हैं। लोगों में दमन तब विशेष था। लोभ, मोह, मद, मात्सर्य को प्रजा में फैलने का अवकाश ही तब न था। इसी से रामचंद्र भरत को राज देते थे पर भरत ने उसे स्वीकार न किया। युधिष्ठिर के समय सभ्यता का मध्य दिन था और सभ्यता अपनी अंतिम सीमा तक पहुँच चुकी थी इसी से लोभ आत्म सुख अभिलाषा और आपस की स्पर्द्धा इतनी बढ़ गई कि राज के लिए भाई-भाई कट मरे। पर उद्यम, साहस, धैर्य, बल, वीर्य, स्थिर अध्यवसाय आदि पौरुषेय गुणों में अंतर नहीं पड़ा था। बल्कि वे गुण बराबर बढ़ाते ही गए। बहुत तरह की नई-नई विद्या और कितने तरह के नए-नए अस्त्र-शस्त्र तथा शिल्प विज्ञान भी इस समय सभ्यता के बढ़ने के साथ ही साथ बढ़ते गए और बराबर बढ़ते जाते। पर होनहार अमिट है। महाभारत का युद्ध ऐसा सर्वनाशकारी हुआ कि भारत के पुनरुत्थान का सितारा क्रमशः डूबता ही गया। आस-पास के देश जो यहाँ चक्रवर्ती राजाओं के बाहुबल से सदा दबे रहते थे और कभी उभड़ने का मन भी न करते थे पीछे वे ही प्रांत वर्ती देश के लोग और वहाँ के सम्राट् राजा जैसा सिकंदर इत्यादि प्रबल पड़ हिंदुस्तान पर चढ़ाई करने लगे

और उलटा भारत ही को दबाने तथा यहाँ के लोगों को अपने वंशवद करने में कृतकार्य हुए।

महाभारत के युद्ध का धक्का यद्यपि आस-पास के देशों को भी कुछ न कुछ लगा पर वे प्रबलता में सब भाँति हम से आगे बढ़ते ही गए। टर्की, ईरान, परशिया, तुर्किस्तान, तातार आदि देश महाभारत के युद्ध के उपरांत बौद्धों के समय तक भारत के अधीन थे। क्योंकि क्षेमेन्द्र ने अवदान कल्पलता में बहुत से ऐसे नाम दिए हैं, जहाँ बुद्धदेव ने जाकर अपना मत फैलाया और बुद्ध धर्म की दीक्षा लोगों को दी बहुधा वे नाम उन्हीं देश के नगरों से मिलते हैं। ऐसा मालूम होता है कि ईरान से सिंधु नदी के तट तक आर्यों के निवास की मुख्य भूमि थी। आतश परस्त पारसियों में जैसा आर्यों का रक्त संचालित देख पड़ता है वैसा हम हिंदुओं में नहीं है। या, यों समझिए एक ही बाप के जैसे दो पुत्र अलग-अलग दो ठौर का बसें वैसा ही ये पारसी अपनी धर्म पुस्तक ज़िंदावस्ता ले सर्वथा अलग हो गए यहाँ तक कि वैदिक धर्मावलंबी आर्यों ने उनसे कोई सरोकार न रखा। वेद के अनुसार चलने वाले आर्यों का दस्यु और असुरों के साथ घिस्ट-पिस्ट होने से उनके चेहरे का रंग और देह के प्रत्यंगों के संगठन में कुछ थोड़ा अंतर पड़ गया। पर मस्तिष्क की लोकोत्तर शक्ति उनमें जैसी की तैसी बनी रही। पीछे इन्हीं वैदिक आर्यों ने इन दस्यु असुरों को भी आर्य बना लिया अब यह समस्त हिंदू जाति अपने को आर्य वंशी कहती है। अस्तु इन अप्रासंगिक बातों का ज़िक्र यहाँ इस समय छेड़ना व्यर्थ है अतः प्रकृतमनुसराम—

इन आर्यों में मस्तिष्क की शक्ति प्रबल है सो इससे सिद्ध है कि ये जहाँ कहीं एक दो भी होंगे वहाँ समस्त जन समूह के शिक्षक नेता या प्रधान बन बैठेंगे। दंडक का बड़ा हिस्सा जनस्थान जो किसी समय इन्हीं दस्यु असुर और राक्षसों की वास भूमि थी वहाँ आर्यों में एक अगस्त जा बसे थे पर अगस्त संपूर्ण दाक्षिणात्य दस्यु और राक्षसों के पूज्य हुए रामचंद्र को भी रावण को जीतने में अगस्त से बहुत सहायता मिली। ऐसा ही सुग्रीव, जामवंत और हनुमान आदि जिन को वाल्मीकि ने रीछ और बंदर लिखा है सब के सब उन्हीं दस्युओं के फिरके के रहे होंगे रावण से और इनसे फर्क केवल इतना ही था कि ये आदमखोर न थे। दक्षिण के देशों में धरती पहाड़ी होने से अन्न कम पैदा होता था फल और कंदमूल विशेष। सुग्रीव और जामवन्त आदि कंदमूल तथा फल खाकर अपनी जिंदगी काटते थे इसी से ये रीछ और बंदरों की कोटि में शामिल कर लिए गए। रामचंद्र महाराज युद्ध आर्यवंशी थे उन्होंने इन रीछ और बंदरों को अपना अनुयायी बनाया उनसे अपना काम निकाला। रावण को जीतने में और सीता को रावण के क़ैद से निकाल लाने में श्रीरामचंद्र को इन्हीं रीछ और बंदरों से बड़ी सहायता मिली। ऐसा ही पांडवों ने भी घटोत्कच आदि कई राक्षसों को अपने में मिलाय उन्हें आर्य बना लिया। विराट राजा के यहाँ

कीचक जिसे भीमसेन ने मारा था उन्हीं दस्युओं में था। इतिहासों को ख़ूब टटोलो तो पता लग जायगा कि अभी हाल के ज़माने तक यह बात प्रचलित रही कि आर्य जाति वाले इन दस्यु वंशियों को बराबर अपने में मिलाते उन्हें दस्यु और किरात के आर्य करते गए। मुसलमानों के हमलों के उपरांत जित जाति Conquered Nation हो जाने से वह जोश और गरमी इनमें से निकल गई। दूसरी जाति वालों को अपने में क्या मिलाएँगे। ये खुद दूसरों का मज़हब कबूल कर अन्य जाति वाले होते जाते हैं। हज़ारों, लाखों हिंदू मुसलमान हो गए और अब क्रिस्तान होते जाते हैं। इसी से बराबर हम इस बात को कह रहे हैं कि जब तक Life पौरुषेय गुण विशिष्ट जीवन और जोश तथा Nationality जातीयता का भाव किसी कौम में क़ायम है उस समय जो कुछ उसके मस्तिष्क से निकलेगा या जो कुछ काम वह करेगा सबों में उत्तेजना रहेगी दास हो जाने पर जो बात कोसों दूर हट जाती है। मुसलमानों के राजत्व काल में जो ग्रंथ बने अथवा जो रीति या क्रम अपने लोगों में प्रचलित किया गया सब त्याज्य हैं। उन ग्रंथों को मानने या उन रीति या क्रम के अनुसार चलने से हम स्वराज्य के योग्य कभी नहीं होंगे।

अस्तु तो निश्चय हो गया कि महाभारत के युद्ध का समय भारत तथा आर्यों के बल और वीर्य; समृद्धि और वैभव; बुद्धितत्व; या सद्विचार प्रणाली; तथा स्थिर अध्यवसाय आदि की प्रौढ़ता का था। यदि वही हालत हिंदुस्तान की अब तक क़ायम रहती तो तमाम दुनिया का एकाधिपत्य इस समय इसे प्राप्त हो जाता किंतु अफ़सोस देश में संपत्ति और वैभव बढ़ने के साथ ही साथ परस्पर की स्पर्द्धा द्वेष और आत्म सुखाभिलाष उस समय इतना अधिक बढ़ गया कि जिससे हमारे अधःपतन के बीज का बोना बहुत सहज हो गया। जिस समय यह युद्ध हुआ है उस समय हिंदुस्तान का कोई कोना या प्रदेश नहीं बचा था जहाँ सब तरह की पूर्ण जागृति न रही हो। इस युद्ध की हेतु भूत या प्रधान कारण कृष्ण महाराज की कुटिल पालिसी थी। भारत का कोई भाग न बच रहा था जहाँ इनकी पालिसी दुरभिसंधि का असर न पड़ा हो। कौरव और पांडव दो इस युद्ध के प्रधान नेता तो थे ही किंतु उस समय के समस्त छोटे-बड़े राजे-महाराजे इस युद्ध के किसी न किसी दल में आ शरीक हुए थे। न केवल हिंदुस्तान ही तिब्बत तातार बलख बुख़ारा और चीन तक के नरपाल युद्ध में कट मरे। जो भूपाल स्वयं न आए उन्होंने अपनी बहुत सी सेना और युद्धोत्साही वीरों को लड़ने के लिए भेजा। कुछ ऐसा भी मालूम होता है कि इस समय वीरता का दर्प इतना लोगों में आ समाया था कि वे अपने भुजा का बल दिखाने का मौका ढूँढ़ रहे थे।

यद्यपि कंस काशिराज चेदी का राजा शिशुपाल और शाल्व आदि बहुत से राजाओं का संहार कर उस समय के युद्धोत्साही वीर क्षत्रियों में कृष्ण महाराज महा मान्य हो चुके थे। इनके लिए सबसे बड़ी बात यह हो चुकी थी कि जरासन्ध

जो उस समय एक तिहाई हिंदुस्तान अपने अधिकार में किए था और जो कई बार इन्हें हरा चुका था उसका राजनीति के द्वारा भीम से वध कराय मगध की बड़ी भारी सल्तनत तोड़ चुके थे फिर भी महाभारत के युद्ध में वीरता और युद्धोत्साह का समुद्र उमड़ रहा था। ऐसा मालूम होता है उस समय के राजा लोग और क्षत्रियों का दो दल था। एक वे थे जो स्वयं कुलीन होकर कृष्ण महाराज को सर्वश्रेष्ठ मान बैठे थे। दूसरे दलों के वे थे जो सब भाँत इनके विपक्षी थे। इनको अपने से किसी बात में उत्कृष्ट नहीं मानते थे। उन्हीं को असुर और दैत्य की पदवी दी गई। कृष्ण को क्षत्रियों के संक्षय के कलंक से बचाने को पृथ्वी का भार उतारने का प्रतिष्ठा पत्र उन्हें दिया जाता था। किंतु ऐसे भार उतारने को कौन सराहेगा जिससे ऐसा भारी धक्का लगा कि देश फिर आज तक न पनपा। वे ही अलबत्ता सराहेंगे जिनको उसके दुर्गति की चोट का असर बिलकुल नहीं पहुँचा जो स्वार्थी और आत्म-सुख रत हैं। इसमें संदेह नहीं श्रीकृष्ण भगवान् अपनी धारणा लोकोत्तर बुद्धि से इस घोर संग्राम का जो कुछ परिणाम हुआ उसे समझे हुए थे। चाहते तो कौरव और पांडवों में मेल कराय भारत को इस महान संक्षय से बचा देते पर न जानिए क्यों उनकी यह त्रिकालदर्शिता हमारे लिए सर्व नाशकारी हुई। यदि यह कहा जाय कि कृष्णचन्द्र ने यह सब निज वंश यदुकुल की प्रतिष्ठा बढ़ाने को किया सो भी नहीं हुआ। अंत में सब के सब यादवकुल वाले आपस में लड़ कट मरे। इससे सिद्ध होता है कि त्रिकालज्ञ भगवान् श्रीकृष्ण ने यह सब स्वार्थ बुद्धि से नहीं किया अपिच यह दर्शाया कि प्रत्येक देश और जाति के ह्रास और वृद्धि में Law of Compensation क्षति या हानिपूरक एक प्राकृतिक नियम सब ओर संसार भर में व्याप रहा है। जो कभी इस धरातल के एक ही भूभाग या एक ही जातिवालों को चाहे वे कैसे ही गोरे से गोरे या काले से काले क्यों न हों बराबर उन्नति या अवनति की दशा में नहीं रहने देता वरन् चक्र नेमिक्रम अर्थात् रथ की पहिया सा ऊँचा नीचा हुआ करता है।

''नीचैर्गच्छत्युपरिच दशा चक्रनेमिक्रमेण''। औ भी
''संयोगा विप्रयोगान्ताः पतनान्ताः समुच्छ्रयाः।''

संयोग के साथ वियोग लगा रहता है। मनुष्य ऊँचा तभी तक होता जाता है जब तक गिरता नहीं। तो किसी को अपनी तरक्की का घमंड नितान्त व्यर्थ है। महाभारत का युद्ध मानो इस तरह के दर्पान्धों को शिक्षा दे रहा है कि तुम चार दिन की चाँदनी के समान अपनी वर्तमान बढ़ती का घमंड न करो तुम भी एक दिन गिरोगे।

[फरवरी, 1908]

नए तरह का जनून

थोड़े दिनों से हमारे मुल्क में नए तरह का जनून पैदा हो गया है और इन जनूनियों की संख्या अब इतनी अधिक हो गई है कि इनका फिरका होता जाता है। अंगरेजी तालीम के साथ ही साथ यह उपज खड़ा हुआ है और इस जनून का नाम संशोधन या 'रिफारमेशन' है।

इसका सबसे जियादह जनून एडिटरों को होता है, जो दीवानों की तरह जो मन आया सो बक्का किए, कोई चाहे मानों चाहे न मानों, कुछ उसका असर हो या न हो, जो सिर सवार हुई सो हुई। शुभ-चिंतक लोग कितना ही मना करते हैं कि सूअरों के सामने अपना कीमती मोती न फेंको; इन्होंने राड़ों के भाँति जो एक चरखा शुरू किया, ओटते ही जाते हैं, कब किसी की सुनते हैं। यह जनून आर्यसमाजियों को भी किसी से कुछ कम नहीं है, कोई कितना ही कहे इन्हें जो झक्क सवार है सो कभी उतरेगी ही नहीं कि वेद अपौरुषेय और स्वतः प्रमाण है, पुराण सब गप्प हैं, वेद में यावत् साइंस और विज्ञान सब उसकी नस-नस में भरे हैं। यों तो पेटारथू न जानिए कितने जनूनिए स्पीकर और उपदेशक के नाम से प्रसिद्ध हैं, कौन उनकी सुने। जैसे किसी को गोरक्षा का जनून सवार है। कोई टैम्परेन्स को यावत् संशोधन का हेतु मानता है। किसी को औरतों की तालीम सवार है। कोई विधवाओं के विसाह के नशे में गड़ागप है। हम अपनी एक निराली ही तान गा रहे हैं कि कमसिनी के ब्याह मुल्क से उठा दिया जाए बस, देश उन्नति के शिखर पर एक बारगी छलाँग मार उछलकर चढ़ जाए। किसी सत्यानाशी को विलायत यात्रा सवार है। किसी ने होटलों में बैठ अंगरेजों का जूठा खाने ही में मुल्क को आजाद करने का उपाय सोच रक्खा है। किसी को औरतों की परदेदारी शिकस्त करने पर कस्द है। कितने नराधम ऐसे भी उपज खड़े हुए हैं, जिन्होंने संशोधन ही को अपने लिए रोटी कमाने की एक हिकमत मान रक्खा है। किसी समाज या कमेटी के सेक्रेटरी अथवा मैनेजर बन चंदा उगाह-उगाह निगलते रहे। न जानिए कै हजार रुपए पचे डाले और डकार तक न आई।

अगस्त्यं कुम्भकरणं च भीमं न बडवानलम्।

कांग्रेस वालों का जनून सबसे अधिक असाध्य रोग है; जिसके दूर होने का कोई उपाय है ही नहीं। कर्मचारियों ने हजार सिर धुना कि इस विष-वृक्ष की जड़ उखाड़ डालें पर यह दिन-दिन पुष्ट पड़ता जाता है और अब तो अजर-अमर हो गया।

महात्मा ईसा का कहना है कि हमने बाँसुरी बजाई तुम न नाचे। इन जुदी-जुदी धन वाले संशोधकों का दल इकट्ठा किया जाय तो कई लाख आदमी निकलेंगे जो अपने-अपने जनून को पूरा करने में तन-मन से तत्पर हैं। कोई दूसरा देश होता तो अब तक न जानिए क्या हो जाता यहाँ–

भैंस के आगे बीन बाजै भैंस खड़ी पगुराय।

जो चाहे सो हो, इन्हें पागुर करने से काम। जिसने मुँह चीरा है, झख मारेगा खाने को दे ही देगा।

जान को देत सुजान को देत अजान को देत सो तोहू को दे है।

एक वह कौम है कि साधारण से सुई और दियासलाई के कारखाने वाले करोड़पति हैं; साल में लाखों कमाते हैं। स्याही का कारीगर स्टीफेन की ओर से एक हजार माहवारी तनख्वाह के कई आदमी नौकर हो खाली इसलिए भेजे गए हैं कि लोग शहर-शहर घूम इस बात की जाँच करते रहें कि उनकी पेटेंट स्याही की नकल कोई न बनाने पावें; न जानिए कै लाख साल की आमदनी एक स्याही के कारखाने से है। ऐसे-ऐसे हजारों किस्म के कारखाने इंग्लैंड, जर्मनी, फ्रांस और बेल्जियम वालों के हैं।

वहीं हम हैं जिन्हें लड़की लड़कों के ब्याह से इतनी फुरसत नहीं मिलती कि दूसरा काम करें। बस, इसी के लिए जन्मे हैं कि गंदी सृष्टि बढ़ाते ही जाएँ। औलाद को तालीम वगैरह की तो चर्चा ही क्या? उनके लिए पेट भर अन्न न मुहैया कर सकें बला से। तन ढापने को कपड़ा न संपादन कर सकें, कोई हर्ज नहीं। संतान को कुँवारा न रहने दें, जिसमें सृष्टि बढ़ती रहे और अनुत्साही मुर्दादिल निष्पुरुषार्थियों का दल जुड़ता जाए। हजार मेहनत मशक्कत के बाद स्त्री-पुत्र को अन्न-वस्त्र से संतुष्ट रखना और काम-काज में डेढ़ बीते की नाक न कटने पावे–जहाँ सपूती का छोर है, वहाँ संशोधकों को अपना व्यर्थ सिर पचाना जनून नहीं तो और क्या कहा जाय?

अंगरेजी राज्य के इस कड़े शासन में जब हम सब ओर से दबे हैं और चारों ओर से ऐसे कस दिए गए हैं कि हिल नहीं सकते, आमदनी का कोई द्वार खुला न रह गया। यावद्वस्तु की निगरानी से खर्च इतना बढ़ गया कि किसी तरह पेट

भर अन्य मिलता जाए, रूखी-सूखी खाकर बाल-बच्चों को पाल सके, मानों समस्त सपूती का निचोड़ आ गया। ऐसी हालत में भी जब हम न चेते तब अब कब चेतेंगे? दूसरे यह कि गवर्नमेंट के कानून की जागती ज्योति सोलहों कलापूर्ण जगमगा रही है। न्याय और इंसाफ सब के लिए एक-सा खुला है। शेर बकरी एक घाट पानी पीते हैं। किसी पर किसी का अन्याय और अत्याचार नहीं चल सकता। एक एक आदमी आजाद और स्वच्छंद है ऐसा सुभीता पाकर जब हमने न कुछ किया तब सिवा इसके और क्या कहा जाए कि हमारी बराबर घस्सड़ कौम दूसरी कोई नहीं है। आगे कदम बढ़ाने को कौन कहे, ऐसी-ऐसी सामाजिक और मज़हबी कैदें पीछे लगा दी गई हैं जिनका परिणाम ईर्ष्या-द्रोह, लड़ाई-झगड़ा और आपस की फूट के सिवा और कुछ हो ही नहीं सकता; जिसमें कौमियत या जातीयता का भाव हमारे में कभी आ ही नहीं सकता। अच्छी तरह जी गवाही दे रहा है कि अमुक बात हमारे समाज में बड़ी बुराई की है; उठा दी जाय तो सिवा फायदे के कभी नुकसान है ही नहीं। पर मौका आने पर हम तुम्हारा मुँह देख रहे हैं, तुम हमारा। इतनी हिम्मत नहीं है कि राह दिखलाने वाले अगुवा बन उस बुराई को तोड़ सकें। मसल है—

और को लुखरी सगुन बतावे, आप कुत्तों से चिथावे।

पढ़े-लिखे बड़े लोग आली दिमाग काम पड़े तो कहो ऐसा लेक्चर झारें कि पक्के घंटे भर बाद दम लें, किंतु समय पर लेक्चर में कही हुई बात को करके दिखा देने में दुम दबाय कोसों दूर भागेंगे। करते आप हैं पर उस भूल का दोष किस्मत, होनहार या संस्कार को देते हैं।

पर सुंदरी कन्या साक्षात् देवी की मूर्ति जिसकी कीमत दस हजार से कम नहीं हो सकती। उसके योग्य लड़का भी पढ़ा-लिखा, सुशील, खुशनसीब सब तरह पर उपयुक्त है। पर नाड़ी वर्ग न बना, शादी फिस्स कर दी गई। या बना भी तो हाड़ अच्छा नहीं है संबंध नहीं हो सकता। हाड़ का अच्छा, महा उजड्ड, छत्तीसौ गुन बनता भी है, उस रूपवती सुंदरी के साथ ब्याह दिया गया। ब्याह के महीने भर बाद लड़का यमलोक का बटोही हो गया! अब इस समय संस्कार और किस्मत को दोष दे सिर धुनते हैं। अपनी भूल को कभी एक बार भी न पछताएँगे; न अपने गंदे समाज को कुछ दोष देंगे। कितने ऐसे सामाजिक काम हैं जो केवल स्त्रियों ही के अधीन हैं और स्त्रियों की जैसी हीन दशा हमारे देश में है वह विदित ही है। ये संशोधक लोग बाहर चाहे जितना जोश और जनून दिखलावें, घर के भीतर इनके उपदेश वक्तृता की गंध भी नहीं पहुँचने पाती। तस्मात्, हमें तो यही जान पड़ता है कि हमारे देश में संशोधन केवल सपने में बर्राने के समान है। कोई कितना ही सिर खाली करे, होना-जाना कुछ नहीं है। इसलिए हम कहते हैं, हमारे देश में एक नए तरह का जनून पैदा हो गया है।

[नवंबर, 1892 ई.]

जातीयता के गुण

पहले इसके कि जातीयता के गुण प्रगट कर दिखलावें यह जानना अति आवश्यक है कि जातीयता क्या वस्तु है और क्यों जातीयता का भाव पैदा होता है। मनुष्यों में जातीयता का भाव दो कारणों से पैदा होता है एक प्राकृतिक दूसरा व्यावहारिक। प्राकृतिक कारण जातीयता का जुदे जुदे देशों का शीत ऊष्ण उर्वर अनुर्वर इत्यादि का तारतम्य है और इस कारण उन-उन देशों के रहने वाले मनुष्यों में शारीरिक और मानसिक भावों का भेद हो गया वही एक-एक जाति बन गई है। इसके अनुसार योरोप के विद्वानों ने मनुष्य जाति के तीन भेद किए हैं। काकेसीय मांगोलीय और ईथियोपीय। ये तीनों जाति भेद केवल स्थान विशेष में निवास के कारण मनुष्य के शरीर की गढ़न और गौर या श्याम वरण के अनुसार किए गए हैं।

पृथ्वी के जिन-जिन स्थानों में शीत की अत्यंत अधिकता है और भूमि उस स्थान की अनुर्वरा और नैसर्गिक दृश्य वैचित्र्य (Natural Beauty) विहीन है ऐसे स्थान के निवासी प्रायः सब ठौर एक से शील स्वभाव के होते हैं। ये लोग बहुधा निष्किंचन और धन शून्य होते हैं और इस कारण निष्ठुराचारी हिंसाविहारी प्रवंचनापटु शठ मूर्ख विश्वासघातक होते हैं। आखेट इत्यादि से अपना पेट येन केन पाल लेते हैं। आखेट इत्यादि में अधिक परिश्रम करते-करते सबल और साहसिक अवश्य हो जाते हैं। किंतु उस स्थान में जहाँ वे रहते हैं किसी तरह की नैसर्गिक शोभा और प्राकृतिक दृश्य के अभाव के कारण उनकी बुद्धि स्फूर्ति विहीन होती है। इस जाति के लोग मध्य और दक्षिण अफ्रीका, मध्य एशिया, तिब्बत, तातार आदि अनेक देश के रहने वाले हैं। केंद्र के समीप जो देश हैं वहाँ बड़ी शीत होने से उन देशों के मनुष्य भी ऐसे ही निष्किंचन और साहसिक हैं।

दूसरी श्रेणी के लोग वे हैं जो ऐसे स्थान में रहते हैं जो न अत्यंत शीत है न अत्यंत उष्ण है जहाँ की पृथ्वी कुछ उर्वरा और कहीं-कहीं नैसर्गिक शोभा संयुक्त है। योरोप खंड के रहने वाले अधिकांश इसी श्रेणी के हैं जिनका नवाभ्युत्थान और सौभाग्य इन दिनों हर एक बातों में तरक्की के ओर छोर को पहुँचा हुआ है। भूमि

यद्यपि यहाँ की बहुत पहाड़ी और अनुर्वरा है किंतु यूरोप वाले निज कलाकौशल और विज्ञान से पृथ्वी के सब खंडों से धन संपत्ति में बढ़े हुए हैं और मनुष्य जाति मात्र को शिक्षा देने का बाना बाँधे हुए हैं।

तीसरी श्रेणी के वे हैं जो ऐसे स्थान में रहते हैं जहाँ गरमी और सर्दी दोनों समान भाव से होती है। छः ऋतुओं का समय-समय प्रकाश होता है। वहाँ की धरती उर्वर प्राकृतिक दृश्य वैचित्र्य की अधिकाई से सुशोभित रहती है। ऐसा देश प्राचीन भारत प्राचीन ग्रीस और प्राचीन इटली तथा मिसिर देश हैं। इनमें ग्रीस और इटली अपनी अवनति देख ठीक समय में उससे छुटकारा पाने का यत्न कर शीघ्र अपनी उन्नति की दशा को पहुँच गए किंतु भारत के भाग्य में क्या बदा है सो कुछ जाना नहीं जाता। शताब्दी पर शताब्दी बीती जाती है किंतु इसके दुर्भाग्य की दशा में कुछ अदल-बदल नहीं होती दीखती। जैसी अचेत दशा में भारत पड़ा सो रहा है उससे बोध होता है मानो इसकी नाड़ी में जीवनी शक्ति है ही नहीं इसमें कुछ भी दम होता तो अवश्य उठने की चेष्टा करता।

हम ऊपर ऊपर जातीयता का एक दूसरा कारण व्यावहारिक कारण कह आए हैं। काम साधने के लिए मनुष्य का मनुष्य के साथ जो परस्पर संयोग एकता उद्यम और साहस है वह व्यावहारिक कारण है। जातीयता का अवांतर कारण प्रतिवासिता अर्थात् पड़ोस का निवास भाषा मत या धर्म आदि है। पड़ोसी का पड़ोसी के साथ परस्पर आलाप परिचय और सुहृद्भाव के द्वारा दोनों में जो एक प्रकार का विश्वास और सहानुभूति हो जाती है उसी सहानुभूति और विश्वास के बल वे दोनों किसी बड़े काम के साधन निमित्त जहाँ तक एकता के सूत्र में बँध सकें उसी को हम व्यावहारिक कारण जातीयता का कहेंगे। सहानुभूति और विश्वास यही दो जातीयता नदी के दो किनारे हैं। एक भाषा एक मत वा एक धर्म एक ही कुल गोत्र या वंश में जन्म आदि से भी सहानुभूति और विश्वास वृक्ष की जड़ पुष्ट पड़ती जाती है। हम पहले लिख चुके हैं कि प्रयोजन की सिद्धि इस जातीयता का फल है सो जातीयता बिना सहानुभूति के अकेली भाषा अकेला धर्म वा मत से कभी नहीं होती वरन् अलग-अलग ये तीनों जातीयता के विरोधी हैं।

हिंदुस्तान में जातीयता और सहानुभूति इसीलिए नहीं होती कि यहाँ मत और भाषा की विभिन्नता बहुत है। संस्कृत यहाँ की बोलचाल की भाषा किसी समय थी यह भी इसी से प्रगट होता है। प्राचीन भारत जिस समय उन्नति की दशा में था और जातीयता का यहाँ पूर्ण प्रादुर्भाव था उस समय अवश्य संस्कृत देश भर की एक भाषा वैसे ही रही जैसी अब अंग्रेजी यहाँ होती जाती है। पीछे प्राकृत ने जोर पकड़ा जो एक समय ग्रामीण और नीच लोगों की भाषा थी और वही मँजते-मँजते यहाँ तक पुष्ट पड़ गई कि संस्कृत को दबा लिया और अनेक भेद उसके हो गए और भेद होने के साथ ही देश में जातीयता को भी टुकड़े-टुकड़े कर डाला। अब

मत को लीजिए जब तक देश भर में एक ही वैदिक धर्म था जुदे-जुदे संप्रदाय और मत नहीं फैले थे जातीयता भी सर्वांग सुंदर हो प्रकाशमान् थी। उपरांत पंचायतन पूजा प्रारंभ हुई तब तक भी जातीयता के इतने खंड नहीं हुए थे। जब से अनेक धर्म और संप्रदाय चले तब से जातीयता के सैकड़ों टुकड़े हो गए। देश जो दुर्दशा भोग रहा है वह प्रत्यक्ष है और न कोई आशा है कि जब तक ये विविध संप्रदाय प्रचलित रहेंगे तब तक फिर जातीयता हम लोगों में कभी आ सकेगी।

जिस समय यहाँ वैदिक धर्म प्रचलित था ब्राह्मण, क्षत्री, वैश्य, शूद्र चारों मिलकर भारत में आर्य के नाम से विख्यात थे। उस समय इनकी शोभन मूर्ति पर मोहित हो यवनों की दृष्टि इन पर पड़ी और उन्हें पराजित कर उन्हीं के अंक में इन मुसलमानों ने भी स्थान पाय बस गए। आर्यों ने भी इन्हें अपना अंग बना लिया ऐसा कि दोनों एक शरीर हो गए। पहले शूद्रों को जीत आर्यों ने उन्हें अपना अंग बना लिया था। अब ये यवनों से पराजित हो आप उनके अंग बन गए सही पर ऐसा जुट सा गए कि दोनों अंग एक हो अनेक शिराओं से रक्त संचालन होना आरंभ हो गया। यहाँ तक कि उठना बैठना, नशिस्त बरखास्त, रीति-नीति-व्यवहार रंग-ढंग सब एक हो आर्य से यावनिक हो गया सही पर कितनी बातों में जातीयता का आभास मात्र बना ही रहा। इसी समय समुद्र पार से अनेक जाति की श्वेत मूर्ति यहाँ आ उपस्थित हुई। आर्य लोग यद्यपि अपनी पहली आर्य जाति की जातीयता खो बैठे थे तो भी इस नई प्रकार की यावनिक जातीयता में आय ऐश्वर्य सेवा महा बात व्याधि से पीड़ित हो ऐसे बातुल और उन्मत्त हो गए थे कि इन श्वेत मूर्तियों ने अपने को वैद्य विदित कर इन आर्यों से कहा कि हम तुम्हारे उन्माद रोग की चर्चा सुन समुद्र के पार से आए हैं और तुम्हारे कृपा पात्र बना चाहते हैं। तुम हमारी चिकित्सा मन लगा के करो तुम्हारी सब बाई हम जल्द पचा देंगे। तुम्हारे जोड़-जोड़ में अनेक शोषक द्रव्य छोड़ जातीयता के शरीर का रसमात्र खींच लेंगे और ऐश्वर्य की गरमी से आँख में जो मोतियाबिंद छा रहा है जिससे तुम्हें देख नहीं पड़ता उसमें दरिद्र महारस का एक ऐसा रसायन छोड़ देंगे कि उससे इस चर्म चक्षु की क्या तुम्हारे हिए की जो फूट रही है वह भी खुल जायगी तब तुम्हें अनेक प्रकार के कौतुक सूझ पड़ने लगेंगे। भारतवासियों ने इनकी कमनीय कोमल मूर्ति और सुमधुर वाक्यावली पर मोहित हो कुछ मुसकिरा इनकी चिकित्सा स्वीकार कर लिया। जब तक अनेक कल बल छल से शरीर का थोड़ा-थोड़ा रस खिंचता रहा तब तक जैसा किसी को सहराने में सुरसुरी का मजा मिले। किंतु रस खिंचते-खिंचते जब ये अत्यंत दुर्बल और म्रियमाण हो गए तब चिल्लाने लगे। तब वे भिषकवर बोले—देखो गुल शोर मत मचाओ जब तक तुम्हारे शरीर में थोड़ा भी बाई का असर बचा रहेगा तब तक तुम किसी काम के न रहोगे लिखा भी है—

'दारिद्रं परमांजनम्'

तुम्हारी आँख खोलने को यही बड़ा श्रेष्ठ रसायन है। यहाँ तक कि भारत अब सर्वथा उत्थान शक्ति रहित हो गया परंतु उस अंजन से जो इसकी आँख खुल गई तो अब यह बूँद का चूका घड़ा ढरकाने की भाँति तरह-तरह की बातें सोच रहा है। अब लोग अपनी अनेक भूल-चूक को पछताय इसका अनेक कारण कह रहे हैं पर यह किसी के मन में नहीं समाता कि यह केवल जातीयता की सहानुभूति के न होने का कारण है। और फिर जातीयता के आने की न कोई चेष्टा कभी की जाती है। ऐक्य, सहानुभूति, देश भर की एक भाषा, एक मत, आदि जातीयता के उत्कृष्ट गुण जब तक न आवेंगे तब तक भारत का पुनरुत्थान सर्वथा असंभव है।

[फरवरी, 1897 ई.]

जातियों का अनूठापन

मनुष्य व्यक्ति के चरित्र का विचार कई एक रीति से हो सकता है। और जिस रीति पर आरूढ़ हो इसकी मीमांसा कीजिए उस ढंग के वैसे विचार होंगे। चाहे मनुष्य के धर्म अथवा सच्चरित्र संबंधी गुणों का विचार कीजिए या चाहे इसी के निकट का कोई प्रश्न उठाकर उस पर कुछ शंका समाधान कीजिए अर्थात् सच्चरित्र से सामाजिक क्या लाभ है इन सब बातों के विचार से हमको इस लेख में कुछ प्रयोजन नहीं है किंतु हमको यहाँ उस मुख्य बात से प्रयोजन है जो इस प्रकार की मीमांसा के भी पूर्व विचार में आनी चाहिए और वह यह बात है कि जातियों का अनूठापन इस देश के इतिहास का फल है।

जब हम किसी एक जाति पर ध्यान देते हैं तो निश्चय उस जाति के आचरणों से कुछ ऐसी बातें लक्षित होती हैं जो खास उसी जाति में पाई जाएँगी और वे बातें ऐसी न होंगी जो मनुष्य मात्र में साधारण रीति पर पाई जाएँ क्योंकि न तो कोई जाति इतनी भली है कि उसमें कोई बुरे होंगे ही नहीं। न देश का देश इतना बुरा हो सकता है कि उस जाति में एक भी भला न हो। इसलिए उन बातों को खोजना चाहिए जो किसी जाति का एक विशेष धर्म है और इसकी मीमांसा हम दार्शनिक रीति पर करते हैं अर्थात् जब कार्य समझ में नहीं आता तब यह चिंता मन में होती है कि इसका कारण ढूढ़ें और इस संबंध में कारण की खोज करने पर उस जाति या देश के पूर्व इतिहास से बढ़कर और क्या सहारा हो सकता है। अब पहले इस बात का ज्ञान स्पष्ट रीति पर होना चाहिए कि किसी एक काल में जो हम किसी जाति का कुछ अनूठापन पाते हैं वह निरा आकस्मिक नहीं है क्योंकि यदि आकस्मिक मान लिया जाए तो बस विचार का अंत हो गया और कारण का समझना तो दूर रहा तज्जनित जो कार्य है वह भी स्पष्ट रीति से मन में न आवेगा सुतराम ऐसी बातों का कोई आकस्मिक परिणाम भी हो सकता है यह कदापि न मानना चाहिए। इससे बस निश्चित हुआ कि जातियों का अनूठापन तैयार करने में थोड़े से प्रधान कारक की अत्यंत आवश्यकता है तो अब खोज इसी

बात की है कि विशेष जाति में किसी विशेष प्रकार का अनूठापन आ जाने के लिए कारक क्या है और उनका क्या और कैसे असर होता है।

ऊपर हमने "किसी एक काल में" ऐसे वाक्य का प्रयोग किया है अब यह प्रश्न उठ सकता है कि अंत को इस रीति पर तय करने की अवधि क्या और कैसे होगी। काल तो इतिहास की सुगमता के लिए सर्वथा एक कल्पित पदार्थ है। किसी एक काल में कोई जाति का अनूठापन उस प्रकार का क्यों है यदि इसका लगाव आप उसी काल के पूर्व के इतिहास से रखते हैं तो उस पूर्व-काल के इतिहास जा दूसरे पूर्व काल के इतिहास से रखना पड़ेगा। और इसी तरह यह शृंखला कभी टूटेगी ही नहीं इसलिए इस अनवस्था दोष का निराकरण होगा ही नहीं जब तक कहीं एक स्थल पर ठहर और इसी शृंखला में कहीं खंड कल्पित कर अपने प्रयोजनीय विषय के विचार पर आरूढ़ न हो जाएँगे अर्थात् किसी जाति के इतिहास में कोई खास वख्त से विचार चलावैं और इस उत्तम रीति को जब हम अपने मतलब पर लगाते हैं तो यह देखते हैं कि जब हमारा प्रश्न ही मनुष्य व्यक्ति के जाति का अनूठापन नितांत ऐतिहासिक है तो इसलिए जहाँ इतिहास हमको सहारा न देगा वहाँ निश्चय हम को ठहर जाना पड़ेगा और इसी बात को और स्पष्टतर रीति पर यों कह सकते हैं कि किसी एक जाति को जब से हम इतिहास में देखते हैं तब से हम उस में वही विभेदक गुण पाते हैं जो मानों उसी जाति का लक्षण है। ऐसी बातों पर ध्यान देने से यह समझ में आता है कि किसी जाति के चरित्र के संबंध में अनूठापन का बीज कोई वस्तु है अर्थात् वे दो चार बातें किसी जाति के बिगड़ी या बनी दशा में आदि से पाई जाती हैं उन्हें आप एक जाति से दूसरी जाति को भिन्न रखने का बीज कहें तो अनुचित न होगा और उस देश के उपरांत के इतिहास का असर इसी बीज को पुष्ट करने में देखा जाता है। अथवा ज्यों-ज्यों वह जाति उन्नति करती जाय कालांतर में यही बात विविध पुष्ट रूपों में देखी जायगी और कुछ काल के उपरांत प्राकृतिक और ऐतिहासिक कारणों से जब इन्हीं बीज गुणों में एक प्रकार की पुष्टि आ गई और वह जाति वैसे ही बराबर उन्नति करती गई तो उसी प्रकार की और पुष्टि दिखाई देगी। पर यह भी देखा जाता है कि किसी संयोग से ऐसी विपरीत ऐतिहासिक घटनाएँ हुई हैं जिनसे उन्नति के बदले उस जाति में अवनति और ह्रास की सूरत बँधी तो स्पष्ट है कि उस जाति के गुणों में भी अवनति और हानि की शकल दिखाई दे और तब से वहाँ वह जाति अपने उत्कर्ष से ढल जायगी और अच्छी बातों का होना उसमें बंद हो जायगा।

यहाँ तक हमने सामान्य रीति पर जातीय उन्नति और अवनति के नियम कहे पर खूबी इन नियमों की किसी एक मुख्य जाति पर लगाने से और उनका पूरा-पूरा असर उस जाति पर दिखलाने में है। हम समझते हैं सबसे उत्तम उदाहरण हमको अपनी ही जाति पर लगाने के अतिरिक्त और कहाँ मिलेगा। बहुत आदि

काल से आरंभ कर हम जब से इस जाति को लक्ष्य करते हैं तो उस विभेदक गुण का बीज पाते हैं और इसका नाम मननशीलता रखेंगे। यद्यपि संसार में बहुत से मज़हब हैं जिनमें बड़ा-बड़ा उत्कर्ष किया गया है पर 'मुनि' और 'आश्रम' के जोड़ की कोई बात हम संसार के किसी मज़हब में नहीं पाते। यह बीज गुण जो हमारी जाति को औरों से अलग करता है क्यों ऐसा है इसका उत्तर चाहे हम न दे सकें पर यह तो अवश्य कहेंगे कि जब से इतिहास का लेश भी इस जाति में पाया जाता है तभी से प्राकृतिक कारणों ने इस मननशीलता की जड़ डाल रखी थी। इन प्राकृतिक कारणों से हमारा प्रयोजन यहाँ के ऊँचे-ऊँचे पहाड़ों, बड़े लंबे चौड़े मैदानों से है। अथवा आबहवा जो अफ्रीका देश के समान न अत्यंत उष्ण या तीव्र न लापलैंड सरीखे शीत प्रधान देश के सदृश अत्यंत शीतल वर्ष में बराबर से छः ऋतु का होना, पैदावारी भी थोड़ी मेहनत में बहुत सा पैदा होना इत्यादि से है। और ये ही सब प्राकृतिक गुण ऐसे हैं जिनसे इस जाति के अनूठेपन (National Character) का बीज बोया गया है।

इसी मननशीलता के कारण हम देखते हैं कि केवल मनन करने के जो विषय हैं उनमें यह जाति इतनी उत्कर्ष प्राप्ति किए है कि जिसके जोड़ का गुण संसार भर की किसी जाति में नहीं देखा जाता और यही कारण है कि हम लोगों के यहाँ धर्म बहुत जल्द और बहुत अधिक चमका। जब और-और जाति असभ्यता के अंधकार में पड़ी टटोल रही थीं हमारे यहाँ ऐसे-ऐसे सूक्ष्मानुसूक्ष्म सिद्धांत निकाले गए जिसकी बारीकियाँ योरोप की समझ में अब आने लगी हैं। पर जहाँ इस मननशीलता में सब गुण हैं वहाँ बहुत से अवगुण भी इससे पैदा हुए। इस सूक्ष्मानुसंधान के पीछे दौड़ने से बहुत सी महोपकारी पदार्थ विद्या संबंधी स्थूल बातें रह गईं। इसी मननशीलता के कारण अकर्मण्यता इनकी नस-नस में घुस गई और कितने प्रकार के विज्ञान और 'साइंस' जिनमें भरपूर उद्यम और प्रागलभ्य (Activity) का काम पड़ता है उन्हें शांति सहयोगिनी इनकी मननशीलता ने होने ही न दिया। धर्म संबंधी उत्कर्षता निस्संदेह अति उत्तम है किंतु इसके साथ ही यह भी हुआ कि इस धर्म की उत्कर्षता और पारलौकिक चिंतन ने समाज और देश के हित की स्थूल बातों को इतना दबा दिया और उन सब हितकारी उपायों के स्थान में ऐसी टाँग अड़ाया कि उनका लेश भी न आने पाया। 'मोरालिटी' जिसके लिए कोई उचित शब्द हमारी भाषा में मिलता ही नहीं बिल्कुल मज़हब हो गई। मज़हब से कुछ सरोकार न रख स्वच्छंद 'मोरालिटी' की बुनियाद पाना असंभव सा हो गया। वैद्यक में मज़हब जा घुसा, ज्योतिष में मज़हब जा पैठा; नीतिशास्त्र उसी मज़हब की एक अंग ही है।

योरोप की सी स्वच्छंद पालिटिक्स क्या है? सो हम जानते ही नहीं। इसका तो मानों बीज ही मारा पड़ा। कामन्दक और चाणक्य का नीतिशास्त्र अथवा मनु और महाभारत में जो राजधर्म लिखा गया है वह सब उससे बिल्कुल निराला है

जिसे हम पालिटिक्स के द्वारा योरोप के क्रम पर स्वत्वरक्षा 'इंडि-विडुअल राइट' और 'प्रिविलेज' की बुनियाद कहेंगे। यहाँ तक कि इन बातों का ध्यान भी कभी उनको न हुआ। एक मनुष्य या जाति केवल एक तरफ तरक्की कर सकती है जिन बातों को आप अच्छा समझते हैं और जो आपके आइडियल्स हैं उन्हीं से आपके जीवन के सब काम नियमित होंगे। इसलिए इसमें कुछ आश्चर्य की बात नहीं है कि पारलौकिक बातों के अनुसंधान में लगे हुए हमारे पूर्वजों का चित्त क्षणभर के वास्ते भी राजनैतिक तत्त्वों की ओर न झुका हो। अब इसी के तारतम्य में अंगरेजों की दशा पर ध्यान दीजिए तो यह बात देखी जाती है कि जैसा हमारे यहाँ धर्म और मज़हब नस-नस में घुसा है वैसा ही आदि ही से अंगरेजों का बीज विभेदक गुण हम स्वच्छंदता पाते हैं। यही कारण है कि बहुत जल्द उनका इतिहास राजनैतिक स्वच्छंदता की लड़ाइयों के लिए प्रसिद्ध हो गया। जो लड़ाइयाँ किसी शकल में वे बराबर चलाते ही गए जब तक उन्होंने मनमानी राजनैतिक स्वच्छंदता न पा लिया। इसी स्वच्छंदता की इच्छा को यदि हम बीज मान लें तो अंगरेजों का इतिहास समझने में हमको केवल सुगमता ही न होगी वरन् एक-एक कल-पुरजा इस इतिहास का हमको स्पष्ट हो जायगा। जिस समय से कि इंगलैंड के साक्सन लोग वहशियों की तरह रहते थे उसी समय से इस स्वच्छंदता की इच्छा को हम इस अंग्रेजी जाति में पाते हैं और उसी का परिणाम उनकी राजनैतिक स्वच्छता और उत्कर्ष है।

चाहे धर्म संबंधी आदि एकता से आप और-और तरह का लाभ मानें पर देश की उन्नति और वास्तविक भलाई करने का द्वार हम राजनैतिक एकता ही को मानेंगे। जब तक कोई जाति एक राजनैतिक समूह न होगी जिसका एक ही राजनैतिक उद्देश्य है और जिस जाति के लोग एक ही राजनैतिक खयाल से प्रोत्साहित नहीं हैं तब तक आप उस जाति की संपत्ति और वृद्धि की बुनियाद किस चीज पर कायम रक्खेंगे? हम देखते हैं अंगरेजों के इतिहास में बहुत जल्द राजनैतिक एक जातित्व आ गया जिसके कारण उनके जाति की उन्नति चरम सीमा को पहुँचने लगी और उसी के विपरीत हम देखते हैं कि राजनैतिक बंधन न होने से बहुत जल्द हमारी जाति तीन तेरह हो गई। मनुष्यों के संबंध में 'प्रारब्ध' कुछ है ऐसा आप मानते हैं, अस्तु, जाति के संबंध में तो आपको यह अवश्य मानना पड़ेगा कि अपना इतिहास कोई जाति आप स्वयं बना लेती है। हम ऊपर कह आए हैं कि अंगरेजों में राजनैतिक एकता के कारण उनके देश की वास्तविक उन्नति हुई उसी के विपरीत राजनैतिक एकता न होने से हमारा ह्रास हुआ और आगे चलकर इसका यह परिणाम हुआ कि अंगरेज जाति ने अपना इतिहास अपने अनुकूल कर लिया। वही हमारे जाति का इतिहास झक मार के हमारे प्रतिकूल हो गया और आपस की फूट से बची-खुची जो कुछ ताकत रह भी गई थी उसे विदेशीय विजेताओं ने आकर चूर चूर कर डाला। इसी कारण यह बात यहीं देखी गई कि वह देश

जहाँ की संपत्ति इतनी अधिक थी जिसे लूट लूट और और मुल्क वाले बन गए और बनते जाते हैं सदा विदेशीय जेताओं का शिकार बना उनके पंजे में पड़ा रहा और कभी अपनी दशा को सोचा तक नहीं तब उससे निवृत्त होने की सामर्थ्य पाना तो बड़ा दूर रहा। जहाज चलाने की विद्या में तरक्की करना और जहाजों में चढ़कर अपने देश का वाणिज्य दूसरे दूर देश में ले जाना और वहाँ का अपने देश में लाना इत्यादि बातों में उद्यम और प्रागलभ्य (Activity) की दरकार थी इसलिए ये बातें हमारे यहाँ सपने की सी हो गईं।

दूसरे एक कारण यह भी है कि जब पेट भर खाने को होगा तो सब ओर खयालात दौड़ेंगे। इसी कारण अंगरेजों के इतिहास में हम बराबर देखते हैं कि किसी समय अंगरेजों ने किसी का कोई खयाल मँगनी माँग अपनी उन्नति नहीं किया जैसे हम उनसे उन्नति करने वाले खयालत माँगने को ललचा रहे हैं वरन् उनके इतिहास में एक से एक नवीन सोचने वाले हर एक काल में हो गए हैं। हिंदू और अंगरेज इन दो जातियों का पूरा इतिहास दर्शाना इस लेख में हमारा उद्देश्य नहीं है पर बीज विभेदक गुणों की पुष्टि हम समझते हैं कि हम अच्छी तरह दिखा चुके और यह भी दिखा चुके कि प्रत्येक जाति किस तरह अपने अनुकूल या प्रतिकूल अपना इतिहास बना कर उन्नति अथवा अवनति करती है।

इस सब लेख का सारांश हम यों कह सकते हैं कि यदि भारत का उद्धार अब किसी तरह हो सकता है तो शांति संपादक अकर्मण्यता वाले गुणों से नहीं जिनके लिए हम अब तक प्रसिद्ध थे और जिसने हमको इस दशा तक गिरा दिया वरन् अंगरेजी जाति के साथ टक्कर खाने से और उनसे प्रगल्भता (Activity) संपादक उद्यमशीलता वाले गुणों के सीखने से। हम आशा करते हैं कि हमारे पाठकवृंद इस लेख से जातियों में अनूठापन क्या है भरपूर समझ गए होंगे, और यह लेख किंचित क्लिष्ट हो जाने के लिए हमारा अपमान न करेंगे।

[जनवरी, 1887 ई.]

स्त्रियाँ

स्त्रियाँ किस लिए हैं–हमारे शास्त्रों के अनुसार मर्द को सुख पहुँचाना इनका मुख्य काम है–'न स्त्रीस्वातन्त्र्यमर्हति' मनु के इस वाक्य का भी यही प्रयोजन सिद्ध होता है। मर्द हर हालत में और तीनों पन में स्त्रियों का मुहताज रहता है। बचपन से बुढ़ापे तक बिना इनके अपना काम न चलता देख मनु महाराज ने यह लिख दिया कि मर्द इनको अपने ताबे में रख इनसे अपना काम निकाला करे। स्त्री और पुरुष दो जाति के बीच जैसा परस्पर का बर्ताव है उससे हमारी ऊपर की बात कि स्त्रियाँ पुरुषों के सुख के लिए हैं अच्छी तरह स्पष्ट है। अलावे मुहब्बत के माता अपने पुत्र को पालना, रोग-दोख, घाम-छाह से बचाए रखना अपना मुख्य काम समझती है। बहन अपने भाई का–देवरानी अपने देवर का सब काम कर देना अपना धर्म मानती है। स्त्री अपने पति को आराम और हर्ष पहुँचाना अपने लिए सबसे श्रेष्ठ काम वरन् अपने जन्म की सफलता मानती ही है इसे कौन न स्वीकार करेगा।

किसी-किसी देश में जहाँ सभ्यता अपनी चरम सीमा को पहुँची है स्त्रियों को मरदों के बराबर का दावा है यहाँ तक कि अमेरिका में स्त्रियाँ फौज तक में भरती हैं। इंगलैंड में कितनी स्त्रियाँ बैरिस्टर हैं किंतु हमारे यहाँ इसकी चलन नहीं है इसलिए स्त्रियों की दशा के परिवर्तन पर बहुत जोर होना व्यर्थ है। मकान की दुरुस्ती, लड़कों का आराम, रसोई इत्यादि कई एक काम इनके सुपुर्द किया गया है जिस घर में स्त्रियाँ सुशील और सुघर हैं वहाँ इन सब बातों का आराम है उस घर में जाते ही चित्त प्रसन्न होता है–

माता यस्य गृहे नास्ति पत्नी वा पतिदेवता।
अरण्यं तेन गन्तव्यं यथारण्यं तथा गृहम्॥

सब सुख की खान माँ जिसके न हो अपना परम पूज्य देवता मानने वाली पतिव्रता पत्नी घर में न हो उसे चाहिए घर त्याग वन को सिधारै क्योंकि उसके लिए जैसा घर वैसा वन। सच है घर की स्त्रियाँ सुलक्षणा लक्ष्मी-रूप हुईं तो उस

गृहस्थ की गृहस्थी के सुख के सामने स्वर्ग सुख भी अल्प है। वही फूहर और कर्कशा हुई तो घर क्या वरन् मुहल्ला और जाति भर को क्लेश और हानि पहुँचती है वह घर क्या वरन् नरक से भी बुरा है। चार में एक भी जहाँ इस ढंग की हुई तो एक उस कर्कशा और चंडी के कारण तीनों का सुलक्षण और सुघरपन सब खाक में मिल जाता है। प्राणी-प्राणी का जी ऊब उठता है। यही जी चाहता है घर छोड़ कहाँ भाग जायँ। घर से वन को अच्छा इसी दशा में कहा है—

स्मारं स्मारं स्वगृहचरितं दारुभूतो मुरारिः।

इन कर्कशाओं का कुछ ढंग ही निराला है। ये किस बात से प्रसन्न हैं और क्या चाहती हैं इसका भेद जानने में कदाचित् उशना और बृहस्पति की बुद्धि भी थक कर गोठिल पड़ गई। सास से लड़ैं, ससुर से लड़ैं, ननद से लड़ैं, मर्द मुआ तो इनका गुलाम ही ठहरा, जेठ-जेठानी, देवर-देवरानी की कोई हकीकत ही नहीं, बहन-बहन लड़ैं, परोसी से राह चलने वालों से लड़ैं, न कोई मिलै तो हवा से लड़ैं। जब तक पेट भर के न लड़ लें अन्न न पचे। शकल देखा तो भूतिन-सी मानो सब चुड़ैलों की अम्मा श्मशान से उठी चली आ रही है। चाल-ढाल, बोल-चाल किसी में जरा शऊर और सुघरपन का दखल नहीं, कसीफ और मैली ऐसी कि पास से निकल जाए तो दिमाग के रेजे रेजे उड़ने लगे, घर में जाकर देखिए तो भिनभिनाहट और मैलेपन से ओकाई आने लगे।

देखिए! अब उधर भी नजर फैलाइए—स्वरूप देखिए मानो साक्षात् लक्ष्मी। मुँह से बोल निकला मानो फूल झर रहा हो। अंग-अंग की सजावट कोमलता सलोनापन और सुकुमारता से मन हरे लेती है। चाल-ढाल, रहन-सहन में कुलांगनापन और भलमनसाहत बरस रही है। धन्य है उनका जीवन और महापुण्यभूमि है वह घर जिसे असूर्यपश्या ऐसी स्त्रियाँ सती सावित्री समान अपने पादन्यास से पवित्र करती हुई दीपक समान प्रकाश कर रही हैं—

"दृष्ट्या खंजनचातुरी मुखरुचा सौधाधरी माधुरी।
वाचा किंच सुधासमुद्रलहरी लावण्यमामन्त्यते"

अन्यच्च

"गतागतकुतूहलं नयनयोरपांगावधि–
स्मितं कुलनतभुवामधर एव विश्राम्यतिः।
वचः प्रियतमश्रुतेरतिरेव कोपक्रमः।
कदाचिदपि चेत्तदा मनसि केवलं मज्जति"।

इनकी देहप्रभा सफाई लवनाई और निकाई देख किसका मन नहीं मोहता।

इसी से स्त्रियाँ गृहस्थी की सार समझी गई हैं। सभ्य और शाइस्ता मुल्कों में जहाँ औरतें पढ़ी-लिखी हैं वहाँ इनमें सखुन आराई और गप्प कोई आश्चर्य नहीं वरन् हम लोगों के समाज में भी जहाँ औरतों की हालत बड़ी लचर हो रही है पर बात करने में हजार मर्दों का कान काटे हुए है।

लोग कहते हैं औरतें बड़ी बातूनी होती हैं। हम कहते हैं केवल कहने ही में क्यों? कौन सी चीज है जिसमें औरतें मर्द से अधिक बढ़ी-चढ़ी नहीं हैं। जहाँ कहीं वे पढ़ाई-लिखाई जाती हैं वहाँ स्त्रियाँ पुरुषों के ऊपर हो गई हैं। हमारे यहाँ के ग्रंथकार और धर्मशास्त्र गढ़ने वालों की कुण्ठित बुद्धि में न जाने क्यों यही समाया हुआ था कि स्त्रियाँ केवल दोष की खान हैं गुण इनमें कुछ हई नहीं। इसी से चुन-चुन उन्हें जहाँ तक ढूँढ़े मिला केवल दोष ही दोष इनके लिख गए और जहाँ तक इनके हक़ में बुराई और अत्याचार करते बना अपने भरसक न चूके और उन्हें हर तरह पर घटाया। कानून में इनका सब तरह का हक मार दिया, धर्म संबंध में इन्हें प्रधान न रखा, दरजे में इन्हें और महा जघन्य शूद्रों को एक ही माना और किसकी कहैं मनु जिसके समान चोखा और हर एक समय में बरतने के पक्षपात-विहीन, शस्त्र-प्रणेताओं में किसी दूसरे का धर्मशास्त्र ऐसा नहीं है उन्होंने शूद्र और स्त्रियों की सब तरह पर रेढ़ मारी है। खैर, आर्यों के मुकाबले जो शूद्रों को घटाया सो तो उनकी पालिसी थी जेता और जित दोनों एक ही क्यों कर हो सकते हैं किंतु हमारी निपट ललनाओं का जो सब भाँति सत्यानाश किया। इसे कौन न कहैगा कि उनके धर्मशास्त्र में यह एक कलंक का टीका है।

अस्तु, हमारा पूर्वगत प्रस्ताव यह था कि स्त्रियाँ पुरुषों में सब तरह पर चढ़ी बढ़ी हैं यह बात बहुत ही सटीक और सच है। मुहब्बत और स्नेह जैसा इनमें है सबों के कदर कलेजे में कभी समा ही नहीं सकता। धर्म और दया की तो वे मूर्ति होती हैं। हमारा हिंदू धर्म जिसे सब लोग लचर कह कर धकियाए फिरते हैं इस अबलाओं ही की दया के सहारे से किंचित टिक रहा है। मुन्तजिम ऐसी कि टोडरमल की अकिल भी इनके इंतजाम के आगे चक्कर में आती है। पुरखिन पुरनिया स्त्रियों का उनके घर का इंतजाम मोटी-मोटी सल्तनत का नमूना है। सिवा इसके अब भी हम लोगों में ऐसी-वैसी बुद्धिमती चतुर सयानी स्त्रियाँ पड़ी हैं जो कोठी और इलाके का वरन् राज का भी सब काम सम्हाले हैं। लज्जा, धैर्य, सबर, सहिष्णुता, गमखोरी इत्यादि गुणों में जो ये एकता हुई तो कोई विशेष तारीफ की बात नहीं क्योंकि हया दया मया गम आदि स्त्रियों ही के गुण हैं। हम कहते हैं वीरता आदि बहुत से पौरुषेय गुण जिनमें मर्द डींग मार-मार अपना दर्जा स्त्रियों के ऊपर कायम रखते हैं उनमें भी ये स्त्रियाँ कितनी आगे बढ़ी हैं। चाँद सुल्ताना, अहिल्याबाई, बैजाबाई आदि जो पहले हो गईं उन्हें कौन गिनावे। हाल में झाँसी

की रानी लक्ष्मीबाई एक ऐसी हो गई कि बड़े-बड़े वीर-बाँकुरों से भी ऐसा कभी न हो सकता।

अपने सौंदर्य को बढ़ाना और अपने को दिखलाना इनमें स्वाभाविक होता है। यह धर्म बुरा भला सबों में एकसा होता है। कुछ बुरे ख्याल से नहीं किंतु यह स्वाभाविक धर्म इनका है। कोइला-सी काली-कलूटी भी अपने को बन-ठन एक बार तिलोत्तमा और उर्वशी को अपनी रूप की सजावट में दबाना चाहती है तब उनकी कौन कहै जो रूप गर्विता हैं। इत्यादि ललनाओं का गुणगान ऐसा सरस विषय है कि इसे जहाँ तक पल्लवित करने जाएँ हमारे पाठकों का मन ललक-ललक कर पढ़ने से कभी न थकैगा।

हम सिद्ध कर चुके कि पुरुषों की कट्टर जाति की अपेक्षा निर्दोष और निष्पाप स्त्रीमात्र विशेष गौरव के योग्य हैं। अब हम यह दिखाना चाहते हैं कि अबलाओं में भी हमारी भारत की ललना गुण गौरव में प्रथम और सर्वश्रेष्ठ हैं। अपना तन-मन जलाकर और सर्वस्व सुख से हाथ धो कुल की मर्यादा का निर्वाह कर देना आर्य-कुल गामिनी ही जानती है। जो यूरोप की सुशिक्षित रमणी सौ बार जन्म लेकर भी नहीं कर सकती।

गोल्डस्मिथ अपने एक हास्य प्रधान लेख में लिखते हैं—मैंने एक बार कब्रिस्तान की सैर करता हुआ एक कोने में जाकर देखा तो एक नौजवान सुंदरी टटकी बनी हुई कबर पर कोमल कर कमलों से पंखा झल रही है मेरे जी में इस समय अनेक भाव उदय हुए मन में कहने लगा सच्चा प्रेम इसी का नाम है। पास जा सलाम कर बोला निस्संदेह आपका प्रेम संसार में एक उदाहरण होने योग्य है। परलोक में इस मृतक की आत्मा को न संतोष हुआ होगा जिसके लिए आप अपने कर कमलों को इतना श्रम दे रही हैं। वह बोली इसके संतोष से मुझे अब क्या मिलेगा। अब यह फिर से जी सकता ही नहीं मुझे अपने संतोष की पड़ी है। समाज में प्रचलित रीति के अनुसार जब तक यह कबर न सूखेगी तब तक मैं अपने ऊपर से इस रंडापे का बोझ नहीं टाल सकती। इसीलिए पंखा झल रही हूँ कि जितनी जी जल्द यह कबर सूखेगी उतना ही जल्द मेरा सुहाग फिर से जगेगा। मुझे इस सुंदरी की बात सुन ताज्जुब हुआ। भीतर से तो इसकी व्यर्थ चेष्टा पर अत्यंत क्रोध आया पर ऊपर से हँस कर उससे विदा हो घर की राह ली।

यह किस्सा गोल्डस्मिथ की एक कल्पना मात्र है किंतु इसमें कुछ भी संदेह नहीं कि उनकी सभ्यता का धब्बा वहाँ स्त्रियों में स्वतंत्रता इसी दरजे तक पहुँची हुई है जिसका चित्र गोल्डस्मिथ ने इस ढंग से उतार हँसी उड़ाया है। भारत-ललनाओं में बंधकी और कुलटाएँ भी इतना साहस करने की हिम्मत नहीं करेंगी जैसा वहाँ अच्छे-अच्छे घरानों की कुलांगनाएँ करती हैं। हमारी ललनाएँ पढ़ी-लिखी नहीं होतीं पर शालीनता, धीरापन, सबर और सहनशीलता में पृथ्वी भर की स्त्रियों के बीच

एक उदाहरण हैं। पुरुषों में शुद्ध चरित्र और पवित्र आचरण ढूँढ़ना चाहो तो सौ में पंचानबे अत्यंत निकृष्ट और पतित पाए जाएँगे जिसके गुप्त या प्रकट चरित्र से घिन होती है। वहीं इन आर्य-ललनाओं में सौ में कदाचित पाँच भी ऐसी हों या न हों जिनके चरित्र को हम दूषित कहने का साहस कर सकेंगे और पंचानबे ऐसी होंगी जो सौंदर्य और सौभाग्य लक्ष्मी में साक्षात् शची सी होकर भी नवनता, भलपन, साहस, सिधाई और सख्त भाव में मानो भवानी की मूर्ति हैं। कुलीनता की नाक, लज्जा की खान, श्रद्धा, दया और शांति की मूर्ति घर की सर्वस्व संपत्ति, हमारी गृहेश्वरी वामा जन भारत की इस गिरी दशा में कौम का जेवर और आर्य जाति का श्रृंगार है।

हम अपनी सती, सच्चरित्र, अबलाओं का जितना अभिमान करें सब थोड़ा है। विशेष कर ऐसी दशा में जब हम अपनी अशिक्षित कुलांगनाओं का यूरोप की सुशिक्षित सभ्यता की सरताज रमणी जनों के साथ मिलान करते हैं। साहब बहादुर हजार रुपया भी लावें तो मेम साहब के एक गौन में उड़ जाते देर न लगेगी। साहब एक-एक पैसे की किफायत करते हैं, मेम साहब को अपने फैशन की सजावट में सैकड़ों फूँक देते आह नहीं आती। साहब एक कोने में पड़े भिन-भिनाया करते हैं। मेम साहब अपनी चंचलता और चुलबुलेपन के कारण बंगले में कूदती फिरती हैं। साहब मेम साहब की चरण सेवा में हरदम हाजिर रह कर भी जरा सा चूके कि उनकी खातिरशिकनी होते देर नहीं। वहीं हमारी स्त्रियाँ परकटा पखेरू की भाँति घर रूप पिंजरे में बंद रूखा-सूखा भोजन और मोटा-झोटा कपड़ा मात्र से सतीत्व पालन करते बैठी रहती हैं। बाहर बाबू साहब अपने सुख और आराम के लिए सैकड़ों रुपए बहाय देते हैं; नई-नई कलियों के रस का स्वाद लेते डोलते फिरते हैं। पति-देवता हमारी गृहेश्वरियों को उनके पतित पति कभी धोखे से भी एक बार उन पर चितै दें तो इतने ही से निहाल हो जाती हैं। धन्य है इनके धैर्य और सबर को। देश की दुर्गति के बहुत से कारणों में स्त्रियों की ओर से मर्दों का निरपेक्ष होना भी एक कारण है। मनु महाराज लिख गए हैं।

जामयो यानि गेहानि शपन्त्यप्रतिपूजिताः।
तानिकृत्याहतानीबं विनश्यन्ति समन्ततः॥

भली-भाँति आदर न पाय बहू लोग जिस घर को शाप देती हैं वह घराना कृत्याहत के समान सब ओर से नष्ट हो जाता है। सच है असंख्य घराने इन्हीं स्त्रियों की निरपेक्षता के कारण निरवंशी हो गए कि कौड़ी-कौड़ी को मुहताज भूखों मर रहे हैं।

सचमुच ये कुलांगना वधूजन लक्ष्मी का रूप होती हैं। अंगरेज जो इनकी खातिरदारी और हर तरह इन्हें प्रसन्न रखते हैं उसका फल प्रत्यक्ष देखा जाता है

कि दिन-दिन उनकी श्री-वृद्धि चौगुनी होती जाती है। वहीं हम लोगों ने जो सब तरह पर इन्हें घटा दिया और दुर्गत में रखा उसका फल भी प्रत्यक्ष है। आर्य-ललनाओं की दशा का परिवर्तन हम तरक्की की पहली सीढ़ी कहेंगे और समाज-संशोधन तो कभी संभव नहीं कि इन्हें छोड़ हम कभी एक कदम भी आगे बढ़ सकें। स्त्रियाँ जो निरंकुश और स्वतंत्र हुआ चाहें तो नदी समान कुलरूपी कगारे को एक दम में ढहाय दूर फेंक सकती हैं। यह उन्हीं की कृपा और भलमनसाहत है जो भीतर-भीतर अपना कुलांगनापन निभाती हुई हमें बाहर इस लायक बनाए हुए हैं कि कुलाभिमान में अग्रसर हो मोछा तरेर-तरेर बड़े कुलीन और इज्जतदार बनते हैं—दर्पदलन में क्षेमेन्द्र कवि ने इसी तात्पर्य को बड़ी लियाकत और कविता चातुरी के साथ प्रकट किया है।

कुलाभिमानः कस्तेषां जघन्यस्थानजन्मनाम्।
कुलकूलंकषा येषां जनन्यो निम्नगाः स्त्रियः।
कुलं कुलं कलयताम् मोहन्मिथ्याभिमानिनाम्।
लग्नः को यं न जानीमः लब्धग्रीवाग्रहग्रहेः।
धनयौवनसंपात दर्पकालुष्यविप्लवा।
केनोन्नतसरिभ्रष्टा वार्यन्ते निम्नगाः स्त्रियः॥

[जुलाई, 1891 ई.]

बाल्यभाव

फिकिर और चिंता के समुद्र में दिन रात गड़गप्प तरद्दुद के तंदूर में पड़े झुलसते हुए हमारे इस दुःख जीवन में यदि सच्चा सुख ढूँढ़िए तो केवल बालपन ही में पाइएगा। जिस समय हमारा चित्त तुत (तुरंत) का मथा मक्खन समान कोमल, निर्मल और सर्वथा विकार-शून्य रह कुटिलाई निठुराई और विषम भाव जानता ही नहीं। हर एक बात को सीधे और सरल भाव से ग्रहण करने वाले हमारे उन दुधमुँहे बालकों ने तिरछा और बाँका क्या है कभी सीखा ही नहीं। इस समय जो-जो बातें उनको नेत्रगोचर होती हैं उन्हें वे निष्कपट चित्त बिना किसी तरह की शंका समाधान के अत्यंत सिधाई के साथ ग्रहण कर लेते हैं।

महात्मा ईसा ने स्वर्ग जाने वालों की उपमा इन बालकों ही से दी है। सच है, जिनका मन कुटिल वासनाओं से मैला और दूषित हो रहा है उनके लिए स्वर्ग अपवर्ग का सब सुख फीका है। तरुणाई के आते ही बाल्यभाव के वे सब सुख सपने से हो जाते हैं। सरल भाव, निष्कपट प्रीति, उदार व्यवहार और वह अल्हड़पन अब कहीं नाम को भी न रहा। स्कूल, मोटी-मोटी किताबों का बोझ लादने का अभ्यास, स्कूली मित्रों के साथ एकांत गोष्ठी, मास्टर या अध्यापक का उत्साह और उपदेश सनी बानी, गुरु जी या मौलवी साहब की झिड़की चुपचाप सह लेने की आदत का अब कहीं लगाव भी न रहा। हमारे सहपाठी अब हमें भूल गए होंगे, जिन्हें कुछ याद भी होगा तो वही स्नेह हम पर उनका अब किसी तरह न रह गया होगा; जैसा तब था, जब हम उनके साथ एक ही बेंच पर सट के बैठते थे और मास्टर साहब को अनेक प्रकार का भुलावा और और जुल दे काना-फुस्सी में हर तरह की गप्पें हाँक-हाँक कैसे प्रसन्न होते थे। मास्टर साहब जैसे देखने में सख्त मिजाज और कड़े थे वह हम खूब जानते थे। न केवल हमी वरन् हमारे समान नटखट जितने हमारे सहपाठी थे सभी जानते थे।

हममें से जो कोई कभी उनकी इच्छा के प्रतिकूल कोई काम कर गुजरता था वह सबेरे की जून स्कूल खुलते ही रुद्ररूप मास्टर साहब की भौं चढ़ी तिरछी चितवन

देख चट भाँप लेता था कि देखैं आज हम पर क्या भद्रा उतरै। ईश्वर ही कुशल करै। अध्यापक महाशय सदा कड़ाई ही किया करते हों सो नहीं। कभी-कभी हँसाते भी ऐसा थे कि हँसते-हँसते पेट फूलने लगता था। जब खफा हो तड़प कर गरजते थे तो क्लास भर में सन्नाटा हो जाता था और हम सब लोग बकरी-सा दवक के बैठ जाते थे। ये सब बातें उनमें केवल ऊपर से रोब जमाने के लिए थीं। भीतर से ऐस कृपालु, कोमल और सरस हृदय थे मानों दाखरस हों। जो घुड़कते, झिड़कते थे वह सब इसलिए कि हम अपना पाठ याद करने में सदा सचेत रहें, सुस्त न हों। हाँ वे सब सुख और चैन के दिन सपने के से हो गए। नोन तेल लकड़ी की फिकिर में चंडचूर कभी एक दिन भर के लिए भी अब बाल अवस्था के अल्हड़पन की सुध नहीं आती–

भूल गए राव रङ्ग भूल गई फक्कड़ी।
तीन बात याद रही, नोन तेल लकड़ी॥

केवल इतना ही नहीं, कैसे-कैसे कितने कुटिल नीरस कपट में सने भाव हमारे मन में उठा करते हैं। हम बहुत चाहते हैं कि वे दिन अब फिर आवें किंतु अब क्यों नहीं आते? जी चाहता है लल्लन, मोहन, बच्चन के साथ बैठ फिर वैसी ही गप्प हाँकें और कहकहे मार-मार हँसा करें। तब बिना कारण हँसी आती थी। मास्टर साहब कितना ही खिजलाते झुँझलाते थे पर हम नहीं मानते थे। अब वैसी हँसी हमें एक मिनट के लिए भी आवे तो अनेक तरह की चिंता से हमारे मन का बोझ कितना कम हो जाय। अब हमें छोटे बालकों में बेधड़क मिलने से क्यों संकोच होता है। अब उनके साथ हमारा मिलना सींग कराय बछेड़ा सा बन जाना सा जान पड़ता है?

कवियों ने जवानी को सब सुखों की खान लिखा है किंतु यह सब उनकी कल्पना मात्र है जो कुछ मन में आया बक गए–

'कवयः किं न जल्पन्ति'

माना हमने कि जवानी के आलम में दुनिया की सब तरह की लज्जतों का मजा मिलता है, आशिकी का मजा उठाते हैं, माशूकी की लज्जत चखते हैं, चढ़ती जवानी के जोश में बड़े-बड़े काम सहज में कर डालते हैं। नयी जवानी, नया जोश, नए फैशन, नयी उमंग, नवीन उत्साह, नूतन अभिलाषा, सब नया ही नया। पुराना खयाल, पुरानी रीति, नीति–प्राचीन जो कुछ है उसके ढिग नहीं जाया चाहते वरन् पुराने के नाम से चिढ़ होती है, तबियत घिनाने लगती है। पर विचार कर देखो तो सिवा इस हवा के बाल्य अवस्था का सच्चा सुख कहीं ख्वाब में भी न मिला। धिक

यह वह समय है कि इसमें जो कुछ करते हैं किसी से तृप्ति नहीं होती। भोग-विलास जितना बढ़ाते जाते हैं मन नहीं ऊबता, चौगुनी लालसा बढ़ती जाती है जैसे आग में घी छोड़ने से अधिक भभकती है—

'हविषा कृष्णवर्तमेव भूय एवाभिवर्द्धते'

धनोपार्जन, यशोपार्जन, न गुणोपार्जन किसी से मन नहीं हटता। नित नयी चाह बढ़ती जाती है। सदा यही इच्छा रहती है थोड़ा और होता। आज एक काम हो जाने पर मन आनंद से पूर्ण हो नाचने लगता है। मानो स्वर्गसुख भी तुच्छ और किसी गिनती में नहीं है। वहीं किसी काम के बिगड़ जाने से चित्त में ऐसी उदासी छा जाती है कि सकल संसार असार और फीका बोध होता है। वहीं इन बालकों का मन और अभिलाषा है जो थोड़े ही में संतुष्ट और प्रसन्न रहता है। फिकिर और तरद्दुद क्या है कभी जानते ही नहीं। जिनके सदा प्रसन्न मुख पर उदासी और सोच को कभी अवकाश ही नहीं मिला वरन् अपना मनोरथ कभी पूरा न होते देख जब कभी बिरझा कर मचल के धरती में लोट जाते हैं तो घूँघर वाले बाल युक्त उनके मुग्ध मुख की कुछ ऐसी अकथनीय छवि बढ़ जाती है कि जिसे देखते ही बनता है। सुतराम् अंत को यही सिद्धांत ठहरता है कि यह यौवन सुख सिवाय अतृप्त लालसा के और कुछ नहीं है। सच्चे सुख का समय केवल बाल अवस्था है।

[अप्रैल, 1879]

पौगंड या कैशोर

बालक की पाँच से चौदह या पंद्रह तक जो अवस्था है उसे पौगंड या कैशोर अवस्था कहते हैं। तारुण्य के विकास के पहले जो समय मनुष्य का होता है वह कैसे सुख का रहता है। उस समय बालक का चित्त तुर्त के मथे मक्खन के समान कोमल, निर्मल और सर्वथा विकार शून्य रहता है। उस समय जो-जो बातें उसके नेत्रगोचर होती हैं उन्हें उसका निष्कपट सरल चित्त बिना शंका समाधान के ऋजुभाव से ग्रहण कर लेता है। तरुनाई का प्रवेश होते ही बाल्य काल के वे सब सुख सपने के ख़याल से हो जाते हैं। सरल भाव, अकुटिल निष्कपट प्रीति, उदार व्यवहार और पहले का सा वह अल्हड़पन, अब कहीं नाम को भी न रहा। स्कूल या पाठशाला में नित्य का जाना, मोटी-मोटी किताबों का बोझ लादने का अभ्यास, सहपाठियों के साथ एकांत गोष्ठी, अध्यापक या मास्टर साहब की उत्साह बढ़ाने वाली उपदेश सनी बानी, मेला तमाशा या तरह-तरह के खेल-कूद में नई-नई उमंग का अब कहीं संपर्क भी न रहा। हमारे साथ के पढ़ने वाले सब मित्र अब हमें अवश्य भूल गए होंगे; जिन्हें कुछ याद भी होगी तो वही स्नेह अब काहे को होगा जैसा उस समय था जब हम उनके साथ एक ही बेंच पर सट के बैठते थे और मास्टर साहब को अनेक तरह का भुलावा और जुल दे काना-फुस्की में भाँति-भाँति की गप्पें हाँक-हाँक प्रसन्न होते थे। मास्टर साहब जैसे देखने में कड़े और सख़्त मिज़ाज थे वह हम सब खूब जानते थे, न केवल हमीं वरन् हमारे समान नटखट जितने लड़के हैं सभी जानते होंगे। हम लोगों में से जो कोई कभी उनकी इच्छा के प्रतिकूल कोई काम कर गुज़रता था तो वह सबेरे की जून स्कूल खुलते ही साक्षात् रुद्र-मूर्ति अध्यापक महाशय की भौं चढ़ी तिरछी चितवन देखते ही चट भाँप लेता था कि देखें आज हम पर क्या भद्रा उतरे, ईश्वर ही कुशल करे। सदा वे कड़ाई करते रहे हों सो भी नहीं, कभी-कभी हँसाते इतना थे और ऐसी बात बोलते थे कि हँसते-हँसते पेट फूलने लगता था। जब वे क्रोध में भर शेर सा तड़प गरजने लगते थे तब क्लास भर में सन्नाटा छा जाता था और हम सब लोग मौन हो बकरी सा दबक बैठ रहते

थे। उनकी ये सब बातें ऊपर से केवल रोब जमाने के लिए थीं भीतर से वे ऐसे कृपालु, कोमल और सरस हृदय थे मानो दाखरस हों।

"उपरि करबालधाराः क्रूराः
सर्पाः भुजंगमपुंगवाः।
अंतः साक्षाद्द्राक्षा दीक्षा–
गुरवो जयन्ति केपि जनाः"॥

जो घुड़कते झिड़कते थे सो सब इसलिए कि हम अपना पाठ याद करने में सुस्त और आलसी न हो जाएँ। अंगरेज़ी के प्रसिद्ध कवि गोल्डस्मिथ ने अपने काव्य Deserted Village में कैसा अच्छा चित्र इसी का उतारा है–

A man severe he was and stern to view,
I Knew him well and all the truant knew;
Well had the boding tremblers learn'd to trace
The day's disasters in his morning face;
Full well they laugh'd with counterfieted glee
At his jokes for many a joke had he;
Full well the busy whisper circling round,
Conveyed the dismal tiding when he frown'd;
Yet he was kind or if severe in aught,
The love he bore to learning was in fault.

अब वह कोई बात न रही। अब कैसे-कैसे कुटिल, नीरस कपट-नाटक की प्रस्तावना के सदृश मानसिक भाव हमारे चित्त में उठा करते हैं। बहुत चाहते हैं कि वे सुख चैन के दिन अब फिर आवें पर वे अब क्यों नहीं आते? जी चाहता है मोहन, बच्चन, छुन्नू से फिर वैसा ही गप्प हाँकें, तब कैसा कहकहे मार-मार हँसा करते थे और बिना कारन हँसी आती थी, अध्यापक महाशय कितना खिजलाते झुँझलाते थे पर हम एक नहीं मानते थे। अब वैसी हँसी एक बार भी आवे तो नोन, तेल, लकड़ी की चिंता के कारण दुःख-दुर्भर हृदय के दुःख का बोझ कितना हलका हो जाय; पर वैसी हँसी अब काहे को आएगी! अब पहले के माफ़िक हम उन छोटे-छोटे बालकों में बेधड़क क्यों नहीं जा मिलते? अब हमारा उनके साथ मिलना सींग कटाय बछड़ा बनना क्यों जान पड़ता है? पहले के समान सरल अकुटिल भाव से वे अब हम से काहे को मिलेंगे?

कवियों ने युवा अवस्था को 'सब सुखों की खान' लिखा है, किंतु वह सब उन धूर्तों की जल्पना मात्र है–'कवयः किन्न जल्पन्ति।' इस समय तो हमारा पूर्ण यौवन है फिर हमें सुख क्यों नहीं मिलता। माना कि जवानी का आलम बड़ा मज़ेदार

और दिलचस्प होता है। इसमें हमें दुनिया की सब तरह की लज्जतों का मज़ा मिलता है। आशिकी का मज़ा उठाते हैं; माशूकी की लज़्जत चखते हैं; नव यौवन के उमंग में बड़े-बड़े काम सहज में कर डालते हैं; नई जवानी, नया जोश, नई उमर, नवीन उत्साह, नूतन अभिलाष, जितनी बात सब नई; पुरानी कोई नहीं। किंतु विचार दृष्टि से देखो तो सिवा हिर्स हवा के लड़कपन का वह वास्तविक सच्चा सुख कहीं नाम को नहीं। धिक्! यह वह समय है जिसमें जो कुछ करते हैं किसी से तृप्ति और संतोष नहीं होता। जितना भोग विलास करते जाते हैं जी नहीं ऊबता वरन् चौगुनी लालसा बढ़ती है।

''हविषा कृष्णवर्त्मेव भूय एवाभिवर्द्धते।''

जैसा आग में घी छोड़ने से आग चौगुनी धधकती है। अनगिनती रुपया पैदा किया, बड़ी-बड़ी विद्याएँ सीखीं, बहुत तरह के गुण उपार्जन किए, संसार में सब ओर अपना यश फैलाया पर तृप्ति न भई; हवस नित-नित बढ़ती ही गई; सदा यही इच्छा रहती है थोड़ा और होता तो अच्छा था। आज एक काम सिद्ध हो जाने पर मन आनंद से पूर्ण हो जाता है। उस समय यही मालूम होता है मानो स्वर्ग सुख भी तुच्छ और फीका है। वही किसी काम के बिगड़ जाने पर ऐसी उदासी छा जाती है कि समस्त संसार असार जँचता है। सुतराम् अंत को यही सिद्धांत ठहरता है कि यौवन सुख केवल अतृप्त लालसाओं के सिवाय और कुछ नहीं है। सच्चे सुख का समय केवल बाल्य अवस्था है।

पुलिस

पुलिस क्या है इसका क्या काम है यह हर एक मुल्क और हर एक जमाने में रही और है। यद्यपि ये हथियार बंद होते हैं और कवायद आदि भी इन्हें सिखाई जाती है पर इनका काम तभी पड़ता है जब देश में सब तरह अमन चैन और स्वास्थ्य है। इसके द्वारा प्रजा के जान माल की भरपूर रक्षा हो सकी है और सरकार का रोब रियाया पर जमा रहता है–अब सोचना चाहिए जो काम इस महकमे के सिपुर्द है उसका भरपूर अंजाम इन दिनों की पुलिस देती है या नहीं। हम समझते हैं विचारवान कोई पुरुष इस बात के स्वीकार करने में कभी एक मत न होंगे कि इस महकमे के लोगों में नाम के अनुसार गुण भी हैं। वरन् सच पूछो तो इस अंगरेजी राज के उत्तम प्रबंध और न्यायगुण में जो कभी कभी धब्बा और कलंक लगता है तो पुलिस के ही कारण और कूड़ा करकट की भरती से जैसा यह महकमा बदनाम है और अवतर है वैसा कोई दूसरा महकमा नहीं है–पुलिस यह यूनानी भाषा का शब्द है जिसका मुख्य अर्थ नगर है और इसी शब्द से पोलाइट जिसके माने सभ्य या नागरिक हैं और पालिसी जिसके अर्थ नीति हैं वे भी निकले हैं। तो इन शब्दार्थों से निश्चय हुआ कि राजकीय प्रबंध के उस विभाग का नाम पुलिस है जिसके द्वारा नगर निवासियों के क्षेम और शांति की रक्षा हो सके। पुलिस और पोलाइट इन दो शब्दों के ऐक्य से बोध होता है कि पुलिस सहायता का एक अंग है इसके अधिकारी जहाँ तक सभ्य और नागरिक हों उतना ही पुलिस का प्रबंध उत्तम से उत्तम होगा–तो अब हमारे शासन कर्त्ताओं को उचित था कि इस महकमे में चुन चुनकर ऐसे लोगों को प्रधान प्रबंधकर्त्ता नियत करते जो सभ्यता और पुलिस दोनों के तात्पर्य को अच्छी तरह जानते रहते क्योंकि पुलिस और पोलाइट का बहुत निकट संबंध है पर यह ब्रिटिश राज्य जिसने सभ्यता और समाज के उत्तरोत्तर वृद्धि का बीड़ा उठाया इस आरत भारत को अपने शरण में लिया है उसका इस ओर कुछ ध्यान न देख और पुलिस का ऐसा निकृष्टतर और जघन्य प्रबंध देख मन में भाँति-भाँति की कल्पनाएँ उठती हैं कि क्या कारण जो राज कर्मचारियों में कोई उसके संशोधन

की ओर चित्त नहीं देता और इसके महा अत्याचार को देख सुन भी ऊपर के ओहदे वाले हाकिम सुनी अनसुनी कर देते हैं। कदाचित् हमी भूलते हैं कि पुलिस शब्द के अर्थ पर ध्यान रख इसे सभ्यता का अर्थ माने बैठे हैं और सरकार की इस गुप्त पालिसी का ख्याल नहीं करते कि दिखाने के दाँत अलग होते हैं और खाने के अलग। अजी साहब आप सच भूलते हैं जो सभ्यता को पुलिस के अर्थ के साथ ठँस रहे हैं यह कहिए जिसे हाकिमों की खुशामद करना खूब आता, मुँह पोंछने की रूमाल से साहबों के बूट की गर्द झारना अच्छी तरह जो सिखे हो उसे पुलिस का पूर्ण अधिकारी कहना उचित है अथवा प्रजा को हर तरह पर त्रास और पीड़ा पहुँचाय, बटोरने में बड़ा व्युत्पन्न हो, ईमानदारी को जिसने काली के खप्पर में झोंक दिया हो, शहर के अवारा लोगों का जो परम पूज्य देवता हो अथवा आप ही उनसे दब कर उनके वशीभूत हो गया हो और जात का हिंदू किसी तरह पर न हो इत्यादि गुणों की कामिल सर्टीफिकेट जिसे हासिल हो वह पुलिस के ओहदे का हकदार हो सकता है। पुलिस के द्वारा प्रजा की रक्षा हो यह तो हमारी गवर्नमेंट का केवल बहाना ही मात्र है वास्तव में इसका कुछ और ही प्रयोजन है जिसे हम फिर के प्रकाश करेंगे।

[फरवरी, 1885 ई.]

आँसू

मनुष्य के शरीर में आँसू भी गड़े हुए खज़ाने के माफ़िक है। जैसा कभी को कोई नाज़ुक वक्त आ पड़ने पर संचित पूँजी ही काम देती है उसी तरह हर्ष, शोक, भय, प्रेम इत्यादि भावों को प्रकट करने में जब सब इंद्रियाँ स्थगित होकर हार मान बैठती हैं तब आँसू ही उन-उन भावों को प्रकट करने में सहायक होता है। चिरकाल के वियोग के उपरांत जब किसी दिली-दोस्त से मुलाकात होती है तो उस समय हर्ष और प्रमोद के उफ़ान में अंग-अंग ढीले पड़ जाते हैं, वाष्प गद्‌गद कंठ रुँध जाता है, जिह्वा इतनी शिथिल पड़ जाती है कि उससे मिलने की खुशी को प्रकट करने के लिए एक-एक शब्द मानों मनों बोझ सा मालूम पड़ता है। पहले इसके कि शब्दों से वह अपना असीम आनंद प्रकट करे सहसा आँसू की नदी उसकी आँख में उमड़ आती है और नेत्र के पवित्र जल से वह अपने प्राण-प्रिय को नहलाता हुआ उसे बग़लगीर करने को हाथ फैलाता है। सच्चे भक्त और उपासक की कसौटी भी इसी से हो सकती है। अपने उपास्यदेव के नाम संकीर्त्तन में जिसे अश्रुपात न हुआ, मूर्त्ति का दर्शन कर प्रेमाश्रुपात से जिसने उसके चरण कमलों का अभिषेक न किया, उस दाम्भिक को भक्ति को आभासमात्र से क्या फल? सरस कोमल चित्त वाले अपने मनोगत सुख-दुःख के भाव को छिपाने की हज़ार-हज़ार चेष्टा करते हैं कि दूसरा कोई उनके चित्त की गहराई को न थहा सके पर अश्रुपात भाव-गोपन की सब चेष्टा को व्यर्थ कर देता है। मोती सी आँसू की बूँदें जिस समय सहसा नेत्र से झरने लगती हैं उस समय उसे रोक लेना बड़े-बड़े गंभीर प्रकृति वालों की भी शक्ति के बाहर होता है। भवभूति ने, जिनको प्रकृति का चित्र अपनी कविता में खोंच देना खूब मालूम था, कई ठौर अश्रुपात का बहुत उत्तम वर्णन किया है, जिसमें यही आशय निकलता है यथा—

"अयन्ते वाष्पौघस्त्रुटित इव मुक्तामणिसरो।
विसर्पन् धाराभिर्लुठति धरणीं जर्जरकणः॥

निरुद्धोप्यावेगः स्फुरदधरनासापुटतया।
परेषामुन्नयो भवति च भराध्यातहृदयः॥"
"विलुलितमतिपूरैर्वाष्पमानन्दशोक–
प्रभवमवसृजन्ती तृष्णयोत्तानदीर्घा॥
स्नपयति हृदयेश स्नेहनिष्यन्दिनी ते।
धवलबहलमुग्धा दुग्धकुल्येव दृष्टिः॥"

यदि सृष्टिकर्त्ता अत्यंत शोक में अश्रुपात को प्राकृतिक न कर देता तो वज्रपातसम दारुण दुःख के वेग को कौन सम्हाल सकता। इसी भावार्थ का पोषक भवभूति का नीचे का यह श्लोक बहुत उत्तम है–

पूरोत्पीड़े तड़ागस्य परीवाहः प्रतिक्रिया।
शोकक्षोभे च हृदयं प्रलापैरेव धार्यते॥

अर्थात् बरसात में तालाब जब लबालब भर जाता है तो बाँध तोड़ उसका पानी बाहर निकाल देना ही सुगम उपाय बचाव का होता है–इसी तरह अत्यंत शोक से क्षोभित तथा व्याकुल मनुष्य को अश्रुपात ही हृदय को विदीर्ण होने से बचा लेने का उपाय है। बल्कि ऐसे समय रोना ही राहत है। जैसा भवभूति ने लिखा है–

इदं विश्वं पाल्यं विधिवदभियुक्तेन मनसा।
प्रियाशोको जीवं कुसुममिव धर्मः क्लमयति॥
स्वयं कृत्वा त्यागं विलपनविनोदोऽप्युसुलभ-
स्तदद्याप्युच्छ्वासो भवति ननु लाभो हि रुदितम्॥

कोई शूरवीर, जिसको रणचर्चामात्र सुन जोश आ जाता है और जो लड़ाई में गोली तथा बाण की वर्षा को फूल की वर्षा मानता है, वीरता के उमंग में भरा हुआ युद्ध यात्रा के लिए प्रस्थान करने को तैयार है। विदाई के समय विलाप करते हुए अपने कुनबा वालों के आँसू की एक-एक बूँद की क्या कीमत है यह वही जान सकता है। वह शसपंज में पड़ आगे को पाँव रख फिर हटा लेता है। वीर और करुणा दो विरोधी रस अपनी-अपनी ओर से उमड़-उमड़ देर तक उसे किंकर्तव्यतामूढ़ किए रहते हैं। आँख में आँसू उन्हीं अकुटिल सीधे सत्पुरुषों के आता है जिनके सच्चे सरल चित्त में कपट और कुटिलाई ने स्थान नहीं पाया है। निठुर, निर्दयी, मक्कार की आँखें, जिसके कट्टर कलेजे ने कभी पिघलना जाना नहीं, दुनिया के दुःख पर क्यों पसीजेंगी। प्रकृति ने चित्त का आँख के साथ कुछ ऐसा सीधा संबंध रख दिया है कि आँख चित्त की वृत्तियों को चट्ट पहचान लेती है और

तत्काल तदाकार अपने को प्रकट करने में देर नहीं करती। तो निश्चय हुआ कि जो बेकलेजे हैं उनकी बैल सी बड़ी-बड़ी आँखें केवल देखने ही को हैं, चित्त की वृत्तियों का उन पर कभी असर होता ही नहीं। चित्त के साथ आँख के सीधे संबंध को बिहारी कवि ने कई दोहों में प्रकट किया है यथा—

कोटि यतन कीजै तऊ, नागरि नेह दुरै न।
कहे देत चित चीकनो, नई रुखाई नैन॥
दहैं निगोड़े नैन ये, गहैं न चेत अचेत।
हौं कसि कै रिस को करौं, ये निरखत हँसि देत॥

मृतक के लिए लोग हज़ारों लाख़ों ख़र्च कर आलीशान रोज़े, मक़बरे, क़ब्रें संगमरमर या संगमूसा की बनवा देते हैं; कीमती पत्थर, मानिक, ज़मुर्रद से आरास्ता उन्हें करते हैं; पर वे मक़बरे क्या उसकी रूह को उतनी राहत पहुँचा सकते हैं जितनी उसके दोस्त आँसू के क़तरे टपका कर पहुँचाते हैं?

इस आँसू में भी भेद है। कितनों का पनीला कपार होता है, बात कहते रो देते हैं। अक्षर उनके मुख से पीछे निकलेगा, आँसुओं की झड़ी पहले ही शुरू हो जाएगी। स्त्रियों को जो बहुत आँसू निकलता है, मानो रोना उनके पास गिरों रहता है, इसका कारण यही है कि वे नाम ही की अबला और अधीर हैं। दुःख के वेग में आँसू को रोकने वाला केवल धीरज है उसका टोटा यहाँ हरदम रहता है, तब इनके आँसू का क्या ठिकाना! सत्वशाली धीरज वालों को आँसू कभी आता ही नहीं। कड़ी से कड़ी मुसीबत में दो चार क़तरे आँसू के मानो बड़ी बरकत हैं। बहुत मौक़ों पर आँसू ने ग़ज़ब कर दिया है। सिकंदर का क़ौल था कि मेरी माँ की आँख के एक कतरा आँसू की कीमत मैं बादशाहत से भी बढ़कर मानता हूँ। रेणुका के अश्रुपात ही ने परशुराम से 21 बार क्षत्रियों का संहार कराया। कितने ऐसे लोग भी हैं जिन्हें आँसू नहीं आता। इसलिए जहाँ पर बड़ी ज़रूरत आँसू गिराने की हो तो उनके लिए प्याज़ का गट्ठा पास रखना बड़ी सहज तरकीब निकाली गई है। प्याज़ ज़रा सा आँख में छू जाने से आँसू गिरने लगता है।

"किसी को बैगन बावले किसी को बैगन पत्थ॥"

बहुधा आँसू का गिरना भलाई और तारीफ़ में दाख़िल है। हमारे लिए आँसू बड़ी बला है। नज़ले का ज़ोर है, दिन रात आँखों से आँसू टपकता रहता है, ज्यों-ज्यों आँसू गिरता है त्यों-त्यों बीनाई कम होती जाती है; सैकड़ों तदबीरें कर चुके, आँसू का टपकना बंद न हुआ। क्या जाने बंगाल की खाड़ी वाला समुद्र हमारे ही कपार में आकर भर रहा है। आँख से तो आँसू चला ही करता है आज हमने लेख में भी आँसू ही पर कलम चला दी, पढ़ने वाले इसे निरी नहूसत की अलामत न मान हमें क्षमा करेंगे।

जबान

कहने को मनुष्य के शरीर में 5 इंद्रियाँ हैं और यह पुतला उन्हीं 5 कर्मेंद्रियों का बना है किंतु उन इंद्रियों का प्राबल्य केवल अपने विषय में है अपना विषय छोड़ दूसरे के विषय में वे कुछ अधिकार नहीं रखतीं जैसा कर्णेंद्रिय का अधिकार शब्द पर है तो कान को रूप से जो नेत्र का विषय है कुछ सरोकार नहीं है—ऐसा ही नेत्र को त्वागिंद्रिय से जिसका अधिकार स्पर्श पर है कुछ सरोकार नहीं है कड़ी वस्तु देख नेत्र को न कुछ दुःख मिलता है न मुलायम को देख कुछ सुख—नासिका का विषय सुगंधि दुर्गंधि है शेष 4 शब्द स्पर्श रूप रस से नासिका को कोई प्रयोजन नहीं है—पर जबान सब इंद्रियों में इतनी प्रबल है कि यह जायका लेने के समय सिवाय रस के जो इसका प्रधान विषय है शब्द स्पर्श रूप गंध सबों को अपने साथ समेटती है—भोजन के समय जरा भी दुर्गंधि हो या खाना जिसे हम खा रहे हैं गंधाता हो कभी न खाया जायगा खाने की कौन कहे मिचलाई आने लगेगी जो पेट में है वह भी बाहर निकल पड़ेगा—उनकी तो बात ही निराली है जिन्हें दुर्गंधि ही सुगंधि है हमारे साहबान अंग्रेजों के साफ और सुथरे दस्तरखान पर चमाचम रकाबियों में जब तक महीनों की सड़ी मांस या मछली और पनीर न रक्खा हो तब तक लज्जत और जायका नहीं जिसकी भभक पाय दूर ही से नाक सड़ती है—जितनी ही जियादह भभक हो उतना ही जियादह जाका—किंतु सफाई को इतना अधिक अधिकार दिया गया है कि होटलिए हिंदुस्तानी भाई भी उसी सफाई पर मोहित हो साहबों की जूठी रकाबियों पर मक्खी-सा जा टूटते हैं—इलाइची केउड़ा केशर आदि सुगंधित द्रव्य इसी प्रयोजन से भोजन के पदार्थों में मिलाए जाते हैं जिससे उसमें सुगंधि आ जाय और सुगंधित भोजन मामूली भोजन से सवाया अधिक खाया जाता है—अब दूसरी बात नेत्र को जिह्वा से क्या सरोकार है—साफ और स्वच्छ पदार्थ देखते ही जीभ से पानी टपकने लगता है स्वादिष्ट भोजन कसीफ और मैला तो हो भाव दुष्ट होने से चित्त उस पर इतना नहीं लहलोट होता जितना साफ और स्वच्छ पदार्थ पर जो नेत्र को भाता हो—इसी तरह स्पर्श सुख का सूक्ष्म से सूक्ष्म अनुभव जैसा जीभ कर

सकती है वैसा शरीर के दूसरे हिस्से नहीं कर सकते इसी से जीभ का रसना यह नाम सब भाँति सार्थक है–ईश्वर न करैं रसना किसी की रस के अनुभव में तेज और चोखी हो; चटोरी जीभ लाखों रुपया चाट बैठती है और हवस उसकी नहीं बुझती–न जानिए कितने लोग केवल चटोरी जीभ के कारण लाख का घर खाक में मिला सब चाट बैठे–जुआ शराब ऐयाशी चटोरापन इन चारों ऐबों में किसी एक का हो जाना बरबादी के छोर तक पहुँचाने के लिए काफी है–दैव के कोप से जिनमें चारों हैं उनकी सपूती और लियाकत का भला क्या कहना–

तावज्जितेन्द्रियो न स्याद्विजितान्येन्द्रियः पुमान्।
न जयेद्रसनं यावत् जितं सर्व जिते रसे॥

तब तक मनुष्य जितेंद्रिय नहीं हो सकता चाहे और सब इंद्रियों को वश में कर भी लिया हो जब तक रसना को अपने वश में नहीं किया। एक जिह्वा को काबू में रख बाकी और इंद्रियाँ काबू में आ सकती हैं–और भी–

जिह्वयातिप्रमाथिन्या जनो रसविमोहितः।
मृत्यमृच्छत्यसद्बुद्धिर्मीनस्तु बडिशैर्यथा॥

चटोरी जीभ के कारण मनुष्य मूढ़ बन मछली के समान जिह्वा के वश में पड़ नष्ट हो जाता है–

जितने खाद्य पदार्थ हैं उनका स्वाद या जाइका जिह्वा के अग्रभाग से क्षण भर के संयोग का है गले के नीचे उतरा कि स्वादिष्ट और बेलज्जत भोजन दोनों एक से हैं–

आस्वाद्यस्य हि सर्वस्य जिह्वाग्रे क्षणसंगमः।
कण्ठनाडीमतीतं च सर्व कदशनं समम्॥

केवल स्वाद चखना जीभ का फायदा हो सो नहीं वरन् शरीर के और और अंग की अपेक्षा इसके गुण या दोष भी सबसे अधिक प्रबल हैं–बड़े से बड़ा फायदा और बड़े से बड़ा नुकसान दोनों इसके द्वारा हो सकते हैं–गाँठ का एक पैसा भी बिना गँवाये मीठी जबान लाखों का फायदा सहज में कर सकती है–"कागा का को धन हरे कोयल का को देय। मीठो वचन सुनाय के यश अपनो कर लेय"–नुकसान भी आदमी कडुई या बदजबानी से इतना उठाता है कि सब उम्दा सिफ्तों के होते भी लोग कटुभाषी या बदजबान के पास जाते हिचकते हैं कटहा कुत्ता सा वह सबों से बरकाया जाता है–जबान को समस्त सभ्यता और शाइस्तगो का सारांश कहना अनुचित नहीं है अब तक जो कुछ तरक्की संसार में हुई है उसका द्वार जबान ही है–इंसान और हैवान में यही तो अंतर है कि जानवर हम लोगों की तरह अपने खयाल जबान से कह कर नहीं अदा कर सकते नहीं तो और सब इंद्रियों के लालन

पालन में आहार निद्रा भय मैथुन आदि के द्वारा पशु और मनुष्य की समता होने में कौन सा अंतर बच रहा—लिख कर अक्षरबद्ध रख छोड़ने का क्रम तो बहुत दिनों के बाद निकला प्रारंभ में जबान से कहना और कान से सुन उसे याद रखना ही बहुत दिनों तक जारी रहा। ज्यों ज्यों लोग अधिक सभ्य होते गए हिंदी की चिंदी निकालने लगे तब वे ही सूत्र जो जबान से कहे गए उन पर भाष्य शरह और कमेंटरी होती गई और उन्हें बृहत होने के कारण स्मरण शक्ति के बाहर समझ लोगों ने संकेत के ढंग पर अक्षर निकाले और लिख कर रख छोड़ने लगे—तात्पर्य यह कि यावत् विद्या और ज्ञान पहले जिह्वा से कह कर प्रकट न किए गए होते तो केवल लेख शक्ति से कुछ न होता न हमारी सभ्यता इस छोर तक पहुँचती—जबान को दबाना क्रोध को दबा रखने का एक ही उपाय है कई बार की आजमाई हुई बात है कि कैसा ही क्रोध आया हो चिल्लाने के एवज धीरे-धीरे बोलो—क्रोध क्रम क्रम आप ही शांत हो जाएगा—जीभ समाज को कहाँ तक लाभदायक हुई सो दिखला चुके अब धर्म संबंध में जिह्वा पर लगाम रखने की कितनी आवश्यकता है सो दिखलाते हैं—सच तो यों है कि जीभ पर बिना कोड़ा रक्खे धर्मिष्ठों को धर्मधुरंधर बनने का दावा करना सर्वथा व्यर्थ है—वह अवश्य धोखे में पड़ा है जो अपने को धर्मिष्ठ तो मानता है पर जीभ को अपने काबू में नहीं किया—झूठ बोलना झूठी गवाही देना चुगली बदगोई इत्यादि से बचना ही जीभ पर लगाम नहीं कहलावेगा क्योंकि झूठी गवाही चुगली, गाली इत्यादि बड़े-बड़े पापों का विषय निराला है कानून फौजदारी "क्रिमिनल ला" के मद में उसकी गिनती है और सरकार की ओर से उसके लिए दंड नियत हैं जिस पर जानबूझ कर शामत सवार होगी वही ऐसे ऐसे अपराधों में अपने को फँसय कैद और जुरमाने का सजावार बनावेगा—बल्कि जबान में लगाम से प्रयोजन गप्पी और वाचाट का है जिसे अपनी गप्पाष्टक के समय आगे पीछे का कुछ ख्याल नहीं रहता न अपनी या पराये की हानि लाभ का—जिनको गप्प हाँकने की आदत हो गई है वे इसे अपने लिए दिलबहलाव मानते हैं इसमें किसी तरह ऐब या पाप नहीं समझते और जब उनके गप्प का विषय चुक जाता है कोई बात नहीं रहती जिस पर वे अपने गप्प को काम में लावें तब वे कुछ ऐसी कल्पना किया करते हैं जिससे दूसरों को बदनाम करें जीट उड़ावें किसी का कुछ कलंक उद्घाटन करें इत्यादि। चुप उनसे नहीं रहा जाता कुछ कहना अवश्य "मुखमस्ति च वक्तव्यं शतहस्ता हरीतकी" मुख में जीभ ईश्वर ने दिया है तो कुछ कहना चाहिए—हाँ सुनिए सौ हाथ की हरें—ऐसे लोग जिन्हें बहुत बकने का अभ्यास हो गया है अपनी बकवास के जोश में वह बात कह डालते हैं जो न कहना चाहिए या जिसे कहकर वे पीछे पछताते हैं—यहाँ तक बेफायदा बकवास उन्हें पसंद आती है कि जब तक मन मानता बक न लें अघाएँगे नहीं जैसा स्त्रियों में बहुधा ऐसी होती हैं कि 24 घंटे में कम से कम 6 घंटे जब तक लड़ न लेंगी उन्हें अन्न न पचेगा—नवाबों में किस्से इस किस्म के रहते थे कि दिन भर कहो बकते रहें उनके

किस्से की लर न टूटे चंडूख़ाने में चंडूबाज़ों की गप्प मशहूर ही है—इन बकवासियों की भी कई किस्में हैं कितने तो ऐसे हैं कि उनके बक-बक का किसी ने निरादर किया कि उन्हें क्रोध आ जाता है बिगड़ खड़े होते हैं—कितने ऐसे हैं कि अपनी बकवास को रंगीन और दिलचस्प न समझ सुनने वाले को नापसंदीदा जान चट्ट उसमें कुछ ऐसी ईजाद कर देते हैं कि थोड़ी देर के लिए सबों का ध्यान उस ओर मुखातिब हो जाता है—इसे वे एक हुनर मानते हैं और इस ढंग से बात करते हैं कि उनकी सरासर झूठ बात सब लोग सच मान लेते हैं—जीभ को न दबाना अनेक बुराई और क्लेश का कारण है महाभारत ऐसा सर्वनाशी संग्राम इसी जीभ के न दबाने की बदौलत किया गया—द्रौपदी ने यदि दुर्योधन को अंधे के अंधे होते हैं इस मर्मवेधी वाक्य को कह मर्म ताड़न न किया होता और दुर्योधन को पांडवों से खार न पैदा हुई होती तो परिणाम में 18 अक्षौहिणी सेना काहे को कट मरती जिसका धक्का जो हिंदुस्तान को लगा बल्कि जैसा कारी घाव इसके शरीर में हो गया उसकी मरहमपट्टी आज तक न हो सकी—इन्हीं सब कारणों से सिद्ध हुआ मनुष्य अपनी जीभ पर जहाँ तक चौकसी कर सकै और उसको दबा सकै दबावै इस पर चौकसी रखने से अनेक भलाइयाँ हैं और स्वछंद कर देने से सब तरह की बुराइयों की संभावना है—जीभ को दबाना और चौकसी रखने से यह प्रयोजन नहीं है कि हम सर्वथा मूकभाव धारण कर लें किंतु चुप रहने के भी मौके हैं—विद्यावृद्ध वयोवृद्ध या संसार की अनेक ऊँची नीची बातों के अनुभव में जो अपने से अधिक हैं उनके सामने शालीनता के ख्याल से चुप रहना होता है जिसमें यह कोई न समझे कि यह छोटे मुँह बड़ी बात कह रहा है—बहुत बकने वालों में कितने ऐसे हैं कि घंटों तक बक जाते हैं पर उनके बात करने का खास मतलब क्या था कुछ समझ में नहीं आता इस तरह की बात करने वालों की कई किस्में हम यहाँ पर गिना सकते हैं—एक वे हैं कि हँसते जाते हैं बात करते जाते हैं ''हस्नुर्मूर्खः'' ''हसन्न जल्पे'' इत्यादि वाक्य साक्षी हैं कि बात कहने का यह क्रम मूर्खता की पहचान है—एक सखुन तकिया वाले होते हैं दस लफ्ज का एक जुमला होगा तो 5 लफ्ज उसमें उनके तकिया कलाम के होंगे इनमें जिन्हें गाली की सखुन तकिया पड़ जाती है उनकी घिनौनी बात कान को महाअसह्य मालूम होती है—एक ब्रजभाषी होते हैं बात उनके मुख से क्या निकली मानो गाज गिरा ऐसों की आदत होती है कि जहाँ कोई बात बनती हो तो ये वहाँ पहुँच उसे बिगाड़ देने में कसर न करैंगे ''अतीव रोषा कटुका च वाणी नरस्य चिन्हं नरकागतस्य'' उनकी ब्रजभाषी कटु वाणी इस बात का चिह्न है कि ये नरक झेल कर आए हैं और मर कर फिर नरक में जाएँगे—इसी के विरुद्ध एक ऐसे भी सुकृती जन हैं अपनी मीठी बोली से मन खींच लेते हैं। धन्य हैं वे स्वर्गगामी जन—इत्यादि जिह्वा के संबंध में जो कुछ वक्तव्य था हमने सब कह सुनाया।

[जुलाई, अगस्त, 1895 ई.]

बातचीत

इसे तो सभी स्वीकार करेंगे कि अनेक प्रकार की शक्तियाँ जो वरदान की भाँति ईश्वर ने मनुष्यों को दी हैं, उनमें वाक्शक्ति भी एक है। यदि मनुष्य की और-और इंद्रियाँ अपनी-अपनी शक्तियों से अविकल रहतीं और वाक्शक्ति उनमें न होती तो हम नहीं जानते इस गूँगी सृष्टि का क्या हाल होता। सब लोग लुंज-पुंज से हो मानों एक कोने में बैठा दिए गए होते और जो कुछ सुख-दुःख का अनुभव हम अपनी दूसरी-दूसरी इंद्रियों के द्वारा करते उसे अवाक् होने के कारण आपस में एक दूसरों से कुछ न कह सुन सकते। अब इस वाक्शक्ति से अनेक फायदों में 'स्पीच' वक्तृता और बातचीत दोनों हैं किंतु स्पीच से बातचीत का कुछ ढंग ही निराला है। बातचीत में वक्ता को नाज-नखरा जाहिर करने का मौका नहीं दिया जाता कि वह एक बड़े अंदाज से गिन-गिनकर पाँव रखता हुआ पुलपिट पर जा खड़ा हो और पुण्याहवाचन या नांदीपाठ की भाँति घड़ियों तक साहबान मजलिस, चेयरमैन, लेडीज एंड जेंटिलमेन की बहुत सी स्तुति कर कराय तब किसी तरह वक्तृता का आरंभ किया गया जहाँ कोई मर्म या नोक की कोई नुकीली चुटीली बात बड़ा वक्ता महाशय के मुख से निकली कि करतल-ध्वनि से कमरा गूँज उठा। इसलिए वक्ता को खामखाह ढूँढ़ कर कोई ऐसा मौका अपनी वक्तृता में लाना ही पड़ता है जिसमें करतल-ध्वनि अवश्य हो। वह हमारी साधारण बातचीत का कुछ ऐसा घरेलू ढंग है कि उसमें न करतल-ध्वनि को कोई मौका है न लोगों को कहकहे उड़ाने की कोई बात उसमें रहती है। हम तुम दो आदमी प्रेम पूर्वक संलाप कर रहे हैं कोई चुटीली बात आ गई हँस पड़े तो मुस्कराहट से होंठों का केवल फरक उठना ही इस हँसी की अंतिम सीमा है। स्पीच का उद्देश्य अपने सुनने वालों के मन में जोश और उत्साह पैदा कर देना है। घरेलू बातचीत मन रमाने का एक ढंग है इसमें स्पीच की वह सब संजीदगी बेकदर हो धक्के खाती फिरती है।

जहाँ आदमी को अपनी जिंदगी मजेदार बनाने के लिए खाने-पीने चलने-फिरने आदि की जरूरत है वहाँ बातचीत की भी हमको अत्यंत आवश्यकता है। जो कुछ

मवाद या धुआँ जमा रहता है वह सब बात-चीत के जरिए भाप बन बाहर निकल पड़ता है चित्त हल्का और स्वच्छ हो परम आनंद में मग्न हो जाता है। बातचीत का भी एक खास तरह का मजा होता है। जिनको बात करने की लत पड़ जाती है वे इसके पीछे खाना-पीना तक छोड़ देते हैं अपना बड़ा हर्ज कर देना उन्हें पसंद आता है पर बातचीत का मजा नहीं खोया चाहते। राबिनसन क्रूसो का किस्सा बहुधा लोगों ने पढ़ा होगा जिसे सोलह वर्ष तक मनुष्य का मुख देखने को भी नहीं मिला। कुत्ता, बिल्ली आदि जानवरों के बीच रहा किया; सोलह वर्ष के उपरांत जब उसने फ्राइडे के मुख से एक बात सुनी, यद्यपि इसने अपनी जंगली बोली में कहा था, उस समय राबिनसन को ऐसा आनंद हुआ मानो इसने नए सिरे से फिर से आदमी का चोला पाया। इससे सिद्ध होता है कि मनुष्य की वाक्शक्ति में कहाँ तक लुभा लेने की ताकत है। जिनसे केवल पत्र-व्यवहार है कभी एक बार भी साक्षात्कार नहीं हुआ उन्हें अपने प्रेमी से कितनी लालसा बात करने की रहती है। अपना आभ्यंतरिक भाव दूसरे को प्रकट करना और उसका आशय आप ग्रहण कर लेना केवल शब्दों ही के द्वारा हो सकता है। सच है—

''तामर्द सखुन गुफ्ता बाशद।
एबो हुनरश निहफ्ता बाशद''
''तावच्च शोभते मूर्खो यावत्किंचिन्न भाषते''

बेन जानसन का यह कहना कि—''बोलने से ही मनुष्य के रूप का साक्षात्कार होता है'' बहुत ही उचित बोध होता है।

इस बातचीत की सीमा दो से लेकर वहाँ तक रखी जा सकती है जितनों की जमात मीटिंग या सभा न समझ ली जाय। एडिसन का मत है असल बातचीत सिर्फ दो में हो सकती है जिसका तात्पर्य यह हुआ कि जब दो आदमी होते हैं तभी अपना दिल दूसरे के सामने खोलते हैं जब तीन हुए तक वह दो की बात कोसों दूर गई। कहा है—

''षट्कर्णो भिद्यते मंत्रः''

दूसरे यह कि किसी तीसरे आदमी के आ जाते ही या तो दोनों हिजाब में आय अपनी बातचीत से निरस्त हो बैठेंगे या उसे निपट मूर्ख और अज्ञानी समझ बनाने लगेंगे। इसी से—

''द्वाभ्यां तृतीयो न मवामि राजन्''

लिखा है जैसा गरम दूध और ठंडे पानी के दो बर्तन पास-पास साट के रखे जाएँ तो एक का असर दूसरे में पहुँचता है अर्थात् दूध ठंडा हो जाता है और पानी

गरम। वैसा ही दो आदमी पास-पास बैठे हों तो एक का गुप्त असर दूसरे पर पहुँच जाता है। चाहे एक दूसरे को देखे भी नहीं तब बोलने की कौन कहे पर एक का दूसरे पर असर होना शुरू हो जाता है एक के शरीर की विद्युत दूसरे में प्रवेश करने लगती है। अब पास बैठने का इतना असर होता है तब बातचीत में कितना अधिक असर होगा इसे कौन न स्वीकार करेगा। अस्तु, अब इस बात को तीन आदमियों के संगम में देखना चाहिए मानों एक त्रिकोण सा बन जाता है तीनों का चित्त मानों तीन कोण हैं और तीनों की मनोवृत्ति के प्रसरण की धारा मानो उस त्रिकोण की तीन रेखाएँ हैं। गुपचुप असर तो उन तीनों में परस्पर होता ही है जो बातचीत तीनों में की गई वह मानो अँगूठी में नग-सा जड़ जाती है। उपरांत जब चार आदमी हुए तब बेतकल्लुफी को बिलकुल स्थान नहीं रहता खुल के बातें न होंगी जो कुछ बातचीत की जायगी वह 'फार्मेलिटी' गौरव और संजीदगी के लच्छे में सनी हुई। चार से अधिक की बातचीत तो केवल राम रमौवल कहलाएगी। उसे हम संलाप नहीं कह सकते।

इसी बातचीत के अनेक भेद हैं। दो बुड्ढों की बातचीत प्रायः जमाने की शिकायत पर हुआ करती है, बाबा आदम के समय का ऐसा दास्तान शुरू करते हैं जिसमें चार सच तो दस झूठ। एक बार उनकी बातचीत का घोड़ा छूट जाना चाहिए पहरों बीत जाने पर भी अंत न होगा। प्रायः अंग्रेजी राज्य पर देश और पुराने समय की बुरी से बुरी रीति नीति का अनुमोदन और इस समय के सब भाँति लायक नौजवान की निंदा उनकी बातचीत का मुख्य प्रकरण होगा। अब इसके विपरीत नौजवानों की बातचीत का कुछ तर्ज ही निराला है। जोश-उत्साह, नई उमंग, नया हौसिला आदि मुख्य प्रकरण उनकी बातचीत का होगा। पढ़े-लिखे हुए तो शेक्सपीयर, मिलटन, मिल और स्पेंसर उनके जीभ के आगे नाचा करेंगे। अपनी लियाकत के नशे में चूरंचूर हमचुनी दीगरे नेस्त। अक्खड़ कुश्तीबाज हुए तो अपनी पहलवानी और अक्खड़पन की चर्चा छेड़ेंगे। आशिकतन हुए तो अपने-अपने प्रेमपात्री की प्रशंसा तथा आशिकतन बनने की हिमाकत की डींग मारेंगे। दो ज्ञात-यौवन हम उमर सहेलियों की बातचीत का कुछ जायका ही निराला है रस का समुद्र मानो उमड़ा चला आ रहा है इसका पूरा स्वाद उन्हीं से पूछना चाहिए जिन्हें ऐसों की रस-सनी बातें सुनने को कभी भाग्य खड़ा है।

> **"प्रजल्पन्मत्पदे लग्नः कान्तः किं"? नहि नूपुरः।**
> **"व्रदन्ती जारवृत्तान्तं पत्यौ धूर्ता सखी धिया॥**
> **पति बुद्ध्वा सखि ततः प्रबुद्धास्मीत्यपूरयत्"।**

अर्द्धजरती बुढ़ियाओं की बातचीत का मुख्य प्रकरण बहू-बेटी वाली हुई तो अपनी-अपनी बहुओं या बेटों का गिला-शिकवा होगा या बिरादराने का कोई ऐसा

राम-रसरा छेड़ बैठेंगी कि बात करते-करते अंत में खोढ़े दाँत निकाल-निकाल लड़ने लगेंगी। लड़कों की बात-चीत में खेलाड़ी हुए तो अपनी आवारगी की तारीफ करने के बाद कोई ऐसी सलाह गाठेंगे जिसमें उनको अपनी शैतानी जाहिर करने का पूरा मौका मिले। स्कूल के लड़कों की बातचीत का उद्देश्य अपने उस्ताद की शिकायत या तारीफ या अपने सहपाठियों में किसी के गुनऐगुन का कथोपकथन होता है। पढ़ने में तेज हुआ तो कभी अपने मुकाबिले दूसरे को कैफियत न देगा सुस्त और बोदा हुआ तो दबी बिल्ली सी स्कूल भर को अपना गुरु ही मानेगा। अलावे इसके बातचीत की और बहुत सी किसमें हैं। राजकाज की बात, व्यापार संबंधी बातचीत, दो मित्रों में प्रेमालाप इत्यादि। हमारे देश में नीच जाति के लोगों में बात कही होती है लड़की लड़के वाले की ओर से। एक-एक आदमी बिचवई होकर दोनों के विवाह संबंध की कुछ बातचीत करते हैं उस दिन से बिरादरी वालों को जाहिर कर दिया जाता है कि अमुक की लड़की से अमुक के लड़के के साथ विवाह पक्का हो गया है और यह रसम बड़े उत्साह के साथ की जाती। एक चंडूखाने की बातचीत होती है इत्यादि, इस बात करने के अनेक प्रकार और ढंग हैं।

यूरोप के लोगों में बात करने का एक हुनर है 'आर्ट आफ कनवर्सेशन' यहाँ तक बढ़ा है कि स्पीच और लेख दोनों इसे नहीं पाते। इसकी पूर्ण शोभा काव्यकला प्रवीण विद्वन्मंडली में है। ऐसे-ऐसे चतुराई के प्रसंग छेड़े जाते हैं कि जिन्हें सुन कान को अद्‌भुत सूख मिलता है सहृदय गोष्ठी इसी का नाम है। सहृदय गोष्ठी के बातचीत की यही तारीफ है कि बात करने वालों की लियाकत अथवा पांडित्य का अभियान या कपट कहीं एक बात में न प्रकट हो वरन् जितने क्रम रसाभास पैदा करने वाले सबों की बरकाते हुए चतुर सयाने अपनी बातचीत का उपक्रम रखते हैं जो हमारे आधुनिक शुष्क पंडितों की बातचीत में जिसे शास्त्रार्थ कहते हैं कभी आवे ही गा नहीं। मुर्ग और बटेर की लड़ाइयों की झपटा-झपटी के समान जिनकी काँव-काँव में सरस संलाप का तो चर्चा ही चलाना व्यर्थ है वरन् कपट और एक दूसरे को अपने पांडित्य के प्रकाश से बाद में परास्त करने का संघर्ष आदि रसाभास की सामग्री वहाँ बहुतायत के साथ आपको मिलेगी। घंटेभर तक काँव-काँव करते रहेंगे तग कुछ न होगा। बड़ी-बड़ी कंपनी और कारखाने आदि बड़े से बड़े काम इसी तरह पहले दो चार दिली दोस्तों की बातचीत ही से शुरू किए गए उपरांत बढ़ते-बढ़ते यहाँ तक बढ़े कि हज़ारों मनुष्यों की उससे जीविका और लाखों की साल में आमदनी उसमें है। पचीस वर्ष के ऊपर वालों की बातचीत अवश्य ही कुछ न कुछ सारगर्भित होगी। अनुभव और दूरंदेशी से खाली न होगी और पच्चीस से नीचे वालों की बातचीत में यद्यपि अनुभव दूरदर्शिता और गौरव नहीं पाया जाता पर इसमें एक प्रकार का ऐसा दिल बहलाव और ताजगी रहती है कि जिसकी मिठास उससे दसगुना अधिक बढ़ी-चढ़ी है।

यहाँ तक हमने बाहरी बातचीत का हाल लिखा जिसमें दूसरे फरीक के होने की बहुत ही आवश्यकता है। बिना किसी दूसरे मनुष्य के हुए जो किसी तरह संभव नहीं है और जो दो ही तरह पर हो सकती है या तो कोई हमारे यहाँ कृपा करे या हमीं जाकर दूसरे को सर्फराज करें। पर यह सब तो दुनियादारी है जिसमें कभी-कभी रसाभास होते देर नहीं लगती क्योंकि जो महाशय अपने यहाँ पधारें उसकी पूरी दिलजोई न हो सकी तो शिष्टाचार में त्रुटि हुई। अगर हमीं उनके यहाँ गए तो पहले तो बिना बुलाए जाना ही अनादर का मूल है और जाने पर अपने मन माफिक बर्ताव न किया गया तो मानो एक दूसरे प्रकार का नया घाव हुआ इसलिए सबसे उत्तम प्रकार बातचीत करने का हम यही समझते हैं कि हम यह शक्ति अपने में पैदा कर सकें कि अपने आप बात कर लिया करें। हमारी भीतरी मनोवृत्ति जो प्रतिक्षण नए-नए रंग दिखलाया करती है और जो बाह्य प्रपंचात्मक संसार का एक बड़ा भारी आईना है जिसमें जैसी चाहो वैसी सूरत देख लेना कुछ दुर्घट बात नहीं है और जो एक ऐसा चमनिस्तान है जिसमें हर किस्म के बेल-बूटे खिले हुए हैं इस चमनिस्तान की सैर क्या कम दिल-बहलाव है? मित्रों का प्रेमालाप कभी इसकी सोलहवीं कला तक भी पहुँच सकता है? इसी सैर का नाम ध्यान या मनोयोग या चित्त का एकाग्र करना है जिसका साधन एक दो दिन का काम नहीं वरन् साल दो साल के अभ्यास के उपरांत यदि हम थोड़ा भी अपनी मनोवृत्ति स्थिर कर अवाक् हो अपने मन के साथ बातचीत कर सके तो मानो अति भाग्य है। एक वाक्-शक्तिमात्र के दमन से न जानिए कितने प्रकार का दमन हो गया। हमारी जिह्वा जो कतरनी के समान सदा स्वच्छंद चला करती है उसे यदि हमने दबा कर अपने काबू में कर लिया तो क्रोधादिक बड़े-बड़े अजेय शत्रुओं को बिन प्रयास जीत अपने वश कर डाला। इसलिए अवाक् रह अपने आप बातचीत करने का यह साधन यावत् साधन का मूल है, शांति का परम पूज्य मंदिर है, परमार्थ का एकमात्र सोपान है।

[अगस्त, 1891 ई.]

जी

साधारण बातचीत में यह जी भी जी का जंजाल सा हो रहा है। अजी बात ही चीत क्या जहाँ और जिसमें देखो उसी में इस जी से जीते जी छुटकारा नहीं देख पड़ता। साहब यह आप क्या कहते हैं जी से जी को राहत है; जी मत चुराओ हम जो कहें उसे सुनते चलो और इस जी की उलझी गाँठ सुलझाते जाओ। बहुतों के नाम में यह जी गोट जी लगी है जैसा जीयाजी, जीवरामजी जीवनदासजी, जीतूजी, बाजी रावजी, धरमजीतजी, अजीत सिंह जी, परसूजी इत्यादि अब काम में जी को लीजिए, रसोई जीवना, बाजी बद कर लड़ना, जीवनदान देना, जीमार, जीविका न मार एवं जी लगाना, जी पर खेल जाना, जी में उतार देना, जी दुखाना, जी कुढ़ाना, जी चुभाना, जी चुराना, जी लेना, जी देना, जी उचाटना, जी बिगाड़ना, जी फटना, जी बहलाना, जी हटाना, जी मारना इत्यादि जंग में गाज़ी, दो फरीकों में राजी, मियाँ बीवी राजी तो क्या करे काजी, कुत्तों में ताजी, आदमियों में शाह जी लाला जी, हिंदुस्तान का हित चाहने वालों में दादा भाई नौरोजी, नीच निकृष्टों में पाजी, साग में भाजी, मुसलमानों में हाजी, मेवाओं में चिरौंजी, मसाले में जीरा, फलों में अंजीर, स्त्रियों के आभूषण में जंजीर, पुकारने में हाँ जी, जी हाँ, हाँ के आदि में जी अंत में भी वही जी। कितने कहते हैं फलाने पधार गए, गुजर गए, अमुक जी नाम कायम रखने को ये-ये काम कर गए, बहुतेरे जी बहलाने को हवा खाने जाते हैं; जी की लगन हर घड़ी प्यारे के ध्यान में मगन। कितने शब्दों में इस जी के कारण जानो जान सी पिरोह दी गई है जैसा अरजी, गरजी, मरजी, दरजी, करजी, इनमें से जी को अलग कर डालिए मानों उन शब्दों की जान निकाल ली गई तब आर, मर, मर, दर, कर सब बेकार हैं। नाते, रिश्ते में जीजी, भौजी, भावजी, भतीजी, माँजी इस जी में सजीव हैं। अंत में अब इस जी के गोरख धंधे को कहाँ तक सुलझावें जी की खोज करने जी घबराय गया तो अब इस जी के जंजाल को समाप्त करते हैं।

हृदय

हमारे अनुमान से उस परम नागर की चराचर सृष्टि में हृदय एक अद्भुत पदार्थ है देखने में तो इसमें तीन अक्षर हैं पर तीनों लोक और चौदहों भुवन इस तिहर्फी (अक्षर) शब्द के भीतर एक भुनगे की नाईं दबे पड़े हैं। अणु से लेकर पर्वत पर्यन्त छोटे से छोटा और बड़े से बड़ा कोई काम क्यों न हो बिना हृदय लगाए वैसा ही पोच रहता है जैसा युगल-दंत की शुभ्रोज्ज्वल खूँटियों से शोभित श्याम मस्तक वाले मदश्रावी मातंग को कच्चे सूत के धागे से बाँध रखने का प्रयत्न अथवा चंचल कुरंग को पकड़ने के लिए भोले कछुए के बच्चे को उद्यत करना। आँख न हो मनुष्य हृदय से देख सकता है पर हृदय न होने से आँख बेकार है। कहावत भी तो है 'क्या तुम्हारे हिए की भी फूटी है', हृदय से देखो, हृदय से बोलो; हृदय से पूछो, हृदय में रखो, हिए-जिए से काम करो; हृदय में कृपा बनाए रखो। किसी का हृदय मत दुखाओ। अमुक पुरुष का ऐसा नम्र हृदय है कि पराया दुख देख कोमल कमल की दंडी-सा झुक जाता है। अमुक का इतना कठोर है कि कमठ पृष्ठ की कठोरता तक को मात करता है। कितनों का हृदय वज्राघात सहने को भी समर्थ होता है। कोई ऐसे भीरु होते हैं कि समर सन्मुख जाना तो दूर रहा कृपाण की चमक और गोले की धमक के मारे उनका हृदय सिकुड़ कर सोंठ की गिरह हो जाता है। किसी का हृदय रणक्षेत्र में अपूर्व विक्रम और अलौकिक युद्ध कौशल दिखाने को उमगता है। एवं किसी का हृदय विपुल और किसी का संकीर्ण किसी का उदार और किसी का अनुदार होता है। विभव के समय यह समुद्र की लहर से भी चार हाथ अधिक उमड़ता है और विपद्-काल में सिमट कर रबड़ की टिकिया रह जाता है। सतोगुण की प्रवृत्ति में राज-पाट तक दान कर संकुचित नहीं होता, रजोगुण की प्रवृत्ति में बाल की खाल निकाल झींगुरों की मुस्कें बाँधता है। फलतः प्रेम, करुणा, प्रीति, भक्ति, माया, मोह आदि गुणों का प्रकृति-दशा में कभी-कभी ऐसा प्रभाव होता है कि उसका वर्णन कवियों की सामर्थ्य से बाहर हो जाता है उसके अनुभव को हृदय ही जानता है, मुँह से कहने को अशक्य होता है। यदि

यह बात नहीं है तो कृपाकर बताइए चिर-काल के बिछुरे प्रेमपात्रों के परस्पर सम्मिलन और एकटक अवलोकन में हृदय को कितनी ठंडक पहुँचती है या सहज अधीर, स्वभावतः चंचल मृदु बालक जब बड़े आग्रह से मचल कर धूलि में लोटते हैं वा किसी नई सीखी बात को बाल स्वभाव से दुहराते हैं उस काल उनके मुँह-मुकुर पर जो मनोहर छवि छाती है वह आपके हृदय पर कितना प्रेम उपजाती है वा जिसको हम चाहते हैं वह गोली भर टप्पे से हमें देख कतराता है तो उसकी रुखाई का हृदय पर कितना गंभीर घाव होता है? अथवा बहु-कुलीन महादुखी जब परस्पर असंकुचित चित्त मिलते और अत्रुटित बातों में अपना दुखड़ा कहते हैं उस समय उनके आश्वासन की सीमा कहाँ तक पहुँचती है। शुद्ध एवं संयमी, नारायण-परायण को प्रभु-कीर्त्तन और भजन में जो अपूर्व आनंद अलौकिक सुख मिलता है व प्राकृतिक शोभा देख कवि का हृदय जो उल्लास, शांति और निस्तब्ध भाव धारण करता है उसका तारतम्य कितना है पाठक! हमारे लिखने के ये सब सर्वथा बाहर हैं; अपने आप जान सकते हो।

भक्ति-रस पगे हुए महात्मा तुलसीदास जी राघवेन्द्र राघव की प्रशंसा में कहते हैं—

'चितवनि चारु मारु मदहरनी। भावत हृदय जाय नहिं बरनी॥'

इससे जान पड़ता है कि हृदय एक ऐसी गहरी खाड़ी है जिसकी थाह विचारे जीव को उसमें रहने पर भी कभी-कभी उस भाँति नहीं मिलती जैसे ताल की मछलियाँ दिन-रात पानी में बिलबिलाया करती हैं पर उसकी थाह पाने की क्षमता नहीं रखतीं। जब अपने ही हृदय का ज्ञान अपने को नहीं है तो दूसरे के मन की थाह ले लेना तो बहुत ही दुस्तर है। तभी तो असाधारण धीमानों की यह प्रार्थना है 'अनुक्तमप्यूहति पंडितो जनः' कि बिना कहे वे दूसरे के हृदय का भाव कभी-कभी लख लेते हैं। तो भी निस्संदेह दूसरे के हृदय की थाह लगाना बड़ा दुरंत है। न जाने इस हृदयागार का कैसा मुँह है, पंडित लोग कुछ ही कहें हमारी जान तो इसका स्वरूप स्वच्छ स्फटिक की नाई हैं। इसी से हर चीज का फोटू इसमें उतर जाता है। जिस भाँति सहस्रांश की सहस्र-सहस्र किरणें निर्मल बिल्लौर पर पड़कर उसके बाहर निकल जाती हैं इसी तरह सैकड़ों बातें, हजारों विषय जो दिन-रात में हमारे गोचर होते हैं हृदय के शीशे के भीतर धँसते चले जाते हैं और समय पर ख्याल के कागज में तस्वीर बन सामने आ जाते हैं। इसमें कोई जल्द फहम होते हैं, कोई सौ-सौ बार बताने पर नहीं समझते। उनका हृदय किसी ऐसी चिंता-कीट से चेहटा रहता है कि वह आवरण होकर रोक करता है जिस तरह अक्स लेने के लिए शीशे को पहले खूब धो-धुवाकर साफ कर लेते हैं इसी भाँति सुंदर बात को धारण के लिए हृदय की सफाई की बहुत बड़ी आवश्यकता है।

राजर्षि भर्तृहरि का वाक्य है 'हृदिस्वच्छावृत्तिः श्रुतमधिगतैकवृतफलम' अर्थात् हृदय स्वच्छवृत्ति से और कान शास्त्र-श्रवण से बड़ाई के योग्य होते हैं। यह स्वच्छ थैली जिनके पास है वही सदाशय हैं, वही महाशय हैं और वह गंभीराशय हैं उन्हें चाहे जिन शुभ नामों से पुकार लीजिए। और जिनकी उदरदरी में इसका अभाव है वे ही दुराशय, क्षुद्राशय, नीचाशय, ओछे, छोटे और पेट के खोटे हैं। देखी सहृदय के उदाहरण ये लोग हुए हैं। सूर्यवंश-शिरोमणि दशरथात्मज रामचंद्र को कराली कैकेयी ने कितना दुःख दिया था। बारह वर्ष के वन के असीम आपदों का क्लेश, नयन ओट न रहने वाली सती सीता का विरहजन्य शोक, स्नेह-सागर पिता का सदा के लिए वियोग; ये सब सहकर उनका शुद्ध हृदय उस सौतेली माँ से पुनर्मिलन में समर्थ हुआ। आज कल के ओछे पात्र माँ-बाप की तिरछी आँख की आँच न सहकर कह बैठते हैं कि हमारा तो उनकी तरफ से हिरदै फट गया। प्रिय पाठक, श्री स्वामी दयानन्द सरस्वती जी महाराज भी एक बड़े विशद और विशाल हृदय के मनुष्य थे, जिन्होंने लोगों की गाली-गलौज, निंदा-चुगली आदि अनेक असह्य बातों को सह कर उनके प्रति उपकार से मुँह न मोड़ा। आज जिनका विपुल हृदय मानो निकल कर सत्यार्थप्रकाश बन गया है। एक बार यहाँ के चंद लोगों ने कहा कि वह नास्तिक मुँह देखने योग्य नहीं है। यह सुनकर कुछ भी उनकी मुखश्री मलिन न हुई और किसी भाँति माथे पर सिकुड़न न आई। गंभीरता से उत्तर दिया कि यदि मेरा मुँह देखने में पाप लगता है तो मैं मुँह ढाँप लूँगा पर दो-दो बातें तो मेरी सुन लें। बस इसी से आप उनके वृहत् हृदय का परिचय कर सकते हैं। किसी ने सच कहा है—

"सज्जनस्य हृदयनवनीतं यद्वदन्ति कवयस्तदलीकम्।
अन्यतेहबिलसत्परितापात्सज्जनो द्रवतिननवनीतम्॥"

एक सहृदय कहता है कि कवियों ने जो सज्जनों के हृदय की उपमा मक्खन से दी है वह बात ठीक नहीं है। क्योंकि सत् पुरुष पराया दुःख देख पिघल जाते हैं और मक्खन वैसा ही बना रहता है। बस प्यारो, यदि तुम सहृदय होना चाहते हो तो ऐसे उदार हृदयों का अनुकरण करो, ऐसे ही हृदय दूसरों के हृदयों में क्षमा, दया, शांति, तितिक्षा, शील, सौजन्यता, सच्ची आस्तिकता और उदारता का वीर्यारोपण करने में योग्य होते हैं और सच्चे सुहृद कहाते हैं।

[भारत सुदशाप्रवर्त्तक से) अक्टूबर, 1887 ई.]

परचित्तानुरंजन

ऐसे पुरुष जो परचित्तानुरंजन में कुशल हैं अर्थात् जिनकी सदा चेष्टा रहती है कि हम से किसी को दुःख न मिले और कैसे हम दूसरे के मन को अपनी मूठी में कर लें। ऐसे पुरुष के चोला में भी साक्षात् देवता हैं, यह लोक और परलोक दोनों को उन्होंने जीत लिया। परचित्तानुरंजन या परच्छंदानुवर्तन से हमारा प्रयोजन चापलूसी करने का नहीं है कि तुम अपनी चालाकी से 'मूर्ख छंदानुवृत्तेन' के क्रम पर भीतर तो न जानिए कितनी मैल और कूड़ा जमा है अपना मतलब गाँठने को उसके मन की कह रहे हो, वरन् अपना मतलब चाहै बिगड़ता हो पर उसका चित्त प्राजुर्दा न हो इसलिए जो वह कहे उसे कबूल कर लेना ही परचित्तानुरंजन है। दिल्ली का बादशाह नसीरुद्दीन महमूद ने एक किताब अपने हाथ से नकल की थी। एक दिन अपने किसी अमीर को दिखला रहा था उस अमीर ने कई जगह गलती बतलाई बादशाह ने उन गलतियों को दुरुस्त कर दिया। जब वह अमीर चला गया तो फिर वैसा ही बना दिया जैसा पहले था। लोगों ने पूछा ऐसा आपने क्यों किया? बादशाह ने कहा मुझको मालूम था कि मैंने गलती नहीं किया लेकिन खैरखाह और नेक सलाह देने वाले का दिल दुखाने से क्या फायदा इससे उसके सामने वैसा ही बनाय यह मेहनत अपने ऊपर लेनी मैंने उचित समझा। व्यर्थ का शुष्कवाद और दाँत किट्टन करने की बहुधा लोगों की आदत होती है अंत को इस दाँत किट्टन से लाभ कुछ नहीं होता। चित्त में दोनों के कशाकशी और मैल अलबत्ता पैदा हो जाती है। बहुधा ऐसा भी होता है कि हमारी हार होगी इस भय से प्रतिवादी का जो तत्त्व और मर्म है उसे न स्वीकार कर अपने ही कहने को पुष्ट करता जाता है और प्रति पक्षी की बात काटता जाता है। हम कहते हैं इससे लाभ क्या? प्रतिवादी जो कहता है उसे हम क्यों न मान लें उसका जी दुखाने से उपकार क्या। 'फलं न किंचित् अशुभा समाप्तिः।' सिद्धांत है 'मुंडे मुंडे मतिर्भिन्ना तुंडे तुंडे सरस्वतीः' बहुत लोग इस सिद्धांत को न मान जो हम समझे बैठे हैं उसे क्यों न दूसरे को समझाएँ इसलिए न जानिए कितना तर्क कुतर्क शुष्कवाद करते हुए बाँय-बाँय बका करते हैं फल

अंत में इसका यही होता है कि जी कितनों का दुखी होता है, मानता उसके कहने को वही है जिसे उसके कथन में श्रद्धा है। हमारे चित्त में ऐसा आता है कि जो हमने तत्त्व समझ रक्खा है उसे उसी में कहें जिसे हमारी बात पर श्रद्धा हो। मोती की लरियों को कुत्ते के गले में पहना देने से फायदा क्या? अस्तु हमारे प्राचीन आर्यों ने जो बहुत सी विद्या और ज्ञान छिपाया है उसका यही प्रयोजन है। जिसे इन दिनों के लोग ब्राह्मणों पर दोषारोपण करते हैं कि ब्राह्मणों ने विद्या छिपाया सबों को न पढ़ने दिया।

विद्या ब्राह्मणमेत्याह शेवधिस्तेभवाम्यहम्।
असूयकाय माँ मादास्तथास्यां वीर्यवत्तमा॥

विद्या ब्राह्मण से यों कहती है मैं तुम्हारा खज़ाना हूँ, मुझे जुगै के रखो निंदक तथा गुण में दोष निकालने वाले मत्सरी को मत बतलाओ ऐसा करोगे तो मैं तुमको अत्यंत वीर्यवती हूँगी। छांदोग्य ब्राह्मण में भी ऐसा ही कहा है–

विद्याह वै ब्राह्मणमाजगाम तवाहमस्मि त्वं मां पालय।
अनर्हते मानिनेनैवमादा गोपाय मां श्रेयसी तथाहमस्मि।
विद्या सार्द्धं म्रियेत नविद्यामूषरे वपेत्॥

कितने लोग ऐसे हैं जिन के मधुर कोमल शब्दों में मानो फूल झरते हों; श्रुति मनोहर उनके बदनाब्जनिः सतपदावलियों के एक-एक शब्द पर जी लुभाता है किंतु कितने कटुवादी खल ऐसा असंतुद बोलने वाले हैं कि वे जब तक दिन में दो चार बार मर्म ताड़न कर किसी का चित्त न दुखा लें तब तक उन्हें खाना नहीं हज़म होता। ऐसे दुष्टों का जन्म ही इस लिए संसार में है कि वे अपने वाग् बज्र से दूसरों का हृदय विदीर्ण किया करें। 'अतीव रोषा कटुका च वाणी नरस्य चिह्नानि नरकागतानाम्' वाक् संयम इसीलिए कहा गया है कि कहीं ऐसा न हो कि कोई शब्द हमारे मुख से ऐसा निकल जाय कि उससे दूसरे के चित्त को खेद पहुँचे। शील के सागर कितने पुरुष रत्न चारुदत्त से चारु चरित्र ऐसे हैं जो अपना बहुत सा नुकसान सह लेते हैं पर लेन देन में कड़ाई के साथ नहीं पेश आया चाहते और न वे दूसरे का जी दुखाते हैं। निश्चय ऐसे लोग महापुरुष हैं, स्वर्ग भूमि से आए हैं और स्वर्ग में लाएँगे। जो परचित्तानुरंजन में लौलीन हैं उनके समकक्ष मनुष्यकोटि में ऐसे ही कहीं कोई होंगे। यह परच्छंदानुवर्तन दैवी गुण वहीं अवकाश पाता है जहाँ दर्प थाह ज्वर की ऊष्मा का अभाव है। अहंकारी को कभी यह बुद्धि होती ही नहीं कि हम किसी के चित्त को न दुखाएँ वरन् परछिद्रान्वेषण ही में उसे सुख मिलता है। दूसरे की ऐब जोई को वह अपने लिए दिल बहलाव मानता है। अभिमान से देवदूत और फरिश्ते भी स्वर्ग से च्युत किए गए तब जिस में यह

शैतानी खसलत है उसकी तुलना परचित्तानुरंजक के साथ क्योंकर हो सकती है। यह दर्पदाहज्वर धनवानों को बहुतायत के साथ सवार रहता है हमारा यह लेख उन्हीं के लिए विशेष रसांजन है। निष्किंचन जो सामान्य मनुष्य के सामने भी गिड़गिड़ाया करता है उसको इस रसांजन की क्या अपेक्षा है।

बहुत से ऐसे भी लोग हैं जिनकी चाल और ढंग से कुछ ऐसा होता है कि उसे देख चित्त में विषाद और कुढ़न पैदा होती है।

यद्यपि कानो हानिः परकीयां रासभो चरति द्राक्षाम।
असमंजसमिति मत्वा तथापि नो खिद्यते चेतः॥

किसी दूसरे के दाख के खेत को गदहा चरे लेता है हमारी यद्यपि इसमें कोई हानि नहीं है किंतु यह असमंजस सा मालूम होता है कि दाख के खेत को गदहा चरे डालता है यह समझ चित्त को खेद होता ही है। सर्वापहारी परमेश्वर की कुछ ऐसी महिमा है कि इस तरह के तुच्छ मनुष्यों को कोई ऐसा धक्का लग जाता है कि उनकी सब ऐंठन बिदा हो जाती है और तब वे राह पर आ जाते हैं। और तब भी जो सीधे रास्ते पर न आए उन्हें या तो बेहया कहना चाहिए या समझना चाहिए कि उनका कुछ और अमंगल होनहार है। सोने की नाई चरित्र की परख भी कसे जाने पर होती है। कसने से जो खरा और शुद्ध चरित्र का निकला वह लोक में प्रतिष्ठा और कदर के लायक होता है और जो दगीला और खोटा निकल गया वह फिर किसी काम का नहीं रहता। समाज में सब लोग उससे घिन करते लगते हैं जो घिन के लायक हैं उनके जीवन से फल क्या।

कुसुमस्तवकस्येव द्वयी वृत्तिर्मनस्विनः।
मूर्ध्निहि सर्व लोकानां विशीर्येत बनेथवा॥

चरित्रवान् मनस्वी फूलों के गुच्छा के समान हैं फूल या तो सबों के सिर पर चढ़ेगा नहीं तो जहाँ फूला है वही कुम्हला के पेड़ के नीचे गिर पड़ेगा। कविवर भवभूति ने भी ऐसा ही कहा है–

नैसर्गिकी सुरभिणः कुसुमरय सिद्धा मूर्ध्नि
स्थितिर्नचरणैरवताडनानि॥

परचित्तानुरंजन के प्रकरण में इतना सब हम अप्रासंगिक गा गए पढ़ने वाले कहेंगे व्यर्थ की अलापचारी से यह पत्र की जगह छेक रहा है। सो नहीं परचित्तानुरंजन चरित्र पालन का प्रधान अंग है जो दूसरे के चित्त को अपनी मूठी में कर लेना सीखे हैं और इस हुनर में प्रवीण हैं वे चरित्रवानों के सिरमौर होते हैं। 'स्माइल्स आन क्यारेक्टर' में यही बात कई जगह कई तरह पर दर्शाई गई है। पाठक आप

भी यदि चरित्रवान् हुआ चाहो तो परचित्तानुरंजन में ध्यान लगाओ सो भी कदाचित् नापसंद हो तो एक बार हमारे इस लेख को तो पढ़ लो। देव वाणी अंग्रेज़ी के लेख पढ़ने की आदत पड़ रही है। पिशाच भाषा हिंदी का लेख पढ़ने में अपनी हतक समझते हो तो लाचारी है। हमारे भाग में करतार ने इसी पिशाचिनी की सेवा करना लिख दिया है तब क्या किया जाय।

[1906 ई.]

समरथ को बहु दोष गुसाईं

बाबा तुलसीदास ने लिखा है–"समरथ को नहिं दोष गुसाईं"

तुलसीदास जी बहुत बड़े अद्वितीय महात्मा पुरुष थे। उनका जो कुछ तात्पर्य इसमें रहा हो पर हमको तो यही भावता है कि जितना ही अधिक सामर्थ्य वाला होता है वह उतना ही विशेष दोष भागी है। अचरच क्या बाबा तुलसीदास का यह सिद्धांत-वाक्य न हो वरन् समर्थ बड़े लोगों को बहुधा अत्याचार दुराचार अन्याय करते देख ताने की भाँति लिख दिया हो।

"समरथ को नहिं दोष गुसाईं"

अन्याय और अनुचित कर्म-सामर्थ्य वालों को जो अपने बड़प्पन के अभिमान में उन्मत्त रहते हैं कर डालना कोई अनोखी बात नहीं है वरन् उनकी उचित कर्तव्यता ही को एक नई बात और घुणाक्षर न्याय हम मानेंगे।

महात्मा ईसा का कथन है जिसको दिया गया उसी से हिसाब लिया जायगा। सच है–"नंगा नहाय तो क्या निचोड़े"

जो सब भाँति असमर्थ हैं वे करी क्या सकते हैं। जिसकी गाँठ में फूटी कौड़ी नहीं उससे भिखारी घेर कर क्या पा सकते हैं।

कवीश्वर कालिदास ने भी लिखा है–"विकार हेतौ सति विकृयंते येषां न चेतांसि तएवधीराः" जिन कारणों से मनुष्य के मन में विकार पैदा होता है उनके होते हुए भी जिनका चित्त विकृत नहीं होता वे ही धीर हैं। यों तो धी ढरक जाने पर रूखी दाल को स्वादिष्ट कहने वाले बहुतेरे हैं। जब हमें किसी तरह की ताकत या सामर्थ्य नहीं है तो हमें दोष किस बात का। जोर की आँधी चलने पर जो लंबे और ऊँचे पेड़ हैं उन्हीं को टूट जाने का भय है। छोटे पेड़ों को हजार आँधी चलने पर भी क्या हानि पहुँच सकती है। हमारे शास्त्रों में दान धर्म में भी वित्त-शाठ्य कहा गया है अर्थात् अपने वित्त के बाहर यज्ञ, दान करने वाला दोषी समझा जाता है। तो निश्चय हुआ कि कर्तव्य अकर्तव्य का यावत् बोझ सब सामर्थ्य पर निर्भर

है। इसलिए समर्थ हो कर जो फूँक फूँक कर पाँव रखता है वही संसार में नेकनामी और प्रतिष्ठा का अधिकारी होता है। तम्मात्

''समरथ को बहु दोष गुसाईं''

यही पक्ष समंजस और पुष्ट मालूम होता है किंतु समर्थ होकर दोष से बचना लोहे के चने हैं। बज्र सरीखे जिनके दाँत हों वे ही इसे चबाने की हिम्मत बाँध सकते हैं।

[जुलाई, 1892]

ऐसों को हम मन-माणिक की कदर करने वाले और पहचान रखने वाले जौहरी कहेंगे। मन को पवित्र या अपवित्र करने का द्वार नेत्र है। किसी पुण्याश्रम, तपोभूमि, गिरि, नदी, निर्झर आदि तीर्थ विशेष में जाकर वहाँ के प्राकृतिक पवित्र दृश्यों को देखते ही या किसी जीवन्मुक्त महापुरुष के दर्शन से मन एक बारगी बदल जाता है। पापी से पापी ठगों और डकैतों का हाल देखा और सुना गया है कि ऐसे लोग महात्माओं के पवित्र स्थानों में जाते ही या किसी महात्मा का दर्शन कर अपने पाप-कर्म से छूट ऋषि-तुल्य शांत स्वभाव के हो गए हैं। लोग मन को व्यर्थ ही चंचल प्रसिद्ध किए है। चंचलता नेत्र करते हैं, फँसता है बेचारा निरपराधी चित्त–

''क्यों बसिए निरवारिए, नीति नेह पुर माहि।
लगा लगी लोचन करैं नाहक चित्त बँधि जाहि॥
नैना नेक न मानहीं कितेउ कह्यो समझाय।
तन मन हारे हू हसैं तिनसों कहा बसाय॥
दृग उरझत टूटत कुटुम्ब जुरत चतुर चित प्रीति।
परत गाँठ दुरजन हिए दई नई यह रीति॥''

किसी शायर का कौल है–

''दीदार दिलरुबा का दीवार कहकहा है।
जो उस तरफ को झाँका वह इस तरफ कहाँ है॥''

प्रेमी के वियोग में जब ये नेत्र निराश हो बैठते हैं तब अपने सहयोगी मन को उस ओर भेजते हैं, जो दिन-रात उसकी खोज में प्रवृत्त हो जाता है। दैवयोग से प्रेमी मिल गया तो नेत्रों को ठंडक पहुँचती है; नहीं तो संताप में झुलसा करते हैं।

''प्रेम बनिज कीन्हो हुतो मेह नफा जिय जानि।
अब प्यारे जिय की परी प्राण पुंजी मैं हानि॥''

अंत में अपनी दशा का देखना यावत् सुधार और मन के शांति का हेतु है। जो अपनी दशा देख कर काम करते हैं वे सदा सुखी रहते और संकट में नहीं पड़ते हैं।

[दिसंबर, 1909 ई.]

आत्म गौरव

नए और पुराने फैशन के भाँत-भाँत के पहनावे चल पड़े हैं जिसे पहन हम ऊँचे से ऊँचे दरजे के लोगों के साथ बेखट के मिलजुल सकते हैं किंतु मन की वृत्तियों को ऊँचे दरजे पर पहुँचाने को केवल आत्मगौरव एक ऐसा पोशाक है जिसे पहन मनुष्य न केवल छोटे-बड़े सब लोगों में प्रतिष्ठा ही पाने का अधिकारी होता है वरन् नीचा काम नीची बात नीच आचरण से सदा अपने को बचाता रहता है। ऐसों के लिए मानहानि सबसे बड़ी हानि है। जीने से हाथ धो बैठना उनके लिए अच्छा है किंतु अपना गौरव न रख जीना अच्छा नहीं–

'रहिमन पानी राखिए बिन पानी सब सून।
पानी गए न ऊबरै मोती मानुस चून।'

जिनको अपनी प्रतिष्ठा और गौरव का खयाल है वे न केवल नीचा काम करने से अपने को अलग रखते हैं बल्कि 'आत्मोत्कर्ष विधान' अपनी तरक्की अपने निज बाहुबल से क्यों कर हो सकती है इसे भी वे ही जानते हैं। वास्तव में विचार कर देखिए तो आत्मोत्कर्ष विधान ही का एक दूसरा नाम आत्मगौरव है। बड़े कष्ट की दशा में पड़ कर भी ऐसे लोग धीरज के साथ चुपचाप अपने गिरे दिन की दुर्गति भोग लेते हैं पर मोती सी आब नहीं गँवाया चाहते–

'सर्वः कृच्छगतोपि वांछति जनः सत्वानुरूपं फलम्।'

गरीबी और निर्धनता में तो आत्मगौरव बड़ा भारी धन है जिसने अपनी पत नहीं गँवाया और अपना गौरव बनाए हुए है समाज में वह वैसी ही प्रतिष्ठा और इज्जत पाने का दावा रख सकता है जैसा धनी अपने असंख्य धन के द्वारा पाता है।

आत्मगौरव एक प्रकार का साधन है जिसे बचाए रखना सहज काम नहीं है। यावत् बुराइयों से अपने को अलग रख सके तब आत्मगौरव पाने का दावा

कर सकता है। अपने आत्मगौरव का निबाह करने वाला मैला काम प्राण निकलने की दशा पर भी करने में सकुचायगा। अपनी बड़ी से बड़ी हानि सह लेगा पर उचित बात से न हटेगा। बेईमानी के अपवाद से बचने को लेन-देन में साफ रहेगा। वित्त के बाहर कोई काम न करेगा ऊपरी बनावट और ज़ाहिरदारी को ज़हर के समान बरकावेगा। पक्षपात का लेश भी अपने में न होने देगा। हमारी बात कदाचित् झूठ न निकले इसलिए बिना सोचे समझे एक शब्द भी मुँह से न निकालेगा। सारांश यह कि आत्मगौरव चरित्र-संशोधन की पहिली सीढ़ी है। मनुष्य में चरित्र की पवित्रता की अंतिम सीमा भी यही है। भलमनसाहत की कसौटी है। स्वर्गद्वार की सोपान परंपरा है। हम सबों के जीवन का उत्तम परिणाम है। सीधे और सरल मार्ग पर बेखटके चलने वाले संसार चक्र की धुरी है। इत्यादि, इत्यादि।

दुख में सुमिरन सब करै, सुख में करै न कोय।
जो सुख में सुमिरन करै, तो दुख काहे को होय॥

ऊपर का वाक्य महात्मा कबीरदास के मन के मौज की बानगी है। ध्यान देने की बात है कि दुःख में ऐसी कौन सी बुराई समझी जाती है कि लोग उससे दूर भागते हैं और सुख में कौन-सी ऐसी भलाई है कि सभी उसे चाहते हैं। द्वंद्वातीतपूर्ण ज्ञानी जिन्हें ब्रह्म या आत्मा का साक्षात्कार है उनके मत में तो सुख दुःख कुछ हई नहीं ये दोनों केवल मान लेने की बात है। रहे अज्ञानतिमिर में टटोलने वाले हम लोग सांसारिक जीव जो दिन-रात इसी चेष्टा में रहते हैं कि दुःख से बचैं और सुख संदोह में मग्न रहैं उन्हीं पर इस सुख-दुख का आविर्भाव तिरोभाव हुआ करता है।

तो निश्चय हुआ कि वास्तव में सुख या दुःख दोनों कुछ नहीं हैं केवल हमारे ही चित्त की दुर्बलतामात्र है। सच तो यों है कि दुःख कभी कभी मनुष्य को उस घनघोर महाविपत्ति की सूचना देता है इसे समूल नाश कर देता है इसलिए दुःख जीवों का रक्षक और समूल नाश से उन्हें बचाने वाला है। जब तक दुःख न हो तब तक सुख को कोई क्या समझ सकता है जैसे बिना गरमाहट के ठंड को कोई क्या जाने, कहावत भी है–

'जानै ऊख मिठास को जब मुख नोन चलाय'

मान लीजिए सब सुख ही सुख होता दुःख का कोई नाम तक न जानता होता तो इस संसार की क्या दशा होती। मैं समझता हूँ तब यह दृश्य जगत् संसार इस नाम से कभी न कहा जाता क्योंकि संसार तो वही कहा जा सकता है जो सदा एकरूप न रहे। 'संसार संपूर्वक सृ धातु से बना है जिसके माने चलने के हैं' जब सुख के कारण सब एक आकार जड़वत् हो गए तो फिर इसमें रही क्या

गया बल्कि तब तो यह संसार उससे अधिक फीका होगा जितना दुखी को दुःख की दशा में बोध होता है। दूसरे दुःख ही मनुष्य को उभाड़ने वाला है और अपने में उभड़ने की इच्छा ही से मनुष्य दुःख उठाकर भी उससे परे होने की अभिलाषा रखता है। दुःख को बरकाना या उसे कम करने ही का नाम भाँत भाँत की तरक्की और उन्नति है। बड़े बड़े सभ्य देश और जाति जो आज दिन उन्नति के शिखर पर हो रही हैं पहले अत्यंत क्लेश और दुःख झेल कर उन्नति की इस चरम सीमा को पहुँची हैं। बिना क्लेश उठाए सुख और ख्याति तो कभी मिलती ही नहीं इसलिए सुख का हेतु भी हम दुःख ही मानेंगे। यदि सिंह आदि शिकारी जानवरों को अधिक भूख न होती और साधारण पशुओं के समान केवल घासपात से पेट भर वे भी संतुष्ट रहते तो क्या वे इतने मज़बूत होते और यदि हिरन खरगोश आदि जीवों को सिंह आदि शिकारी जानवरों से भय न रहता तो वे क्या इतना तेज़ और वेगगामी होते। यदि भूख का दुःख न होता तो अमृत समान भाँत-भाँत के सुस्वादु भोजन का सुख हम क्या जानते। दुःख न होता तो पाथर से भी अधिक कड़े कलेजे वाले को कौन पिघला कर पानी कर सकता। दुःख न होता तो सुख में फूल सब लोग मारे अभिमान के किसी को कुछ मोल ही न गिनते। दुःख न होता तो हिम्मत और धीरज का कहीं नाम भी न रहता। दया का प्रस्ताव कहीं न देखा जाता। सुधार और उन्नति किस आसमान का पखेरू है कोई भी न जानता। सोने की स्वच्छता तभी मालूम होती है जब आँच में धर कर तपाया जाता है इसलिए दुःख सब प्रकार सुख का कारण है जैसे भूख की निवृत्ति पेट भरने पर होती है और पेट खाली हो जाने पर फिर भूख सताती है इसी तरह दुःख के उपरांत सुख, सुख के उपरांत दुःख इस क्रम से इन दोनों का एक चक्र चल रहा है जिससे निश्चय होता है सुख दुःख में एक प्रकार का अन्योन्याश्रय संबंध है।

अब सबसे बड़ा दुःख मरना है यदि मौत न होती तो क्या जीव समूह इतनी बढ़ती पर भी ऐसे ही सुखी रहते जैसे अब हैं फिर यदि मौत न होती और नई सृष्टि न पैदा होती तो क्या दुनिया की ऐसी ही तरक्की बराबर होती रहती जैसी अब हो रही है। निस्संदेह जो लोग कुछ चतुर और सयाने होते वे ही कुछ करते बाकी सब लोग घोंघा बने रहते और तरक्की करने वालों की तायदाद इतनी अधिक न होती। फिर यदि पैमाइश होती और मौत न होती क्या दशा मनुष्यों की होती आप ही सोच लें पानी भी पीने को न मिलता साफ हवा का तो कहीं पता भी न रहता न रहने को स्थान रह जाता। इसी से समझ लेना चाहिए कि दुःख भी कहाँ तक सुख का साधन है और संसार की कितनी तरक्की इससे है। इन्हीं सब बातों को पूर्वापर सोच विचार गीता में स्थिरधी होने का मुख्य लक्षण—

'दुःखेष्वनुद्विग्नमना सुखेषु विगतस्पृहः'

रखा गया है।

और भी दुःख से वैराग्य, वैराग्य से ज्ञान, ज्ञान से मोक्ष इस तरह परंपरा संबंध के द्वारा अंत को मोक्ष तक का कारण दुःख होता है बल्कि इसे मोक्ष की पहली सीढ़ी कहना उचित है। जैसे अपराधी अपने किए हुए अपराध का दंड भोग इस अपराध से छुटकारा पाता है वैसे पापी अपने आप कर्म का फल दुःख और यातनाएँ भोग सुख स्वरूप मुक्ति का अधिकारी हो सकता है। तो सिद्ध हुआ कि दुःख एक प्रकार का ऐसा विमल जल है जिसमें स्नान कर मनुष्य सुगमता से शांति के मंदिर में प्रवेश पा सकता है जहाँ जाकर इसे उत्कृष्ट सुख का दर्शन अति सुलभ है।

'अशान्तस्य कुतः सुखम्'

तो ईश्वर का स्मरण और चित्त में शांति पैदा करने का दुःख से बढ़ कर कौन दूसरा द्वार हो सकता है।

'विपदः सन्तु नः शश्वत् यासु संकीर्त्यते हरिः।'

दूसरे दुःख न होता तो मित्र और बेगानों की परीक्षा की फिर क्या कसौटी (Standard) रह जाती उपकार प्रत्युपकार आदि शब्दों के अर्थ की चरितार्थता ही संसार से लोप हो जाती न धीरज ही को कहीं प्रगट होने का अवकाश मिलता जो महात्मा महापुरुषों के अनेक उत्तम गुणों में पहला है।

'विपदि धैर्यमथाभ्युदये क्षमा।'

इत्यादि। दुःख की अब और अधिक तान आलापेंगे तो डर लगता है कि कहीं पढ़ने वाले रूठ न जाएँ कि आज किस मनहूस से काम पड़ा इससे बहुत हुआ बस।

[सितंबर, 1891 ई.]

मनुष्य के जीवन की सार्थकता

हमारे जीवन की सार्थकता क्या है और कैसे होती है इस पर जुदे-जुदे लोगों के जुदे-जुदे विचार और उद्देश्य हैं, अधिकतर इसका उद्देश्य समाज पर निर्भर है अर्थात् हम जिस समाज में जैसे लोगों के बीच रहते हैं उनके साथ जैसा बर्ताव रखते हैं उसी के अनुसार हमारे जीवन की सार्थकता समझी जाती है। यद्यपि कवियों ने मनुष्य जन्म की सार्थकता को अपनी-अपनी उक्ति के अनुसार कुछ और ढंग से ढुलका लाए हैं जैसे भारवि ने कहा है--

स पुमानर्थवज्जन्मा यस्य नाम्नि पुरस्थिते।
नान्याङ्गुलि समभ्येति संख्याया मुद्यताङ्गुलिः॥

पुमान् पुरुष वह है जिसमें पुरुषार्थ का अंकुर हो; सार्थक जन्म वही पुरुष है कि जिसके पौरुषेय गुणों की गणना में जो अँगुली उसके नाम पर उठे वही फिर दूसरे के नाम पर नहीं—अर्थात् जो किसी प्रकार के गुण में एकता प्राप्त किए हैं संसार में उसके बराबरी का दूसरा मनुष्य न हो। इस तरह की बहुतेरी कवियों की कल्पनाएँ पाई जाती हैं किंतु यहाँ इन कल्पनाओं से हमारा प्रयोजन नहीं है जिसे हम जीवन की सार्थकता कहेंगे वह बात ही निराली है। समाज के बर्ताव के अनुसार सफल जीवन इसे अलबत्ता कहेंगे जैसा—

यस्य दानजितं मित्रं शत्रवो युधि निर्जिताः।
अन्नपानजिता दारा सफलं तस्य जीवितम्॥

जिसने समय-समय धन दे मित्रों को अपने काबू में कर लिया; जिसने शत्रुओं को संग्राम में जीता; भाँति-भाँति के गहने और कपड़ों से जिसने अपनी स्त्री का संतोष किया उसी का जीवन सफल है। बस यही सफल जीवन की इयत्ता या ओर-छोर है, तात्पर्य यह कि जिसने स्वार्थ-साधन को भरपूर समझा वही यहाँ सफल जन्मा है। विलायत में जब तक अपने देश या जाति के लिए कोई ऐसी बात न कर

गुजरा जिसमें सर्व साधारण का कुछ उपकार है तब तक जीवन की सफलता नहीं कही जा सकती क्योंकि इतना तो जानवर भी कर लेते हैं—अपने बच्चों को पालना-पोसना वे भी भरपूर जानते हैं; जो उनके शत्रु हैं उनसे लड़ना; जो उसके साथ भलाई करते हैं उन्हें उपकार पहुँचाने का ज्ञान उन्हें भी रहता है, वरन् कुत्ते और घोड़े आदि कई एक पशुओं में कृतज्ञता और स्वामि-भक्ति मनुष्यों से भी अधिक पाई जाती है तब मनुष्य और जानवर में क्या अंतर रहा।

इससे निश्चय होता है कि जन्म की सफलता का ज्ञान केवल समाज पर निर्भर है जिस काम को या जिस बात को समाज के लोग पसंद करते हों और भला समझते हों उस ओर हमारी प्रवृत्ति का होना ही जीवन की सफलता है। जैसा इस गुलामी की हालत में पढ़-लिख सौ-पचास की नौकरी पाय अपनी जिंदगी दूसरे के अधीन कर देना ही जन्म की सफलता है। सच है—

"सेवाविक्रीतकायानां स्वेच्छाविहरणं कुतः"

जिन्होंने दूसरे की सेवा में अपने को दूसरे के हाथ बेच डाला है उनकी फिर आजादगी कहाँ? सैकड़ों वर्ष से गुलामी में रहते पुश्तहा-पुश्त बीत गए स्वच्छंदता या आज़ादगी की कदर हमारे मन से उठी गई। इस हीरे की परख के जौहरी इंग्लैंड तथा यूरोप और अमेरिका के देशों में पैदा होने लगे या अब इस समय जापान को इसकी कदर का ज्ञान होने लगा है हमारे यहाँ तो न जानिए वह कौन सा ज़माना था जब मनु महाराज लिख गए कि—

"सर्वं परवशं दुःखं सर्वमात्मवशं सुखम्॥"

सब कुछ जो अपने वश का है सुख है जो दूसरे के अधीन है वही दुःख है। सुख-दुःख का सर्वोत्तम लक्षण यही निश्चय किया गया है। सो अब इस समय दस-बीस की नौकरी भी ऐसी सोने की खेती हो रही है कि हमारे नव-युवक इसके लिए तरस रहे हैं। बड़े से बड़ा इम्तिहान पास कर अर्जी हाथ में लिए बगलें मारे फिरते हैं और दुरदुराए जाते हैं। उसमें भी वर्तमान समय के कर्मचारियों की कुछ ऐसी पालिसी हो रही है कि सौ रुपए से जियादह की नौकरी नेटिवों को न दी जाय—सेना-विक्रीत काया इस नौकरी में भी वह समय अब दूर गया जब दो एक जुमले अंग्रेजी के लिखने और बोल लेने ही मात्र से सैकड़ों रुपए महीने की नौकरी सुलभ थी। सच है—

गतः स कालो यत्रास्ते मुक्तानां जन्म शुक्तिषु।
उदुम्बरफलेनापि स्पृहयामोऽधुना वयम्॥

आजादगी के अनन्य भक्त कोई-कोई नव-युवक स्वच्छंद जीवन (इंडिपेंडेंट)

की धुन बाँधे हुए कोई आजाद पेशा किया चाहते हैं तो पास पूँजी नहीं कि हौसले के माफिक कुछ कर दिखाएँ। कंपनी अथवा प्रणबंधगोष्ठी की चाल अपने यहाँ न ठहरी कि उन्हें कहीं से सहारा मिलता। हमारा ऐसा सर्वस्व-हरण होता जाता है कि न तो धन रहा न कोई जीविका बच रही है कि ये लोग अपना हौसला पूरा करते। जिनके पास रुपया है वे रुपयों के सूद के घाटे का परता पहले फैला लेंगे तो टेंटा ढीला करेंगे। यों चाहे रुपया रखा रह जाय एक पैसा ब्याज न आवे पर रुपया कहीं लगाने के समय ब्याज का परता जरूर फैला लेंगे। जिन बेचारों ने हिम्मत बाँध कुछ रुपया कहने सुनने से लगाया भी तो पीछे उन्होंने ऐसा गच्चा खाया कि चित हो गए। उन्हें कोई ऐसा दियानतदार आदमी न मिला कि उनका उत्साह बढ़ता और मिल कर हम कोई काम करना नहीं जानते यह कलंक हमसे दूर हटता। माँ होती तो मौसी को कौन झींखता, हम मिलना जानते होते तो वर्तमान दास्यभाव की दशा को क्यों पहुँचते। अस्तु,–

इस जीवन के सफलता के अनेक और दूसरे-दूसरे उदाहरण हैं। संसार को मिथ्या मानने वाले अहंब्रह्मास्मि की धुन बाँधे हुए स्वभाववादी जीवन की सफलता इसी में मानते हैं कि हमें बोध हो जाय कि हमीं ब्रह्म हैं और जगत् के सब काम आपसे आप होते जाते हैं कोई इसका प्रेरक नहीं है। पाप और पुण्य भला और बुरा दोनों एक-से हैं–चित में ऐसा पूरा-पूरा भास हो जाय तो बस हम जीवन मुक्त हो गए। अब हमें कुछ करना-धरना न रहा। सब ओर से अकर्मण्य हो बैठे और आगे बढ़ो तो मन को नाश कर डालो, क्योंकि सब उत्साह और आगे को तरक्की करने का मूल कारण मन में न रहेगा तो बुराई का काम चाहे न भी रुके पर भलाई तो तुम से कभी होगी ही नहीं और यह सब भी तभी तक जब तक अपनी जरा भी किसी तरह की हानि नहीं है बस केवल जवानी जमाखर्च मात्र रहे आत्म-त्याग के उसूल कहीं छू भी न जाए कसौटी के समय चट्ट फिसल कर चारों खाने चित गिर पड़ा करो–ऐसा ही सेवक भक्त अपने प्रभु की सेवा में लीन होना ही जीवन की सफलता मानता है। स्मरण, कीर्तन, वंदन, पादसेवन, सख्य, आत्मनिवेदन आदि नवधा भक्ति के द्वारा जो अपने सेव्य प्रभु में लीन हो गया वास्तव में उसका जीवन सफल है। इस उत्तम कोटि के महात्मा अब इस समय बहुत कम जन्मते हैं। अहं ब्रह्मास्मि कहने वाले धूर्त वंचकों से तो यही भले। यद्यपि जिस बात की पुकार हमें है सो तो दासोस्मि में भी नहीं पाई जाती फिर भी प्रेम और दृश्य जगत् सर्वथा निस्सार नहीं है सर्वनाशकारी अकर्मण्यता ही का दखल इनमें है इससे ये बहुत अंशों में सर्वथा सराहनीय हैं। चतुर सयाने चलते-पुरजे चालाक कहीं पर हों अपनी चालाकी से न चूकने ही को जन्म का साफल्य मानते हैं। किसी कवि ने ऐसों ही का चित्र नीचे के श्लोक में बहुत अच्छा उतारा है–

आदौ भागः पंचघार्ष्टस्य देयाः द्वौ विद्यायाः द्वौ मृषाभषाणस्य।
एकं भागं भण्डिमायाः प्रदेयं पृथ्वी वश्यामेषयोगः करोति॥

पहला 5 हिस्सा धृष्टता का हो तब दो विद्या का दो झूठ बोलने का और एक हिस्सा भडौआ का भी होना ही चाहिए जिनमें ये सब मिला के दस हिस्से हुनर के हैं। वे इन सबों के योग से पृथ्वी भर को अपने काबू में ला सकते हैं। संसार में इन्हीं का नाम चलता पुरजा है हम ऐसे गोबर गनेश बोदे लोगों का किया क्या हो सकता है जो निरे अपटु दस-पाँच आदमियों को भी अपनी मूठी में नहीं ला सकते। इसी से हम पहले अंक में लिख आए हैं कि हाँ हम ऐसे हताश क्यों जन्मे? प्रयोजन यह कि जिसने झूठ-सच बोल दूसरों को धोखा दे रुपया कमाना अच्छी तरह सीखा है, वही सफलजन्मा है।

सभ्य समाज के मुखिया हमारे बाबू लोगों में सफल जीवन का सूत्र साहब बनना है जब तक कहीं पर किसी अंश में भी हम हिंदुस्तानी हैं इसकी याद बनी रहेगी, तब तक उनके सफल जीवन की त्रुटि दूर होने वाली नहीं। इससे वे सब-सब स्वांग लाते हैं। क्या करें लाचार हैं अपना चमड़ा गोरा नहीं कर सकते। अस्तु, ये कई एक नमूने सफल जीवन के दिखाए इन सबों में सफल जीवन किसी का भी नहीं है वरन् सफल जीवन उसी पुरुष श्रेष्ठ का कहा जाएगा जिसने अपने देश तथा अपने देश बांधव के लिए कुछ कर दिखाया है जो आत्म-सुखरत न हो खुदगरजी से दूर हटा है; इस तरह के उदार भाव का उन्मूलन हुए यहाँ बहुत दिन हुए। नई शिक्षा प्रणाली नए सिरे से हम लोगों में पुनः उसका बीजारोपण सामयिक शासकों के नमूने पर किया चाहती है। कदाचित् कभी को यह बीज उगै फबकै और उसमें देशानुराग का अमृत फल फलै और कोई ऐसे सुकृती भाग्यवान् पुरुष देश में पैदा हो जो सुधास्यंदी उसके पीयूष रस का स्वाद चखने का सौभाग्य प्राप्त करें पर हम तो अपने हतक जीवन में उसके स्वाद से वंचित ही रहेंगे।

[मार्च, 1905 ई.]

पेड़

इस बात को प्रायः सब किसी ने देखा होगा कि जब आम का बीज बोया जाता है तो उसमें से दो अंकुर निकलते हैं। एक जिसमें पत्ते लगे रहते हैं ऊपर की ओर चलता है और दूसरा फूटकर नीचे की ओर जाता है। इसमें सूत के समान तार लगे रहते हैं। इन दोनों में बड़ा भेद यह है कि पहला तो आकाश में पहुँच कर सूर्य का दर्शन कर उनकी किरणों से अपने अंगों को पवित्र और पुष्ट किया चाहता है और दूसरा सूर्य के भय से अपना मुँह छिपा कर पाताल में घूमा चाहता है कि कहीं धूप में पड़ कर मर न जाय। सचमुच परीक्षण के द्वारा यह बात बहुत ठीक जान पड़ती है कि किसी पेड़ को जड़ समेत पृथ्वी से निकाल कर बाहर रख दें तो वह पेड़ घंटे दो घंटे में मुरझा जाएगा और यदि इसी तरह बहुत देर धूप में पड़ा रहे तो अवश्य सूख जाएगा।

अब एक दूसरे पेड़ को जहाँ का तहाँ रहने दें और उसके ऊपर ऐसी छाया करें कि कुछ भी धूप न लगे तो थोड़े दिन में देख पड़ेगा कि पेड़ बिल्कुल सूख गया। विशेष भेद यह है कि पहला अंकुर पानी को अपनी पत्तियों के द्वारा बाहर निकालता है और दूसरा पानी को सोखता है। यह बात इस परीक्षण से भली-भाँति जान पड़ सकती है कि पेड़ को पेड़ों की जड़ सहित उखाड़ कर आध घंटे तक धूप में रख दें जिसे धूप के कारण पेड़ों का कुछ पानी सूख जाय और पेड़ मुरझा जाय। फिर एक पेड़ को उठाकर किसी पानी से भरे हुए बरतन में इस तरह पर सीधा रख दें, जिसमें उसकी केवल जड़ भर पानी में रहे और सब पेड़ पानी के बाहर हो तो थोड़ी देर में देख पड़ेगा कि पेड़ फिर हृष्ट-पुष्ट हो गया क्योंकि जड़ के द्वारा पेड़ में पानी भर आया। यदि बहुत से पेड़ एक साथ बरतन में रख दिए जाएँ तो अवश्य पानी का कुछ अंश घटा हुआ देख पड़ेगा। इससे सिद्ध होता है कि पानी की जड़ पानी को सोखती है।

अब दूसरे पेड़ को इस तरह पर बर्तन में उल्टा रखें कि पेड़ पानी में भीगने न पावे तो थोड़ी देर में जान पड़ेगा कि यह पेड़ ज्यों का त्यों मुरझाया हुआ बना है। कुछ भी पानी को पेड़ नहीं सोखता परंतु यदि किसी पेड़ के चारों ओर की हवा को हरितर्ण के चूर्ण (कैल्सियम क्लोराइड) से सुखाकर उस पेड़ को किसी ऐसे

बरतन में रख दें कि जिसमें हवा बाहर से बरतन के भीतर घुसने न पावे तो थोड़ी देर में हरितण के चूर्ण के द्वारा जान पड़ेगा कि बरतन के भीतर की हवा में थोड़ा पानी का अंश आ गया। इससे सिद्ध होता है कि पेड़ अपनी पत्तियों के द्वारा पानी को बाहर निकालता है।

अब देखिए कि इस संसार में पेड़ एक खेलवाड़ सा किया करता है कि जड़ से पानी सोखता और पत्तियों के द्वारा उसे निकाल देता है। ठीक है, यदि वृक्ष ऐसा न करता तो घड़ी भर भी जी न सकता। क्योंकि पेड़ के जीवन का मुख्य आधार जल है। रसायन शास्त्र से यह जाना गया है कि पेड़ों में तीन मूल तत्त्व हैं, प्राणप्रद, जलकर और अंगार। प्राणप्रद और जलकर पेड़ों को पानी से मिलता है। जो जड़ के द्वारा पेड़ों में जाता है अंगारिकाम्ल वायु के अंगार से मिलता है। सबको मालूम है कि वायुमंडल में अंगारिकाम्ल वायु रहती है। यह वायु जब पेड़ों के पास आती है तो पेड़ों की पत्तियाँ सूर्य की गरमी से इसको तत्त्वों में अलग-अलग कर डालती हैं। इस वायु का अंगार तो पेड़ ले लेता है और प्राणप्रद पेड़ छूता ही नहीं, वायुमंडल में रह जाता है। इस दशा में पत्तियाँ जबर के पेट और फेफड़े का काम करती हैं। जैसे पेट भुक्त भोजन को अभुक्त भोजन से अलग कर लेता है। इसी तरह पत्तियाँ भी अपने भुक्त अंगार को अभुक्त प्राणप्रद से अलग कर लेती हैं। हम लोगों को मालूम है कि मनुष्य वायुमंडल में से प्राणप्रद को ले लेता है और अंगारिकाम्ल वायु को साँस के साथ बाहर निकाल देता है। और इस वायु से पेड़ जीता है। इससे यह बात भली-भाँति जानी जा सकती है कि जैसे पेड़ आदि जीवों के लिए उपकारी हैं वैसे ही जीव भी पेड़ों के लिए सहायक हैं।

प्रायः लोगों ने देखा है कि फूलों के बीच में सूत की तरह लंबे-लंबे तार रहते हैं जिन्हें केसर कहते हैं। यह केसर दो प्रकार का होता है। एक पुरुष कहलाता है और दूसरा स्त्री। जिनकी नोकों पर रज अर्थात् धूल रहती है वे पुरुष हैं और शेष स्त्री।

स्त्री केसर की नोक पर एक बहुत छोटा सा छेद होता है। इसमें पुरुष केसर की धूल पड़ती है तब बीज उत्पन्न होता है और यदि ऐसा न हो तो कदापि कोई बीज भी उत्पन्न न हो सके। इसी प्रकार यदि किसी फूल के पुरुष केसर तोड़ दिए जायँ तो उस फूल में फल कभी न लगेगा। यदि स्त्री केसर में किसी उसी ज़ाति वाले वृक्ष के पुरुष केसर की धूल को रख दें तो फल दोगला होगा अर्थात् इस फल में दोनों वृक्षों का गुण रहेगा।

बहुत से पेड़ ऐसे हैं जिनमें स्त्री केसर नहीं होता। ये पेड़ पुरुष कहलाते हैं। इस कारण इसमें फल नहीं लगता। और ये बाँझ कहलाते हैं। बहुत से वृक्ष ऐसे भी हैं जिनमें केवल स्त्री केसर होता है इसलिए वे स्त्री कहलाते हैं। जब ये पुरुष केसर वृक्ष के पास बोए जाते हैं तो इसमें हवा फतिंगों के द्वारा पुरुष वृक्ष की धूल जाती है और उस कारण इसमें फल उत्पन्न हो जाता है।

[नवंबर, 1888]

चंद्रोदय

अँधेरा पाख बीता उजेला पाख आया। पश्चिम की ओर सूर्य डूबा और वक्राकार हँसिया की तरह चंद्रमा उसी दिशा में दिखलाई पड़ा। मानो कर्कशा के समान पश्चिम दिशा सूर्य के प्रचंड ताप से दुखी हो क्रोध में आ इसी हँसिया को लेकर दौड़ रही है और सूर्य भयभीत हो पाताल में छिपने के लिए जा रहा है। अब तो पश्चिम ओर आकाश सर्वत्र रक्तमय हो गया। क्या सचमुच ही इस कर्कशा ने सूर्य का काम तमाम किया जिससे रक्त बह निकला अथवा सूर्य भी क्रुद्ध हुआ जिससे उसका चेहरा तमतमा गया और उसी की यह रक्त आभा है? इस्लाम धर्म के मानने वाले नए चन्द्र की बहुत बड़ी इज्जत करते हैं सो क्यों? मालूम होता है इसीलिए कि दिन दिन क्षीण होकर नाश को प्राप्त होता हुआ चंद्रमा मानो सबक देता है कि रमज़ान में अपने शरीर को इतना सुखाओ कि वह नष्ट हो जाय, तब देखो कि उत्तरोत्तर कैसी वृद्धि होती है। अथवा यह काम-श्रोत्री ब्राह्मण के नित्य जपने का ओंकार महामंत्र है; या अंधकार महागज के हटाने का यह अंकुश है; या विरहिणियों के प्राण कतरने की कैंची है अथवा शृंगार रस से पूर्ण पिटारे के खोलने की कुंजी है; या तारा मौक्तिकों से गुँथा हार के बीच का यह सुमेर है; अथवा जंगम जगत् मात्र को डसने वाले अनंग भुजंग के फन पर का यह चमकता हुआ मणि है; या निशानायिका के चेहरे की मुस्कराहट है; या संध्या नारी के काम केलि के समय में उसकी छाती पर लगा हुआ नखक्षत है; अथवा जगज्जेता कामदेव की धन्वा है; या तारा मोतियों की दो सीपियों में से एक सीपी है।

इसी प्रकार दूइज से बढ़ते बढ़ते यह चंद्र पूर्णता को पहुँचा। यह पूनो का पूरा चाँद किसके मन को न भाता होगा। यह गोल गोल प्रकाश का पिंड देख भाँति-भाँति की कल्पनाएँ मन में उदय होती हैं कि क्या यह निशा अभिसारिका के मुख देखने की आरसी है; या उसके कान का कुंडल अथवा फूल है; या रजनी रमणी के लिलार पर बुक्के का सफेद तिलक है; अथवा स्वच्छ नीले आकाश में यह चंद्र मानो त्रिनेत्र शिव की जटा में चमकता हुआ कुंद के सफेद फूलों का गुच्छा है। कामबल्लभा

रति की अटा में कूजता हुआ यह कबूतर है, अथवा आकाश रूपी बाजार में तारा रूपी मोतियों का बेचने वाला सौदागर है। कूईं की कलियों को विकसित करते, मृग नयनियों के मान को समूल उन्मीलित करते, छिटकी हुई चाँदनी से सब दिशाओं को धवलित करते, अंधकार को निगलते चंद्रमा सीढ़ी दर सीढ़ी शिखर के समान आकाशरूपी विशाल पर्वत के मध्य भाग में चढ़ा चला आ रहा है। क्षपा तमस्कांड का हटाने वाला यह चंद्रमा ऐसा मालूम होता है मानो आकाश महा सरोवर में श्वेत कमल खिल रहा है, उसमें बीच बीच जो कलंक की कालिमा है सो मानों भौंरे गूँज रहे हैं। अथवा सौंदर्य की अधिष्ठात्री देवी लक्ष्मी के स्नान करने की यह बावड़ी है; या कामदेव की कामिनी रति का यह चूना-पोता धवल गृह है; या आकाश-गंगा के तट पर विहार करने वाला हंस है जो सोती हुई कुइयों के जगाने को दूत बन कर आया है; या देव नदी आकाश गंगा का पुंडरीक है; या चाँदनी का अमृत कुंड है; अथवा आकाश में जो तारे देख पड़ते हैं वे सब गौएँ हैं उनके झुंड में यह सफेद बैल है; या यह हीरे से जड़ा हुआ पूर्व दिगंगना का कर्णफूल है; या कामदेव के बाणों को चोखा करने के लिए सान धरने का सफेद गोल पत्थर है; या संध्या नायिका के खेलने का गेंद है। इसके उदय के पहिले सूर्यास्त की किरणों से सब ओर जो ललाई छा गई है सो मानो फागुन में इस रसिया चंद्र ने दिगंगनाओं के साथ फाग खेलने में अबीर उड़ाई है, वही सब ओर आकाश में छाई हुई है। अथवा निशा योगिनी ने तारा-प्रसून-समूह से कामदेव की पूजा कर यावत् कामीजनों को अपने वश में करने के लिए छिटकी हुई चाँदनी के बहाने वशीकरण बुक्का उड़ाया है; अथवा स्वच्छ नीले जल से भरे आकाश हौदा में काल महागणक ने रात के नापने को एक घटी यंत्र छोड़ रक्खा है; अथवा जगत-विजयी राजा कामदेव का यह श्वेतछत्र है; वियोगीमात्र को कामाग्नि में झुलसाने को यह दिनमणि है; या कंदर्प-सीमंतिनी रतिदेवी की छप्पेदार कर्धनी का टिकड़ा है; या उसी में जड़ा चमकता हुआ सफेद हीरा है; या सब कारीगरों के सरताज आतशबाज़ की बनाई हुई चरखियों का यह एक नमूना है; अथवा महापथगामी समय राज के रथ की सूर्य और चंद्रमा रूपी दो पहियों में से यह एक पहिया है जो चलते चलते घिस गयी है इसी से बीच में कलाई देख पड़ती है; अथवा लोगों की आँख और मन को तरावट और शीतलता पहुँचाने वाला यह बड़ा भारी बर्फ का कुंड है, इसी से वेदों ने परमेश्वर के विराट वैभव के वर्णन में चंद्रमा को मन और नेत्र माना है; या काल खिलाड़ी के खेलने का सफेद गेंद है जिसमें समुद्र के नीले पानी में गिरने से सूखने पर भी कहीं कहीं नीलिमा बाकी रह गई है; या तारे रूपी मोतीचूर के दानों का यह बड़ा भारी पनसेरा लड्डू है; अथवा लोगों के शुभाशुभ काम का लेखा लिखने के लिए यह बिल्लोर की गोल दवात है; या खड़िया मिट्टी का बड़ा भारी ढोंका है; या काल खिलाड़ी की जेबी घड़ी का डायल है, या रजत का कुंड है; या आकाश के नीले गुंबज में यह

संगमरमर का गोल शिखर है। शिशिर और हेमंत में हिम से जो इसकी द्युति दब जाती है सो मानो यह तपस्या कर रहा है जिसका फल यह चित्रा के संयोग से शोभित हो चैत्र की पूनो के दिन पावेगा, जब इसकी द्युति फिर दामिन सी दमकेगी। इसी से कविकुल गुरु कालिदास ने कहा है—

''हिमनिर्मुक्तयोर्योगे चित्राचन्द्रमसोरिव''

[अ. से. दि., 1889 ई.]

धिक्काराष्टकम्

धिक राज्यं धिकच मंत्रं धिग धन निचयं धिक सवारी सिकारी धिक छत्रं चामरं धिक् गज तुरण दलं धिक् चंडका निशानं। धिग् धिग् सर्वाधिकारं बहुबल सहितं शासनं गुर्वयुक्तम् हमदर्दी भाइयों की नहि नहि जिनके मानुषी धर्म छीटा॥1॥ धिग विद्या धिग् पधाई धिक बहु कथनं धिक् कुलीनाभिमानम्, आचारो धिक उपधिस्त्व धिक धिकतरास्व प्रशंसापि तद्वत। धिक जगतिर्धिक चपंक्तिर्धिक् भजनं याजनं स्वार्थयुक्तं हमदर्दी भाइयों की नहिं नहिं जिनके मानुषी धर्म छीटा॥2॥ धिक् कंठी धिक् तिलक ललितं धिक् च माला विशाला, धिक झंझा ताल वाद्यं विविध रसमयं भोजनं स्वापुयुक्तं धिक धूर्ताचार ज्ञानं श्रुति विधि रहितं मूर्ख दानं प्रधानं हमदर्दी॥3॥ धिक् धोती धिक् अंगोछा धिग धिक आसनी धिक च शाला दुशाला धिक् पगड़ी धिग् दुलाई धिग धिग गहना धिग प्रतिष्ठा गरिष्ठा। धिक कोठी धिक् खजाना धिग् बहुबंगला धिग् अटारी बगैचा हमदर्दी॥4॥ धिग इंशा शायरी धिक् धिग् धिक् कविता गजल धिग रुवाई धिड मोहफिल गुड़गुड़ी धिक धिग् मदिरामांस भक्ष्यं च नृत्यम्। धिग वेश्म्त लम्पठल धिग् धिक् कुइकं इशकमाशूक कर्म, हमदर्दी। धिक् शेरवी धिक शराफत धिग गर मगर धिक लियाकत फजीहत धिक नाजुक मिजाजी अहम धिकतरो धिक् अमीरी का तूनमानी हमदर्दी॥5॥ धिक् गाड़ी धिक च दादी धिक् धिक ऐनक कोट पतलून जाकर, धिक् अभागा इवाचा धिग धिक शमला बूट टोपी धुनी धिक। धिक चाबुक धिक टेंटम् धिग् धिक कुबरी धिग घड़ी धिक छड़ी च हमदर्दी॥6॥ धिक पोन्रील जेब बुक दधि धिग धिक चरटं धिम बरांडी च सोडा, धिक् बिस्कुट धिक् च साबुन धिग् धिक् बरफमेज कुर्सी च सीटी। धिग् आजादी च लेक्चर धिक् चपलगतिर्धिक हथेली बजाना, हमदर्दी भाइयों की नहिं नहिं जिनकेमानुषी धर्म छीटा। धिक्काराष्ट कमिरं प्रोक्तं सर्व सिद्धि विधायक। पठनाच्छ्रवणादस्थ विमला जायते मतिः।

[जुलाई, 1879 ई.]

निज वृत्तांत

पुराना चर्खा ओटने की भाँति निज वृत्तांत कह सुनाना आपका बहुमूल्य समय नष्ट करने की भाँति है। किंतु कई मित्रों के अनुरोध से कि हिंदी प्रदीप का संक्षिप्त इतिहास जानने की बहुतों को लालसा है, हमें ऐसा करना पड़ता है।

ईश्वर के अनुग्रह से अब इस समय हिंदी साहित्यसेवी बहुत हो गए हैं और दिनों-दिन उनकी संख्या बढ़ती जाती है। हमारे प्रान्त के प्रत्येक नगर के सिवाय कलकत्ता, बाम्बे और पंजाब जो प्रत्यक्ष में हिंदी बोलनेवाले प्रांत नहीं हैं वहाँ भी भाषा के सुलेखकों की संख्या बढ़ती जा रही है और हिंदी भी अपनी और बहिनों बंगला, गुजराती, मराठी के समान साहित्य-भंडार का आगार होती जाती है। प्रतिवर्ष दो-बार मासिक और साप्ताहिक पत्र नए निकलते हैं। किंतु एक समय वह भी था, जब उर्दू के सिवाय देश में हिंदी का नाम भी न था। दाहिनी ओर से हिंदी को लिखते देख कर लोगों को अचरज होता था कि क्या कोई ऐसी भी लिखावट है जो बाएँ हाथ की ओर से नहीं लिखी जाती।

वर्तमान हिंदी साहित्य के जन्मदाता प्रातः स्मरणीय सुग्रहीत नामधेय बाबू हरिश्चंद्र तथा दो-एक उन्हीं के समकक्षों को छोड़कर सुलेखकों का सर्वथा अभाव था। भाषा साहित्य-भास्कर पंडित प्रताप का उदय भी अब तक नहीं हुआ था। श्री राधाचरण चंचरीक साहित्य-मंजरी का मधुपान करते किसी कुसुमावली में छिपे पड़े थे। मधुप की प्रौढ़ दशा तक नहीं पहुँचे थे। तात्पर्य यह कि हिंदी साहित्य का आकाश उस समय तक सब ओर से धुँधला था। उर्दू इतना आक्रमण किए थी कि हिंदी को प्रकाश के लिए कहीं अवकाश ही न था।

इन दिनों तो खड़ी और पड़ी के न जानिए कितने भेद चल पड़े हैं, पर उस समय लेख प्रणाली के दो ही परमाचार्य समझे जाते थे—राजा शिवप्रसाद और बाबू हरिश्चंद्र। पहले भारतेंदु बाबू हरिश्चंद्र भी उक्त राजा को अपना गुरु मानते थे। किंतु हरिश्चंद्र-सा उदारचेता और राजा साहब का-सा स्वार्थ-परायण का साथ कब निभ सकता था। दोनों की दो तरह की प्रकृति देख हमें यह अचरज था कि यह

आम-इमली का मेल कैसा? अंत को यही हुआ भी कि हरिश्चंद्र को गवर्नमेंट की ओर से फीका कर देने के पहिले कारण राजा हुए। पीछे तो यह भी खुल के खेले और ऐसे-ऐसे उत्तेजक लेख उनकी लेखनी से प्रकट हुए कि कर्मचारियों को उनकी ओर से खटक हो गई। अस्तु—

बाबू साहब के इतने परिश्रम पर भी हिंदी-बालिका की मुग्ध दशा बनी रही। उर्दू को प्रौढ़ होते देख कर इसे अपने में प्रौढ़ता आने की लालसा रही आई और जिसके लिए सदा यह लालायित रही कि कब वह दिन आवेगा कि हम भी अपनी और दूसरी बहिनों की भाँति पुस्तकालयों की बड़ी-बड़ी अलमारियों का एक कोना छेक लेने लायक हों।

भाषा के ऐसे बाल्यकाल में हिंदी के हित और प्रेमी कतिपय छात्रों की एक मंडली हमारी जन्मदाता हुई। एक-एक छात्र ने पाँच-पाँच रुपए चंदा देकर कुछ रुपए मूल धन की भाँति इकट्ठे कर प्रति मास दस पृष्ठ का एक मासिक पत्र निकालना प्रारंभ किया और पुस्तकाकार इसे इसलिए रखा कि जिसमें पंसारियों की पुड़िया बाँधने के काम का न रहे, वरन् जिल्द बाँध लोग रख सकें। पर फिर भी संदेह बना रहा कि लेख किसी काम का न हुआ तो वह पंसारियों ही के काम का रहेगा।

हमें प्रकाश करते हर्ष होता है कि यह अब तक उस तरह का न हुआ। वरन् इसके एक-एक अंक चटकीले लेख से भरे रहते हैं। जिसने एक अंक पढ़ा होगा उसे दूसरा अंक पढ़ने की रुचि अवश्य रहती होगी। जी ऊबता और उचटता हो, मन उदास हो, इसकी पुरानी जिल्द खोज बैठ के पढ़ने लगिए सब रंज रफा हो मन आनंद-संदोह में मग्न हो उठेगा। कुसुम की कली-सी दंतावली विकसित हो जाएगी। हिंदी रसिकों को तो 'प्रदीप' प्राण-तुल्य होगा। किंतु 'मूड़ मुड़ाते ही ओले पड़े।' हमें प्रगट हुए देर न हुई थी कि प्रेस एक्ट का जन्म हुआ। प्रेस एक्ट का नाम सुनते ही छात्र-मंडली छिन्न-भिन्न हो गई। निज उन्नति के आगे हिंदी की उन्नति का उत्साह भंग हो गया। कोई-कोई तो यहाँ तक दुम दबाए दबक बैठे कि मानों उनसे बड़ा अपराध बना जो इसके लिए पाँच रुपया देकर उसके मेंबर बने और सोचने लगे कि इस पाप का प्रायश्चित्त किस भाँति हो जिसमें आगे को यह किसी के मुख से न निकल जाय कि छात्र दशा में ये भी हिंदी के हितैषी थे और ऐसे एक पत्र के सहायक रहे जो अराजक विषय के लेख के लिए बदनाम था। अस्तु,

धीरे-धीरे जितने पहले इसके मेंबर बने थे सब छोड़ बैठे पर हम अंगीकृत का परिपालन अपने जीवन का उद्देश्य मान प्रतिदिन इसे अधिक-अधिक अपनाते ही गए। प्रेस एक्ट की कृपा से बहुत दिनों तक साल में कई बार मजिस्ट्रेट साहब के यहाँ तलब किए जाते थे। पर भावी कुछ ऐसी अनुकूल रही कि बेदाग बचते

ही चले आए। आर्थिक कष्ट जो इसके पीछे उठाते रहे सो एक ओर रहे। कर्मचारियों की निगाह में चढ़ जाना आर्थिक कष्ट से कुछ कम नहीं। खास कर उस समय जब हमारे इस प्रांत में शिक्षा का बड़ा अभाव था और लोगों में जरा-भी साहस और दृढ़ता न थी। समाज में आदर पाना एक ओर रहा जहाँ जाते थे वहीं हँसे जाते थे और हमारी जीट उड़ाई जाती थी।

हमारा आर्थिक कष्ट निवारण निमित्त उदयपुराधीश महाराणा सज्जनसिंह बहादुर ने एक बार हमें सौ रुपए दिए थे और एक बार रीवाँ के श्री महाराजा साहब बहादुर ने पचास रुपए। एक बार बहुत ही संकीर्ण दशा में आ गए थे और पक्का इरादा हो गया था कि अब इसे बंद कर दें। उस समय नागरी प्रचारिणी के मुख्य अधिष्ठाता बाबू श्यामसुंदर दास ने पचास रुपया चंदा कर हमारी संकीर्णता दूर हटाया और पत्र फिर ढुलक चला।

इतनी लालसा हमें बनी ही रही कि अपने निज का एक छोटा-सा प्रेस खरीद इसे पाक्षिक कर दिखाते या मासिक ही रहता तो आकार इसका बहुत बड़ा वरन् दूने के लगभग का कर समय से सेवा में पहुँचाते। यह हमारी लालसा इस जीवन में काहे को कभी पूरी होने वाली है। अस्तु,

यह देख हमें बड़ा संतोष होता है कि हिंदी की अवश्यमेव उन्नति होती जाती है और इसके सर्वांग-सुंदर होने में जो-जो कसर है क्रमशः दूर हो रही है। आशा है कदाचित् इसका सर्वांग सौंदर्य पूर्ण हो जाने पर हमारी भी चाह लोगों में कभी को हो पर ऐसा समय कब आवे कौन जानता है। इस समय तो हमारा वही हाल है जैसा कवि मंडली मंडन श्री हर्ष ने कहा है–

यथा यू नस्तद्वत्परमरमणी यापि रमणी।
कुमाराणा मन्तःकरणहरणं नैव कुरुते॥

अथवा

उत्पत्स्यतेऽस्ति मम कोपि समानधर्मा।
कालोह्ययं निरवधिर्विपुला च पृथ्वी॥

इस रूखे चर्खे को ओटा चाहे तो कहो पेज-का-पेज उड़ाते चले जाएँ पर यह तो हमारा क्रम ही नहीं है कि भरती कर-कराय पत्र पूरा कर दें। इतनी सावधानी पर भी हमारे दो-एक प्रेमी सहयोगी दोष देते हैं कि पत्र में भट्टपन कम होता जाता है। कहीं इस लेख को और अधिक बढ़ावेंगे तो इतने दिनों की कमाई हुई लेख की सुख्याति सर्वथा खो बैठेंगे और यह मसल कि 'दिल्ली की कमाई चमरघटे में गँवाई' इस पर पूरी आ उतरेगी।

[दिसंबर, 1905 ई.]

संसार सुख का सार है हम इसे दुःख का आगार कर रहे हैं

संसार सुख का सार और स्वार्थ तथा परमार्थ साधन का पवित्र मंदिर है पर हम इसे अपने कुलक्षणों से दुःख के प्रवाह का स्रोत यावत् संताप और क्लेश का अपवित्र आलय कर रहे हैं। पौरुषेय गुण-शून्य हम अपने अकर्मण्य वेदांतियों को क्या कहें जो संसार को दुःख-रूप मिथ्या और नश्वर मानते हैं, यह प्रत्यक्ष है कि यह हमारे ही अविचार अविवेक अशांति असंतोष मोहांध-बुद्धि आदि दुर्गुणों का कारण है कि स्वर्ग-मंदिर संसार को हम ढहाय के उजाड़ खँडहर कर रहे हैं। जहाँ अमृत का कुंड भरा है उसे हम हलाहल विष से भरे देते हैं। बड़े विद्वान् हुए यावज्जीव शास्त्र और फिलॉसफी को रट-रट पच मरे, जितना रट डाला उसके एक वाक्य पर भी जो विवेक और विचार को काम में लाते तो अपने अस्तव्यस्त कामों से जो अनेक दुःख सहते हैं और अपनी समझ और काम को दोष न दे संसार को दुःख का आगार मान बैठे हैं यह भ्रम मिट जाता। यदि विवेक और विचार को मन में जगह देते जो दुःखमय बोध होता है वही अनंत सुख का हेतु होता है।

"हाथ कंगन को आरसी क्या?"

जिस काम को हम विचार और विवेक पूर्वक करते हैं उसमें पूरे कृतकार्य होते हैं और दैवात् कभी न भी कृतकार्य हुए तो पीछे से पछताव नहीं रह जाता। यही बात असंतोष में पाई जाती है हजार कमाया लाख कमाया संतोष नहीं होता रात दिन चिंता में व्यग्र रहते हैं रात को नींद नहीं आती, दिन में खान-पान नहीं सोहाता। रुपए के मुकाबिले बेटे को बाप से न बाप को बेटे से कोई मुहब्बत है, स्त्री जो अपनी अर्द्धांगिनी है उससे भी प्रेम नहीं है तो भाई-बंधु, गोती नारी, लोग कुटुम्ब कहाँ रहे, मनुष्य जनम की सफलता और यावत् सुख का सारांश उन्हें तभी मालूम पड़ता है जिस समय रुपयों की गँजिया खोल गिनने लगते हैं। तोले दो तोले बालाई पचा लेना जिनके लिए कठिन काम है जिसका सेर दो सेर का वजन हम ऐसे

भुक्खड़ों की क्षुधासागर के किस कोने में समा गया मालूम भी नहीं पड़ता, दस की हुण्डी बावन मिती की कल भुगतान देने को है 25 फलाने असामी के नीचे दवा है मियाद बीतती है असामी दिवालिया हो रहा है कल ही नालिश नहीं करते तो रकम डूबी है रात की नींद दिन की भूख गँवाए बैठे। अहर्निश चिंता के सागर में डूबे हैं नीयत दुरुस्त नहीं कोई की कैसी रकम हो निगल बैठने के लिए बहाना ढूँढ़ रहे हैं। यही करते-करते एक दिन मुँह बाय रह गए सुख क्या वस्तु है न जाना। वही तीन गंडे रोज का मजदूर दिन भर मेहनत के उपरांत रूखा-सूखा अन्न खाय टाँग पसार रात को सुख से सोता है चिंता और फिकर किसका नाम है जानता ही नहीं सच है।

दिवसस्याष्टमे भागे शाकं पचति स्वगृहे।
अनृणौ चाप्रवासी च सवारिचर मोदते॥

अस्तु, इस तरह बड़ी कृपणता और कदर्यता से रुपया जोड़ सिधार गए। संतान उनकी ऐसी कुल कुठार जनमी कि वर्ष ही दो वर्ष में ऐयाशी, शराब ख्वारी आदि अनेक दुर्गुणों में फूँक तापा, यही सब सोच समझ किसी ने लिखा है—

''आय दुःखं व्यये दुःखं कथमर्थाः सुखावहा''

जिसकी आमदनी में दुःख जिसके खर्च हो जाने में दुःख तो धन सुख पहुँचाने वाला क्योंकर हो सकता है। आवेश में आकर लिख तो डाला पर इतना न सोचा कि विवेकपूर्वक धन का आय तथा व्यय हो तो कहाँ दुःख रह जाए? कोई ऐसे हैं कि औलाद के लिए तरस रहे हैं न जानिए कितनी मान मनौती माने हुए हैं; पूजा-पाठ, जप-तप सब कर थके। पुत्र का मुख न देखा, धन-धान्य राज-पाट जिसके बिना फीका मालूम होता है जीवन व्यर्थ मानते हैं। कोई ऐसे हैं कि औलाद से घर भरा है जिसकी यहाँ तक कसरत है कि ऊबे हुए हैं जिंदगी के दिन पूरे कर रहे हैं। आँवा का आँवा गंदा हो गया एक भी ऐसे न हुए कि इस बुड्ढे को सुख पहुँचाते एक-एक दिन भारी हो रहा है। सबेरे से उठ इसी फिकर में लगता है कहाँ से लावैं कि इन्हें पालें। 70 वर्ष का हुआ पर आराम और सुख उसके लिए सपने के ख्याल हो गए। कुटुंब पालन के बोझ से पिसा बार-बार काँखता है, खिजलाता है, समय को दोष देता है, संसार को नरक का भोग मानता है पर अपनी भूल को एक बार नहीं सोचता कि सृष्टि पैदा तो कर दिया और उसको किसी ढंग की करने का कभी ख्याल न किया, अपने आप अपना भरण-पोषण की योग्यता उनमें बिना पैदा किए ब्याह कर घर बसाता गया। बे-समझी का कुसूर तो तुमने किया दण्ड अब उसका दूसरा कौन भुगतै? कुआँ की भाँग है किससे कहें देश का देश इस बुराई में पड़ा झंख रहा है पर किसी के मन में यह नहीं आता कि

यह महा कुरीति है इसे छोड़ दें। अपनी भूल को नहीं पछताते संसार को अथाह दुःख का सागर और अपने को उसमें डूबे हुए मानते हैं

काम, क्रोध, लोभ, मोह, मद, मात्सर्य इन छहों के चक्कर में पड़े हुए हम तुम सबने अनेकानेक क्लेश झेलते हुए संसार को दुःखमय तो निश्चित कर रक्खा है किंतु अपनी ओर एक बार नहीं देखते कि यह सब हमारा ही कुसूर है। हम जो अपने को सुधार डालें तो यह संसार जो जहर-सा कड़ुआ बोध होता है दाख रस-सा मधुर हो जाए। क्या समाजनीति क्या धर्मनीति क्या राजनीति जिधर देखो उधर हमारी ही बड़ी भारी त्रुटि पाई जाती है; जिससे हमारा समाज, हमारा धर्म, हमारे राजनैतिक संबंधी सब काम सर्वथा अस्तव्यस्त हो रहे हैं। यद्यपि समाज और धर्म संबंधी अनेक बंधन ऐसे दृढ़ हैं कि उनसे कोई देश और कोई जाति नहीं बची किंतु हिंदू जाति के समान इस नागपाश से कोई ऐसा जकड़ा नहीं है कि जरा भी हम इधर-उधर हील डोल नहीं सकते।

आप सर्व-गुण संपन्न महामहिम बड़े विद्वान हो अंधे समाज जिसमें आप चल फिर रहे हैं आदर के योग्य न समझे गए तो आप निरे निकम्मे और राह की टिकरी के बराबर बेकदर हैं। अधिकतर समाज में दो ही पूजे जाते हैं एक वे जिनके पास धन है नीचे से नीचा काम करता हो रुपए वाला हो तो वही महत्तर समझा जाएगा। बहुधा और लोग समाज के उसको अपने लिए नमूना करेंगे। दूसरे वे जो कपट और बनावट का लबादा ओढ़े हुए हैं। उनके भीतरी कुचरित्र तथा बाहरी कितने बर्ताव देख जी कुढ़ता है घिन उपजती है यही जी चाहता है कि इस दुरात्मा का मुँह न देखैं किंतु चलन के अनुसार उससे मिलना पड़ता है केवल राम रमौवल मात्र निबाहैं सो नहीं वरन् सब तरह की चिष्ट-पिष्ट उसके साथ बिना रक्खे। एक-एक समाज के इतने खण्ड और वह ऐसा संकुचित हो गया है कि आप निभ नहीं सकते। यह एक अनोखी बात हमी लोगों में देखी जाती है कि हाड़ की उत्तमता सब के ऊपर मान ली गई है जिसके मुकाबिले विद्या, गुण और लियाकत की कोई कदर नहीं है और जाति में लियाकत के मुकाबिले हाड़ की उत्तमता पर इतना जोर नहीं दिया जाता "ड्यूक ऑफ़ वेलिंगटन" की पैदाइश का हाल किसी से छिपा नहीं है किंतु अपनी योग्यता से इतना बढ़े कि ड्यूक कर दिए गए। षटकुल, अढ़ाई घर, चार घर, तीन और तेरह आदि कुलीनों के घराने इसी योग्यता ही की बुनियाद पर रक्खे गए थे। अब हमारे बिगड़े समाज में छः, अढ़ाई, तीन, तेरह इत्यादि समाज में बुराई बढ़ाने के द्वार हुए। आप षटकुल और अढ़ाई घर में हैं इसलिए आप जो चाहिए सो कर डालिए समाज आपको परम पवित्र मानता रहेगा। अब वह समय न रहा कि हम कुलीन हैं इसलिए कुलीनता की लाज रखने को हमें फूँक-फूँक कर पाँव रखना मुनासिब है। अब आप चाहे समझ गए हों कि यह संसार हमें दुःखमय क्यों बोध होता है। संशोधन के क्रम पर इस ढंग को आप छोड़ना नहीं

चाहते तब क्योंकर हो सकता है कि जो दुःखमय है वह सुख रूप हो जाए? अंत में किसी बुद्धिमान् की यह भविष्यवाणी अवश्य चरितार्थ होने वाली है–

सदर्वशाः प्रलयं सर्वे गमिष्यन्ति दुराशयाः।

बुद्धिमानों का सिद्धांत है–

सर्वनाशे समुत्पन्ने अर्द्ध त्यजति पण्डितः।
अर्द्धेन कुरुते कार्यं सर्वनाशो हि दुःसहः॥

खान-पान की व्यर्थ की छिलावट इतना अधिक हमारे समाज में बढ़ी हुई है कि इस समय उसका निबाहना महा दुष्कर हो रहा है इसलिए ऐसा मालूम होता है कि अंगरेजी शिक्षा के प्रभाव से कुछ दिनों में हिंदूपन का जो कुछ आभास मात्र बचा है वह भी न रह जाएगा। नई सभ्यता के अनुसार खुदाबख्श ब्रह्मचारी के पवित्र होटलों में शुद्ध भोजनों की प्रथा प्रचलित होती जाती है, खरबूजे को देख खरबूजा रंग पकड़ता है बल्कि यों कहिए यह फैशन में दाखिल है। कुलीनों को अपनी कुलीनता का अभिमान बढ़ रहा ही है तब क्या इधर पेड़ा फी छीलते जाइए उधर नई तालीम के जोश में भरे हुए आपके नौजवान आपकी आँख बरकाय इधर उधर होटलों में भी मुँह मारते रहै। आपके सामने समाज में प्रगट करने को कंठी या रुद्राक्ष भस्म और त्रिपुंड रमाय दो घंटे तक पूजा भी करते जाएँ उधर सभ्य समाज में दाखिल हो शेम्पेन और ह्विस्की पर फी तोड़ करैं। हमारी क्षुद्र बुद्धि में ऐसा आता है कि ऐसी दशा में कदाचित् ऐसा होने से समाज के न बिगड़ने की अधिक आशा हो सकती है कि एक-एक समूह के लोग अपने अपने समूह में सह-भोजन की प्रथा निकाल दें जैसा ब्राह्मण-मात्र का सह-भोजन होने लगे ऐसा ही क्षत्री और वैश्यों का भी। कच्ची तथा पक्की चाहे किसी जाति का ब्राह्मण हो भोजन कर लेने में कभी आगा पीछा न करे। दक्षिणी ब्राह्मणों में जैसा प्रचलित है कि महाराष्ट्र तैलंग, द्राविड़ सब एक साथ भोजन करते हैं। हमारे यहाँ आठ कनौजिए नौ चूल्हे प्रसिद्ध हैं जो केवल दम्भ और ईर्षा की बुनियाद पर है, धर्म का कहीं लेश इसमें नहीं है। धर्मशास्त्र के अनेक ग्रंथ ढूँढ़ डाले कच्ची पक्की तथा सखरी निखरी के भेद में क्या मूल है कोई एक वचन भी इस तरह का न मिला। सखरी निखरी की प्रथा निरी आधुनिक और निर्मूल है समाज को नित्य नित्य नीचे गिराने को महा दाम्भिक अदूरदर्शी ईर्ष्यालु स्वार्थी लोगों की चलाई हुई है, जिससे लाभ कोई नहीं है आपस की ईर्ष्या द्रोह अलबत्ता जाती है और एक-एक समाज के इतने टुकड़े हो गए हैं कि हिंदुओं में जातीयता 'नेशनालिटी' कभी आवेहीगी नहीं। यह तो हम जानते हैं कि आपके चित्त में हमारे लेख का कुछ असर न होगा क्योंकि जो जागता है उसको जगाने से क्या? आप स्वयं सब जाने बैठे हैं तब हम आपको क्या चितावैं

किंतु हाँ, संसार को आप दुःख रूप मान बैठे हैं तो अब अपने सिद्धांत को नहीं बदला चाहते। खान-पान के व्यर्थ के तितिम्बे को कम करने में कितना आराम और सुख है सब लोग इसे स्वीकार करेंगे किंतु इतना साहस और इतनी हिम्मत किसी में नहीं है कि अग्रसर हो इसे करके दिखावे और दूसरों के लिए उदाहरण हो।

अंगरेजी तालीम के जमाने में आपकी ऐसी-ऐसी बेबुनियादी बेहूदा बातें अब देर तक चलने वाली नहीं हैं जिसे आप आचार-विचार के नाम से पुकार बड़ा घमंड कर रहे हैं कि हम मनुष्य मात्र में परम पुनीत और सर्वश्रेष्ठ हैं वही एक ऐसा कोढ़ है कि हिंदू जाति और हिंदू समाज को नित्य नीचे को गिराता गया और गिराता जाएगा। मसल है–

''ऊँचे दाना कुनद-कुनद नादान वले खराबिए बिसियार''

जो बुद्धिमान् करते हैं उसी को निर्बुद्धी भी पीछे से करने लगते हैं पर बड़ी खराबी और दुर्गति सहने के उपरांत। यह निश्चय है कि समाज को जीर्ण और छिन्न-भिन्न करने वाले खान-पान के अनेक ढकोसले अब नहीं चल सकते। नई उमंग की नूतन सभ्यता में प्रवेश पायी हुई हमारी या आपकी संतान सब एकामयी कर डालेंगी। मुसलमान, पारसी, अंगरेज, हिंदू खुला खुली एक साथ बैठ खाद्य अखाद्य सब कुछ खायँगे जिस बात को अभी छिपाय के कर रहे हैं उसको प्रत्यक्ष में करने में जरा भी न शरमायँगे। प्राचीन महत्तम ऋषियों की चलाई प्रथा जिसे आपने निरा ढकोसला कर डाला सर्वथा निर्मूल हो जाएगी। यह सब आप गवारा करेंगे और यह आपको पसंद न आवेगा कि हिंदू मात्र या उनमें की एक एक जाति ईर्ष्या द्रोह और मंद बुद्धि को अलग कर भ्रातृ-स्नेह की डोरी में खिंच एक साथ खाएँ पिएँ और अपने देश या जाति की तरक्की में दत्तचित्त हो यथेष्ट हित साधन करें। बटलोही के चावल की टटोल की भाँति दो एक बात हमने आपके भ्रष्ट समाज का यहाँ दिखलाया जिससे चित्त घिनाकर यही कहने का मन होता है कि संसार दुःख रूप है। काहे को हम समाज के अनेक इस तरह के कोढ़ जो दुःख और क्लेश दे रहे हैं उसे दूर हटाय अनंत सुख-संदोह का हेतु उसे करेंगे। अस्तु, अब इस लेख को राँड़ों के चरखे की तरह कहाँ तक ओटते चले जायँ। सारांश यह कि संसार सुख-संदोह का परमोत्कृष्ट मंदिर है हम अपने कुढंग और कुचरित्र से अपवित्र कर अपने जीवन को दुःख-पूर्ण कर रहे हैं।

[सितंबर, 1895 ई.]

□□□